**⚹ | FISCHER**

ANNE WIZOREK

# WEIL EIN #AUFSCHREI NICHT REICHT

FÜR EINEN FEMINISMUS VON HEUTE

FISCHER

*Für Papa & Mama*

Originalausgabe

Erschienen bei FISCHER Taschenbuch
Frankfurt am Main, Oktober 2014

© S. Fischer Verlag GmbH, Frankfurt am Main 2014

Satz: Dörlemann Satz, Lemförde
Druck und Bindung: CPI books GmbH, Leck
Printed in Germany
ISBN 978-3-596-03066-8

# INHALT

# EINLEITUNG:

# FEMINISMUS? FUCK, YEAH! – EIN BEKENNTNIS

Ich gebe zu: Es fällt mir nicht so leicht, für bedrucktes Papier zu schreiben. Dort, wo ich mich normalerweise tummele, kann ich beim Schreiben nämlich Links einbauen und die Leser_innen[#] direkt zur nächsten Informationsquelle schicken. Ich kann Videos einbetten oder animierte GIFs, und ich kann meine Worte durch weitere Anmerkungen und Kommentare nachträglich erläutern.

Kurzum: Ich liebe das Internet und dessen Möglichkeiten! Ich habe es wachsen sehen (und tue dies noch) und erlebt, wie immer mehr und andere Möglichkeiten hinzukamen. Und schließlich habe ich nicht zuletzt durchs Internet gelernt, dass das, wofür ich stehe, feministisch ist – kein großes »ABER«, sondern nur ein »Fuck yeah!«

Doch auch wenn mich fehlende Videos, Links und GIFs (insbesondere die GIFs!) etwas wuselig machen, fiel die Entscheidung für ein Buch nicht so schwer. Sie folgte all den Gesprächen, die ich nach Diskussionsrunden, Interviews und

---

[#] Was ich hier benutze, ist der sogenannte Gender Gap. Er schließt – im Gegensatz zum vielleicht bekannten Binnen-I – nicht nur männliche oder weibliche Personen ein, sondern bietet durch diese Lücke auch Raum, um geschlechtliche Identitäten zwischen und jenseits von männlich oder weiblich einzubeziehen. Und keine Sorge, falls sich das am Anfang noch etwas ungewohnt liest, unser Gehirn gewöhnt sich schnell daran. Ab Seite 314 gibt es auch ein Glossar für die im Text vielleicht unklaren Begriffe wie Gender Gap & Co.

dergleichen rund um die Twitter-Aktion #aufschrei immer wieder hatte und in denen mich Leute fragten: Um welche Themen geht es heutzutage, und wo fange ich überhaupt an, wenn ich mich für Feminismus interessiere?

Da war dann stets der Wunsch da, einfach ein Buch hinter dem Rücken hervorzuzaubern und zu sagen: »Genau hier!«

Natürlich ist dies mein ganz eigener und aktueller Blick, und viele Themen können nicht immer in der Ausführlichkeit besprochen werden, die ihnen gebührt, aber dieses Buch soll als Einstieg dienen in eine Welt, die ich durch Surfen und Klicks für mich entdeckte. Die wunderbare Welt des Feminismus.

Dass ich mit meinen Wünschen einfach das ausdrücke, wofür Feminismus steht, fand ich nicht durch ein Studium heraus, sondern über Blogs wie Feministing.com oder amerikanische Aktivistinnen wie Jaclyn Friedman und Jessica Valenti. Dank ihnen entdeckte ich meine Leidenschaft für das Thema Geschlechtergerechtigkeit.

Für mich ist feministisches Engagement daher bereits aus eigener Erfahrung nicht zwingend mit der Kenntnis sämtlicher Theoriewerke verbunden. In diesem Buch möchte ich deshalb einen persönlichen Einblick liefern, was Feminismus heute bedeutet, warum wir ihn dringend brauchen und wie vielfältig die Möglichkeiten zur Veränderung sind – für jede_n von uns.

Außerdem möchte ich zeigen, dass die Frage »Wo anfangen?« manchmal weniger wichtig ist als das Anfangen selbst. In diesem Sinne: Fangen wir doch an!

# TEIL I

# DON'T CALL IT A COMEBACK!

## EINE FEMINISTISCHE AGENDA FÜR JETZT

# 1:

# »WIR SIND DOCH SCHON AM ZIEL« UND ANDERE IRRTÜMER – KLEINER RUNDGANG IM REICH DER MYTHEN UND MISSVERSTÄNDNISSE

**WIR SIND DOCH SCHON AM ZIEL ...**
Lasst mich gucken:

Frauen dürfen wählen gehen? Check!
Sie dürfen studieren? Check!
Sie können ihr eigenes Geld verdienen? Check!
Frauen können das politisch mächtigste Amt erreichen und Bundeskanzlerin werden? Check!

Na, da haben wir ja viel geschafft! Coole Sache. Können wir also die Ärmel wieder runterkrempeln, und dieses Buch ist jetzt vorbei. Danke fürs Lesen ...

Moooment! Wir haben zwar viel erreicht, wenn es um die Gleichstellung der Geschlechter geht: Aber wir sind noch lange nicht am Ziel. Gesetzlich mag zwar schon größtenteils verankert sein, wo wir hinkommen müssen, doch die Realität sieht bislang noch anders aus. Die vorherrschenden Vorstellungen davon, wie Männer und Frauen zu sein haben, sind immer noch sehr stark: Geschlechterstereotype bestimmen unseren Alltag.

Dazu gehört, dass Frauen sich angeblich besser um den Haushalt und die Kinder kümmern können. Sie passen schließlich eh viel besser in soziale Berufe. Frauen haben schön zu sein und verwenden zu viel Zeit auf ihr Äußeres. Sie weinen eher, zicken schnell rum und kaufen wahnsinnig gerne Schuhe. Frauen reden mehr und viel zu viel, dabei sind sie von Natur aus zurückhaltender und wollen von Männern erobert werden.

Männer sind stark, weinen deshalb auch nicht oder höchstens mal, wenn ihr Lieblingsfußballverein gewinnt und ihr Erstgeborenes auf die Welt kommt. Sie interessieren sich für Autos, setzen sich durch, haben ständig Lust auf Sex, aber eigentlich keinen Bock auf feste Bindungen. Sie haben Mathe besser drauf und sind auch begabter für technische Berufe. Männer gehen nicht zu Ärzt_innen, sondern beißen die Zähne zusammen. Sie lieben es zu schweigen und erklären gleichzeitig gerne die Welt.

Frauen leben auf der Venus und scheitern die ganze Zeit am Einparken ihrer Autos, während alle Männer auf dem Mars ewig herumfahren, weil sie sich nicht trauen, nach dem Weg zu fragen. Oder so.

## ABER WARUM IST DAS JETZT EIN PROBLEM?

Weil Mädchen und Frauen Angst haben müssen, als »schwierig« zu gelten, wenn sie einfach nur ihre Meinung sagen. Weil die sexuelle Selbstbestimmung für Frauen immer noch bei der Pille aufhört und Verhütung weiterhin Frauensache ist, während sie in vielen anderen Punkten nicht alleine über ihren Körper entscheiden dürfen. Und Frauen ohne Kinderwunsch sind ja eh irgendwie komisch – die haben angeblich »nur noch nicht den Richtigen« gefunden.

Weil weder in Nachrichtenredaktionen oder Vorstandssitzungen die Vielfalt (Diversity) herrscht, die unsere gesamte Gesellschaft repräsentiert.

Weil Diversity für viele Bereiche immer noch bedeutet, dass sie am Ende als nette Kleinigkeit oben auf den Kuchen gestreuselt wird, obwohl sie von Anfang an ins Rezept einbezogen werden müsste.

Weil Attraktivität als wichtigste Aufgabe einer Frau gilt, und danach kommt das Mutterwerden. Weil es überhaupt immer nur um Hetero-Sex geht. Weil lesbische, schwule, bisexuelle, trans*, intersexuelle und queere Menschen immer noch um grundlegende Rechte und gegen unfassbare Vorurteile kämpfen, während viele der Meinung sind, dass jetzt aber »auch mal gut« ist mit der Akzeptanz-Nummer und Toleranz schon das höchste der Gefühle ist. Weil Familien schon längst nicht mehr nur aus dem Modell »Mann heiratet Frau« bestehen und das trotzdem immer noch der Maßstab ist, der an alle Menschen angelegt wird.

Weil so viele Frauen sich Essen »verkneifen« oder als »kleine Sünde« gönnen, während Männer Grillfleisch in Massen verdrücken sollen. Weil Frauen durch ständige Hinweise auf die vermeintlichen Fehler ihrer Körper förmlich verschwinden sollen. Weil so viele dadurch ihr Leben lang erst gar keine Liebe für ihren Körper empfinden können. Weil »Du siehst so gut aus, hast du abgenommen?« immer noch als Riesenkompliment gilt. Es ist perfide, uns einerseits zuzurufen: »Sei, wie du bist!«, und andererseits vorzuschreiben »Aber bitte nur auf diese Weise!« Weil bereits Mädchen lernen, dass sich ihr Wert darin bemisst, wie hübsch sie aussehen und wie sexy sie auf andere wirken. Trotzdem gehört ihnen ihre Sexualität nicht selbst, sondern wird stigmatisiert, sobald sie diese ausleben möchten.

Weil so viele Männer sexuelle Belästigung immer noch als missverstandene Komplimente verkaufen wollen: Klar, weil

Sprüche wie »Geile Titten!« und »Willste ficken?« natürlich immer direkt zu Heirat-Haus-Kind führen … Weil ein »Ich hab 'nen Freund« oft wirksamer ist als ein »Nein«. Und dieser andere Mann – selbst wenn er nicht mal anwesend ist oder existiert – mehr respektiert wird als der Wille einer Frau. Weil so vielen Betroffenen einfach nicht geglaubt wird und sie sich statt Hilfe nur Sprüche wie »Hab' dich doch nicht so!«, »Findest du das nicht übertrieben?« und »War doch nur 'n Witz!« abholen können. Weil dieser Alltagssexismus auch noch dazu führt, dass Betroffene diese Aussagen sogar glauben.

Weil nicht Frauen das Problem sind, sondern wie unsere Gesellschaft mit Weiblichkeit umgeht und dabei die Geschlechter gegeneinander ausspielt.

Wenn all das also immer noch als normal und in Ordnung gilt, dann ist das nichts, was mit einem Achselzucken und »Ist halt so« hingenommen werden kann. Erst recht ist es aber nichts, was sich mit einem »Wir haben doch schon alles erreicht!« abhaken ließe.

Diskussionen zum Thema Sexismus sind jedenfalls ein bisschen wie der Murmeltiertag: Feminist_innen wachen darin auf, um jedes Mal aufs Neue feststellen zu müssen, dass sich das Allgemeinwissen rund um Sexismus und dessen Konsequenzen nicht wirklich verändert hat.

In der vorherrschenden Debatte geht es trotzdem weniger darum, was sich gesellschaftlich verändern muss, sondern vielmehr, was der Feminismus™ angeblich verbockt hat, und nur deswegen scheitern die Änderungsbemühungen – als ob alles, was Feminist_innen schon so lange kritisieren, bisher nahtlos umgesetzt wurde, haha!

Ferner geht es viel zu sehr um oberflächliche Mainstream-Themen wie Make-up und High Heels, Körperbehaarung oder den BWL-Feminismus à la Sheryl Sandberg. Und dann natürlich immer wieder die Diskussion, ob Feminismus nicht ein neues »Branding« braucht, damit mehr Leute darauf abfahren. Der Punkt ist: Macht abzugeben und gerecht zu verteilen, sich von Vorurteilen zu verabschieden, die natürlich bequem sind, um Ungerechtigkeiten als notwendig zu verteidigen, wird denjenigen, die die meiste Macht haben, auch nicht leichter von der Hand gehen, wenn Feminismus einen vermeintlich attraktiveren Namen hat. Wir wollen radikalen Wandel, das muss Leute anpissen.

Bevor es richtig losgeht, will ich kurz einige Dinge erklären, die eine zentrale Bedeutung einnehmen, wenn wir über Feminismus sprechen. Ach ja,

### WAS IST DENN FEMINISMUS EIGENTLICH?

Die amerikanische Autorin und Aktivistin bell hooks definiert Feminismus als eine Bewegung, die Sexismus, sexistische Ausbeutung und Unterdrückung beenden möchte. Sexismus ist also das anzugehende gesellschaftliche Kernproblem, wobei es keine Rolle spielt, ob sexistisches Denken und Handeln von Männern oder Frauen ausgeht.[1] Allgemein geht es um die politische, ökonomische und soziale Gleichheit der Geschlechter.

### JA, ABER WIR SIND DOCH SCHON VIEL WEITER, ODER NICHT?

Ja und nein. Es gibt noch eindeutig Luft nach oben, was die Gleichberechtigung angeht und die bisherigen Errungenschaften auf diesem Gebiet sind uns dabei nicht mal sicher. Frauen haben jahrhundertelang ihre Rechte erstritten, und wir sind da auch schon viel weiter gekommen – das passierte aber eben auch nur, weil sich diese Frauen da dermaßen reingeschmissen haben.

Wenn (medial) immer wieder der Eindruck erweckt wird, dass wir doch »schon viel weiter« sind – postgender, das »Ende der Männer« und wasweißichnichtalles – dann sind viele Menschen natürlich irritiert, wenn plötzlich die Rede von Sexismus ist und sogar Maßnahmen dagegen gefordert werden. Diese empfinden sie dann als übertrieben und verweisen darauf, dass wir doch aufhören sollen, auf Geschlecht, Hautfarbe und dergleichen zu schauen, und uns lieber auf die Leistungen der einzelnen Menschen konzentrieren sollten. »Das mag ja früher ein Problem gewesen sein, aber heute doch nicht mehr …« So kommt es schnell zu einer »Jetzt ist aber auch mal gut!«-Haltung.

Ich kann's ja verstehen: Es ist halt schon ein doofes Gefühl, erkennen zu müssen, dass das Märchen von der Gleichberechtigung eben nur ein Märchen ist. Dass Menschen immer noch aufgrund ihrer Hautfarbe diskriminiert werden, wegen ihrer sexuellen Orientierung, wegen ihrer Identität … Das frustet erst mal ungemein, und bei vielen stellt sich automatisch die »Aber ich mach doch solche Sachen gar nicht!«-Haltung ein, und sie haken die Sache für sich ab.

Nun, das würden Feminist_innen auch gerne tun.

Der Glaube an Gleichberechtigung ist heutzutage weiter verbreitet, aber das ist eben mit der tatsächlichen Umsetzung noch nicht gleichzusetzen. Gesetzlich ist sie in vielen Teilen schon da, aber in den Köpfen bei weitem nicht angekommen. Insofern ist eine weibliche Bundeskanzlerin dann zwar eine Errungenschaft, aber auch ein Problem, weil die noch bestehenden Probleme dahinter verschwinden (oder versteckt werden). Dabei sind ja auch eine Angela Merkel oder eine Ursula von der Leyen nicht vor Sexismus geschützt, wenn sie als »Mutti« oder »Truppenursel« bezeichnet werden. War Gerhard Schröder etwa unser »Papi«? Oder wurde Thomas de Maizière selbstverständlich »Kasernen-Thommy« genannt?

Sexismus, das sind nicht einfach nur ein paar alte Herren mit ihren Witzen am Stammtisch, die sich »danebenbenehmen«. Sexismus ist etwas, das sich durch unsere zwischenmenschlichen Beziehungen, Arbeitsumfelder etc. zieht – eben ein strukturelles Problem.

## DAS GIBT ES NOCH? SEXISMUS?

Sexismus ist die Bewertung von Menschen aufgrund ihres Geschlechts sowie die Erwartungshaltung an andere Menschen, dass sie Geschlechternormen verkörpern. Dabei geht es immer darum, den ungleichen gesellschaftlichen Status zwischen Männern und Frauen aufrechtzuerhalten. Sexismus kann die Meinung oder Verhaltensweise von Einzelpersonen beschreiben, aber auch für eine Kultur oder Institution stehen, die davon strukturell durchdrungen ist.

Die Professorin für Sozialpsychologie Julia Becker forscht schon länger zu Sexismus und hat auch im Rahmen der #aufschrei-Debatte neue Erkenntnisse gewinnen können. Im Interview mit »ZEIT Online« weist sie auf die Unterscheidung zwischen feindlichem und wohlwollendem Sexismus hin, die von den Wissenschaftler_innen Peter Glick und Susan Fiske entwickelt wurde:

> Feindlicher Sexismus ist eine klar negative Sicht auf Frauen. Er begründet sich in der Überzeugung, dass Männer einen höheren Status verdient haben. Die feindlichen Sexisten gehen davon aus, dass Frauen das Ziel haben, Macht und Kontrolle über Männer zu erlangen. Deshalb richtet sich feindlicher Sexismus oft an spezifische Personengruppen: Karrierefrauen oder Feministinnen.

[...]

Der [wohlwollende Sexismus] erscheint eher im Gewand der
Ritterlichkeit oder des Kavaliertums. Wohlwollende Sexisten
sind der Überzeugung, dass Männer Frauen beschützen und
versorgen sollten. Frauen sind ihrer Meinung nach das sanftere
Geschlecht, warmherziger, fürsorglicher in der Kindererziehung
und sie haben einen feineren Sinn für Kunst und Kultur. [...][2]

Sexualisierte Übergriffe von Männern sind wiederum ein Symptom von Sexismus. Sie sind in der Regel Machtdemonstrationen und außerdem strukturell in der Gesellschaft verankert: Anders als bei Männern, die auch Beleidigungen und Übergriffe erleben können, hat Sexismus gegenüber Frauen System. Das Problem ist jedenfalls nicht, dass Feminist_innen überall Sexismus sehen, sondern dass so viele Menschen ihn eben bisher gar nicht erst erkennen.

### WAS HABT IHR DENN GEGEN MÄNNER?!

Nichts, aber wir haben was gegen das Patriarchat. Es ist eine Gesellschaftsform, in der Männer eine bevorzugte Stellung innerhalb des Staates und der Familie haben. Unsere Gesellschaft ist trotz so einiger erzielter Errungenschaften nach wie vor männlich dominiert, was von Feminist_innen kritisiert wird, da so keine gerechte Gesellschaft aussehen kann.

Wenn Frauen auch heutzutage noch als Minderheit mit »Spezialinteressen und -gedönsproblemen« gelten, obwohl sie die Hälfte der Weltbevölkerung ausmachen, dann ist das überhaupt nur möglich, weil Männer eben den gesellschaftlichen Laden immer noch in der Hand haben. Wenn außerdem Probleme (wie z. B. Sexismus) als »Frauenprobleme« dargestellt werden, wird die Verantwortung zur Veränderung den Betroffenen zugeschoben – als ob die nicht schon genug Stress an der Backe hätten! Dazu kommt, dass Männer das Gefühl bekommen, dass es sie nichts angeht und sie deswegen einfach wieder zur eigenen Tagesordnung übergehen können.

Wenn ich in den nachfolgenden Kapiteln von Strukturen spreche, sind also genau diese gesellschaftlichen Gegebenheiten gemeint.

## WAS WOLLT IHR MIT DIESEM GENDERKRAM?

Da es im Deutschen nur das Wort »Geschlecht« gibt, werden im feministischen Diskurs die englischen Begriffe »gender« und »sex« verwendet, um zu verdeutlichen, was Geschlechterrollen bewirken und wie sie funktionieren. Sex bezeichnet das biologische Geschlecht und wird damit an anatomischen Merkmalen festgemacht. Gender, das soziale Geschlecht, beschreibt die Geschlechtsidentität und die mit Geschlecht verbundenen Rollenerwartungen. Beides ist durch die Gesellschaft geprägt und somit »gemacht«. Neben dem biologischen und dem sozialen Geschlecht umfasst die sexuelle Identität eines Menschen auch dessen sexuelle Orientierung.

Die Autorin Janet Mock bringt den Zusammenhang der Begriffe rund um Gender in ihrer Autobiographie »Redefining Realness« wunderbar auf den Punkt:

Soziales Geschlecht und Geschlechtsidentität, biologisches Geschlecht und Sexualität sind allesamt Bereiche der Selbstfindung, die sich jeweils überschneiden und zueinander in Beziehung stehen, aber sie sind nicht ein und dasselbe. Jede_r von uns hat eine sexuelle Orientierung und eine Geschlechtsidentität. Einfach ausgedrückt: Unsere sexuelle Orientierung hängt damit zusammen, mit wem wir ins Bett gehen, während unsere Geschlechtsidentität bestimmt, als welche Person wir mit dem_derjenigen ins Bett steigen. Ein Trans*Mensch kann hetero sein, schwul, bisexuell etc.; ein schwuler Cis-Mann, eine Lesbe oder eine heterosexuelle Person kann sich entsprechend den traditionellen Geschlechterrollen verhalten oder nicht; und eine Frau kann einen Penis haben und ein Mann eine Vagina. Es gibt kein Strickmuster, wenn es um Gender und Sexualität geht.[3]

Wenn das jetzt trotzdem immer noch etwas verwirrend klingt, nehmt erst mal die ganz kurze Fassung: In Bezug auf Geschlechter gibt es einfach mehr als Mann, Frau und traditionell weibliche oder männliche Verhaltensweisen. Gender ist ein Spektrum, keine Schublade.


### IHR KÜMMERT EUCH JA NUR UM DIE FRAUENQUOTE!

Sexismus kommt selten allein. Die Diskriminierung von Menschen beschränkt sich nicht nur auf einen Aspekt ihrer Person, und das macht ihre Erfahrungen insgesamt drastischer: Intersektionalität beschreibt die Überschneidung verschiedener Diskriminierungsformen, wie z.B. aufgrund von Hautfarbe, Geschlecht oder sozialer Herkunft, und erkennt diese auch als eigenständige Diskriminierungserfahrungen an. Fakt ist: Unsere Gesellschaft ist leider nicht gerecht, und Diskriminierungsformen sind in ihr tief verwurzelt.

Ein weißer, heterosexueller Mann ohne Behinderung hat allerdings die besten Voraussetzungen, um diskriminierungsfrei durchs Leben zu gehen, da er aus Sicht des Patriarchats die menschliche Norm darstellt. Je mehr aber jemand von dieser Norm abweicht, desto schwieriger wird es für diese Person, durchs Leben zu navigieren. Dabei erlebt eine weiße Heterofrau wiederum weniger Diskriminierung als z. B. eine Frau, die homosexuell ist oder eine Muslima mit Kopftuch.

Dass bestimmte Menschengruppen aufgrund ihres Geschlechts, der Hautfarbe etc. von Diskriminierung automatisch eher verschont bleiben als andere Menschen, wird als Privileg bezeichnet. Die Schriftstellerin Michelle Haimoff fasst das Privilegienprinzip sehr treffend mit folgendem Zitat zusammen:

> Für diejenigen, die Privilegien haben, sind diese nicht als solche erkennbar. Schwarze Frauen wachen morgens auf, gucken in den Spiegel und sehen schwarze Frauen. Weiße Frauen wachen morgens auf, blicken in den Spiegel und sehen Frauen. Weiße Männer wachen morgens auf, schauen in den Spiegel und sehen Menschen.[4]

Insofern ist es auch für feministische Diskussionen wichtig, keine allgemeingültige Schablone anzusetzen, die vielleicht Selbstbestimmung für weiße Frauen beinhaltet, aber dabei Frauen of Color vergisst oder sie sogar mit rassistischen Stereotypen ausgrenzt, wenn z. B. mal wieder kopftuchtragende muslimische Frauen angeblich von diesem Kleidungsstück befreit werden müssten, um wirklich selbstbestimmt leben zu können.


### HM, »FEMINISMUS« … SCHLIESST DAS NICHT MÄNNER AUS?

Die kurze Antwort: Nö.

Die lange: Oft wird vorgeschlagen, Feminismus doch einfach Humanismus zu nennen, damit das Ganze nicht als »Kampf gegen Männer« missverstanden werde. Aber schließt der Begriff Feminismus Männer wirklich aus? Jein. Frauen sind nach wie vor gesellschaftlich benachteiligt, obwohl sie gut die Hälfte der

Weltbevölkerung ausmachen. Sie sind öfter Opfer von Gewalt, verdienen weniger Geld, sind somit häufiger Altersarmut ausgesetzt, haben schlechtere Aufstiegschancen im Beruf, werden in ihrer sexuellen Selbstbestimmung eingeschränkt und und und …

Ich kann den so oft gebrachten Vorschlag, das Ganze schlicht Humanismus zu nennen, zwar verstehen – es werden ja auch humanistische Werte vertreten –, aber hier einen »Entweder-Oder«-Ansatz zu fahren ist schlicht Quatsch. Solange jedenfalls vor allem Frauen von Diskriminierungen betroffen sind, beziehe ich mich lieber auf den historisch gewachsenen Begriff und zolle damit nicht nur jenen Frauen Respekt und Anerkennung, die schon lange vor den heutigen Feminist_innen für Geschlechtergerechtigkeit kämpften, sondern mache damit auch genau dieses noch bestehende Machtgefälle sichtbar – was beim Humanismus eben nicht rüberkommt.

Fakt ist, dass feministische Ansichten auch heute noch nicht dem Mainstream entsprechen und daher unbequem bis radikal erscheinen, also starke Kritik auf sich ziehen. Ob sie jetzt als »Humanismus« bezeichnet würden oder als »Wir überbacken alles mit Käse«-Bewegung: Es geht nicht um Label, sondern um politische Inhalte. Inhalte, von denen eindeutig auch Männer profitieren. Sie müssen nur willens sein, sich damit auseinanderzusetzen – genauso wie alle anderen auch. Feminist_in zu sein hat mit Idealen und dem Wunsch nach gesellschaftlicher Veränderung zu tun, nicht mit dem Geschlecht. Durch Feminismus sollen schlicht alle Menschen so sein dürfen, wie sie wollen, unabhängig von stereotypen Erwartungen an ihr Geschlecht.

Deswegen anderer Name hin oder her: Es gibt nun mal keine »sexy Verkaufsstrategie« für Perspektiven, die unsere jetzige Gesellschaft grundlegend infrage stellen und am Status quo rütteln. Es gibt einfach nur eine Menge Aufklärungsarbeit.

Ein Beispiel: Wäre 1910 eine Straßenumfrage zum Thema Frauenwahlrecht durchgeführt worden, hätten sich sehr viele Menschen, ja, auch Frauen, dagegen ausgesprochen – weil diese Meinung dem Mainstream entsprach.

Doch stellt sich heute noch jemand gegen das Frauenwahlrecht? Eben! Was jetzt radikal erscheint, kann schon bald zur Normalität gehören.

## IST DOCH ALLES NICHT MEHR SO WILD HEUTE!

Das Patriarchat umgibt uns förmlich wie die Matrix aus dem gleichnamigen Film. Mit Hilfe von Feminismus ist es uns jedoch möglich, die Frage des »Muss das eigentlich so sein?« zu stellen und zugleich die Ärmel hochzukrempeln, um den Status quo zu ändern.

Solange wir ein patriarchalisches Gesellschaftssystem haben, befinden wir uns in puncto Geschlechtergerechtigkeit aber meist zwischen Babyschritten vorwärts und Backlash, der uns wieder zurückschleudert. Der Backlash (zu deutsch etwa »Rückschlag«) ist sozusagen der Darth Vader zur feministischen Rebellion. Denn sobald sehr viele Menschen gesellschaftliche Fortschritte einfordern oder diese Veränderungen sogar durchgesetzt werden können, wird es immer auch viele Menschen geben, die an der Uhr drehen und diese auf »die guten alten Zeiten« mit konservativen Wertvorstellungen zurückstellen wollen. Wenn also das Gefühl aufkommt, dass wir in puncto Geschlechtergerechtigkeit eigentlich schon mal weiter waren, dann sind die »Früher war alles besser!«-Rufer_innen in ihren Bemühungen leider wieder erfolgreich gewesen.

## IHR WOLLT JA NUR SPASS VERDERBEN!

Wenn es nach den Stereotypen ginge, müssten Feminist_innen ständig mit Schaum vor dem Mund durch die Gegend laufen und, während ihnen die Achselhaare aus der Latzhose wuchern, alles anknurren, was auch nur ansatzweise nach Mann aussieht.

Ein gewisser Anteil meiner Tätigkeit als feministische Aktivistin geht jedenfalls auch dafür drauf, einfach nur klarzumachen: Nein, ich finde Männer super, nur das Patriarchat und dessen Auswirkungen scheiße. Nein, ich esse weder kleine Kinder noch Penisse (und bin überhaupt Vegetarierin). Ja, ich lache sehr gern und viel. Ja, ich trage Make-up und Nagellack und kann trotzdem Feministin sein – genauso wie jene, die das nicht tun. Sich an Äußerlichkeiten abzuarbeiten lenkt jedenfalls nur von den eigentlich wichtigen Themen ab.

Das Ärgerliche an antifeministischen Zerrbildern ist ja: Die Taktik funktioniert in der Regel gar nicht schlecht. Denn so haben Aktivist_innen eben auch damit zu tun, das falsche Bild von ihnen zu widerlegen, und somit weniger Zeit für ihre eigentliche Arbeit. Und außerdem hält es andere Menschen eher davon ab, sich mit feministischen Themen auseinanderzusetzen oder sich gar als Feminist_in zu identifizieren, geschweige denn zu engagieren.

## MACHEN SICH FEMINIST_INNEN NICHT IMMER NUR SELBST ZUM OPFER?

Im Gegenteil: Wir halten der ungerechten Gesellschaft den Stinkefinger hin und sagen »Das hier? Haben wir keinen Bock drauf und nicht verdient! Hier sind unsere Ideen zur Verbesserung für alle.«

# 2:

# EIN HACK DES SYSTEMS – WARUM WIR DIE GESCHLECHTER- QUOTE BRAUCHEN

»Homosoziale Kooptation«,[5] dieser schicke Fachbegriff beschreibt die Neigung, dass in ein bereits bestehendes Netzwerk vor allem Mitglieder aufgenommen werden, die als »ähnlich« gelten. Das ist quasi wie früher im Sportunterricht: Das Kind, das sein eigenes Team wählen darf, wird erst mal die eigenen Freund_innen an Bord holen, egal, wie gut oder schlecht sie im Ballspielen eigentlich sind. Dann kommen die mittelcoolen Kids und zum Schluss die eh schon ausgegrenzten Kinder dran – weil sie halt noch übrig sind (und die Lehrerin sonst wieder böse guckt).

Wenn die Personalabteilung also vor allem aus weißen, mittelalten Männern besteht, werden diese beim nächsten Bewerbungsgespräch wen bevorzugen? Richtig! Wer ebenfalls weiß, mittelalt und männlich ist, hat in einem solchen Gespräch die besten Chancen und das ziemlich unabhängig von der Qualifikation. Gleich und Gleich gesellt sich eben gern. Bestens zu erkennen ist das z. B. auf dem tumblr-Blog 100 per cent men[6]: Dort werden Screenshots und Fotos von Vorständen, Diskussionsrunden, Veranstaltungsprogrammen etc. gesammelt, die es noch nicht mal geschafft haben, eine einzige Alibi-Frau unterzubringen, und eben zu 100 Prozent männlich sind. Und wie sieht das im Fall Deutschland aus? Nun, kein anderes Wirtschaftsland hat so wenige Frauen in Führungspositionen wie wir. Kein. Anderes. Land. Nur in jedem dritten Unternehmen sind Frauen im Vorstand, im Aufsichtsrat oder in der Geschäftsführung.[7]

In uns allen schlummern Vorurteile, und wenn es darum geht, jemanden in unser Team zu wählen, wählen diese Stereotypen eifrig mit. Deswegen entscheiden wir uns eher für eine Person, die uns ähnelt, da wir sie vermeintlich am besten einschätzen können. Da wir aber nicht einfach nur alle Leute aufteilen müssen, die sich bewerben (wie im Sportunterricht), nehmen wir ausschließlich die uns ähnlichen, und somit fallen eine ganze Reihe Menschen einfach durchs Raster, die durchaus besser qualifiziert sein könnten. Das ist ein bisschen so, als würde jemand beim Online-Dating ausschließlich auf zwei Aspekte achten: »Hey, du magst Pizza und im Bett rumgammeln? ICH AUCH! Lass uns den Rest unseres Lebens miteinander verbringen!«

Okay, das Beispiel hinkt ein bisschen, denn Pizza und im Bett rumgammeln sind natürlich immer eine gute Basis! Dann nehme ich vielleicht doch eher das Bild aus Jaclyn Friedmans Talk »The Woman Solution: Diversity As Your Secret Weapon«: Wer Vielfalt nicht ernst nimmt, puzzelt nur, obwohl er_sie schon längst mit Lego viel tollere Sachen bauen könnte.[8]

Unsere unbewussten Vorurteile und dadurch entstehende Ausgrenzungen sind jedenfalls wissenschaftlich erforscht und auch kein Geheimnis mehr.[9] Wir Menschen tragen sie alle in uns, und so bildet die Personalauswahl da nun mal keine Ausnahme. Wenn dann aber gemeinhin so getan wird, als wäre das kein Problem oder würde sich irgendwann von selbst erledigen, ist das mehr als naiv. Das ändert sich nicht von selbst – alle, die mal versucht haben, sich das Nägelkauen abzugewöhnen, wissen das. Unbewusste Verhaltensweisen müssen bewusst angegangen werden, um sie abzulegen. Wir müssen sie sozusagen »austricksen«. Menschen mit anderen Lebenshintergründen in Betracht zu ziehen heißt schließlich nicht, dass diese weniger kompetent sind, um den Job gut zu erledigen – auch wenn dies immer wieder unterstellt wird und als vermeintliches Gegenargument für eine Quote herhalten muss.

Der ständige Hinweis darauf, dass Vielfalt echt 'ne gute Idee ist, insbesondere an Orten, wo wichtige Entscheidungen getroffen werden und unser gesamtgesellschaftliches Bild geprägt wird, hat ja mittlerweile schon was von Eltern, die ihren Kindern sagen, dass sie doch bitte ihren Spinat aufessen mögen. Ihr wisst doch, dass der gut für euch ist, warum sträubt ihr euch dann nur so dagegen?!? Unternehmen finden Diversity »ja schon wichtig und so« und trotzdem ist immer wieder die Rede davon, dass sie sich »aufraffen«, »durchringen« oder »in die Pflicht genommen werden« müssen, um diese Vielfalt herzustellen.

Nun, Gerechtigkeit zu schaffen heißt eben auch: Macht abgeben. Insofern verwundert es leider auch nicht, dass die Debatte um die Geschlechterquote so leidenschaftlich wie starrsinnig geführt wird. Immer wieder wird der Eindruck erweckt, dass Männer aufgrund der Quote um ihre rechtmäßigen Posten betrogen würden und Frauen lediglich da oben landen, weil ihre Hauptqualifikation das Frausein ist. Als ob Frauen durch die Quote in Berufszweige gebracht würden, von denen sie ohnehin keine Ahnung haben.

## SOVIEL ZU: WIR HABEN KEIN SEXISMUS-PROBLEM

Die derzeitige Penis… – Verzeihung! –, die derzeitige Männerquote zeigt dagegen natürlich eindeutig, dass sonst ausschließlich die qualifiziertesten Männer in hohen Positionen landen. Solch unfehlbare Helden wie z.B. Hartmut Mehdorn, Karl-Theodor zu Guttenberg, Wolfgang Schäuble …

Juliane Leopold fasst zu dieser Argumentation in ihrem kleinerdrei-Artikel »Wenn keiner was sieht, wird keiner böse – Warum die Quote kommen muss« sehr schön zusammen:

> Nur, weil eine Frau aufgrund einer Quote befördert wird, bedeutet das nicht, dass sie nicht qualifiziert ist. Man kann es nicht oft genug sagen: Quote und Qualifikation schließen einander nicht aus. Etwas anderes ist wahr: Quote und Qualifikation ergänzen sich. Denn die Quote setzt erst nach der Qualifikation an. Kein Befürworter einer Frauenquote in Aufsichtsräten oder in Medienjobs will wahllos auf die Straße gehen, eine Frau auswählen und ihr einen Job geben, nur weil sie [...] zufällig des Weges kommt.[10]

Frauen wird im selben Atemzug eingeredet, dass sie ja bloß nicht die »Quotilde« sein möchten, sondern es lieber »von ganz allein« schaffen sollten. Erst im Januar 2013 war sich der »Focus« nicht zu doof für eine komplette Titelstory zum Thema. »Wir wollen keine Frauenquote!« riefen da lauter prominente Frauen und brachten es zu echten Wortperlen:

> »Eine Quote verletzt die Würde der Frau. Denn jede Frau in einer Leitungsposition würde zur Quotenfrau«, sagte Nobelpreisträgerin Christiane Nüsslein-Volhard. »Das ist ein Stigma, das sich durch hervorragende Leistungen nicht tilgen lässt.« Die CSU-Politikerin Dagmar Wöhrl bekräftigte: »Eine fähige Frau braucht die Quote wie ein Walfisch die Kapuze. [...]« »Die Quote diskriminiert Männer und würde uns Frauen eher schaden als nutzen«, sagte Veronica Ferres. [...] Und »Tatort«-Kommissarin Simone Thomalla sagte: »Die Quote beschneidet die Freiheit der Firmen, Mitarbeiter einzustellen, die kompetent sind.«[11]

Davon abgesehen, dass ich das Bild eines Wals im Kapuzenpulli eigentlich ganz cool finde, fehlt hier ja echt nur noch die mit wild fuchtelnden Armen vorgetragene Drohung: Uaaar, die Quote wird euch Pickel und Stinkefüße machen und euer Erstgeborenes verspeisen!

Nur zur Erinnerung: Die derzeitige Quotenforderung liegt bei 30 Prozent. Bleiben also noch beachtliche 70 Prozent der Posten für Männer übrig. Wir reden also noch nicht mal über eine Verteilung à la 50:50, was eigentlich gerecht wäre. Komischerweise wird das aber weder als unfair empfunden, noch tauchen Fragen auf, ob diese Männer überhaupt qualifiziert genug seien, solche Posten auszufüllen. Männer bekommen das Ansehen, qualifiziert zu sein, inklusive. Das gilt für unsere gesamte Gesellschaft und wird nicht hinterfragt. (So viel zur Diskriminierung, liebe Frau Ferres.) Hinzu kommt: Erst ab einem Anteil von 30 Prozent werden Frauen in männerdominierten Runden auch wirklich gehört, und es wird nicht mehr nur männliches Verhalten zugelassen – jede Quote unter 30 Prozent ist also eher als Feigenblatt zu verstehen und wird die Unternehmenskultur nicht verändern.[12]

Dass es für Frauen ein größeres Stigma sein soll, Quotenfrau zu sein, als es für uns alle in dieser Gesellschaft ist, wirtschaftliche und politische Teilhabe nicht gerecht zu verteilen, erschließt sich mir jedenfalls nicht. Aber hey! Lieber noch mal mit High Heels nach den Frauen treten, die sich den Kopf an der gläsernen Decke stoßen und im mittleren Management rumdümpeln, während ihren männlichen Kollegen bis in die oberste Führungsebene die Hand gereicht wird. Pffft, ist doch egal, dass die Qualifikationen dieser Frauen für etwas Höheres geeignet sind. Dann hätten sie das sogenannte gebärfähige Alter eben niemals erreichen dürfen.

»Selbst schuld!«, das ist der immer wiederkehrende Tenor.

Fast wöchentlich erscheint irgendein ein Artikel (vorzugsweise in der »FAZ«), dessen Inhalt sich übersetzt ungefähr so anhört: »Orrr Ladys, jetzt habt euch mal nicht so und hört auf zu stressen! Wir haben schließlich 'ne Bundeskanzlerin, Frauen dürfen echt alles, und Mädchen sind in der Schule eh erfolgreicher als Jungs – und an der Uni erst! Aber ihr beschwert euch immer noch, dass ihr es nicht allein nach oben schafft?! Wenn ihr es bis jetzt nicht gepackt habt, dann seid ihr wohl leider wirklich zu doof. Schiebt also bitte nicht den Männern die Schuld in die Schuhe. Apropos Schuhe! Hier ist noch ein Bild von Frauenbeinen in hochhackigen Schuhen zwischen lauter Männern, habt ihr bestimmt noch nie gesehen.« Tja, es grenzt ja fast schon an ein Wunder, dass es überhaupt so viele Männer in gutbezahlte Jobs und in die Chefetagen schaffen, wenn doch Frauen schon seit dem Kindesalter die Übermacht haben.

## STATUS QUO-TE

Immerhin: Nach jahrelangem Politik-Palaver, dass eine feste Quote einem Kapuzenwal, pardon: einer Niederlage gleichkäme – dass da gerade vorwiegend Männer rumsitzen, ist nämlich nicht als Armutszeugnis der Gleichberechtigung zu verstehen, sondern, hier dings, irgendwas anderes eben! Und nach dem Kuschelkurs à la Flexi-Quote wie zuletzt von Kristina Schröder vorgeschlagen (Unternehmen sollten sich selbst eine individuelle Frauenquote geben, diese veröffentlichen und dann von alleine einhalten *Daumendrück*), nach alldem steht im Koalitionsvertrag nun also tatsächlich drin, dass »zu Beginn der 18. Wahlperiode des Deutschen Bundestages« eine Geschlechterquote kommen soll.[13] Also, ist doch alles schick, und ich kann dieses Kapitel hier eigentlich beenden?

Nun ja …

Frauenministerin Manuela Schwesig und Justizminister Heiko Maas haben im Sommer 2014 den Gesetzentwurf zur Geschlechterquote vorgelegt, der nun von der Bundesregierung beschlossen werden muss. Das Gesetzgebungsverfahren soll 2015 abgeschlossen sein, so dass die Quote 2016 in Kraft treten kann. Solange möchten die deutsche Wirtschaft und die Gewerkschaften auch noch ein Wörtchen mitreden, denn Quote finden die »überraschenderweise« eher doof.

So sagt der Vorsitzende der Industriegewerkschaft Bergbau, Chemie, Energie (IG BCE), Michael Vassiliadis: »Eine feste Quote ist immer dann problematisch, wenn der Frauenanteil in der jeweiligen Belegschaft deutlich niedriger ist.« Und der IG-Metall-Vorsitzende Detlef Wetzel schiebt hinterher: »Der Anteil der Frauen an den Beschäftigten in unserer Industrie liegt bei 20 Prozent.«[14]

Plötzlich ist eine Quote also zu problematisch, weil es nicht genügend Interessierte und Nachwuchs gibt? Ja merken die bei solchen Aussagen eigentlich noch was? Ist solch eine Feststellung nicht erst recht ein Anlass, um sich endlich an die eigene Nase zu fassen und Förderprogramme, Kampagnen etc. in die Wege zu leiten? Insgesamt liefert eine Quote doch schließlich auch eine Handhabe, um die bereits vorhandenen Frauen zu fördern. Frauen, die wiederum als Vorbilder für den professionellen Nachwuchs fungieren. Stattdessen nur »Ham'wer nich', wird schwierig« und Schulterzucken. Wirklich dufte Einstellung, meine Herren!

Eine unkomplizierte Umsetzung sieht jedenfalls anders aus. Was eben leider auch daran liegt, dass das Gesetz zur Geschlechterquote schon unter Dauerdruck steht, bevor überhaupt Eckpunkte entwickelt werden konnten. Dieser Druck kommt nicht nur aus der Wirtschaft, sondern auch aus der SPD-Spitze, die mit Sigmar Gabriel als Wirtschaftsminister eben wiederum der Wirtschaft sehr nahe steht (von der CDU/CSU erwarte ich ja eh schon nichts anderes mehr, deren Zähneknirschen beim Thema Geschlechterquote höre ich bis hier).

Aber was ist mit der Geschlechterquote eigentlich genau geplant? Nun, die Quote wird nicht für alle Unternehmensformen gleich ausfallen, sondern sich an deren Größe und Aufstellung orientieren. Ab dem 1. Januar 2016 soll die fixe Geschlechterquote von 30 Prozent für die Aufsichtsratsposten von Aktiengesellschaften mit mehr als 2000 Mitarbeiter_innen nach und nach umgesetzt werden.[15] Das allerdings auch nur für neu gewählte Gremien und nicht rückwirkend. Gewerkschaften müssen sich ebenso an die Quote halten: Im Aufsichtsrat gilt diese dann jeweils für die Vertreter_innen der Arbeitnehmer_innenseite sowie für die Anteilseigner_innen. In den großen Unternehmen gilt die Quote nur für den Aufsichtsrat, aber nicht für den Vorstand, obwohl der dortige Frauenanteil mit nur vier Prozent sogar noch niedriger liegt als in den Aufsichtsgremien, wo laut Deutschem Institut für Wirtschaftsforschung 12,9 Prozent Frauen sitzen.[16] Ferner sollen die gesetzlichen Regelungen für die Gleichstellung in der Bundesverwaltung, in Bundesunternehmen und an Gerichten reformiert werden.

Kleinere Unternehmen (insgesamt ca. 3500 an der Zahl), die mitbestimmungspflichtig oder börsennotiert sind, sollen sich dagegen ab 2015 eigene Vorgaben setzen, um den Frauenanteil in Aufsichtsrat, Vorstand etc. zu erhöhen. Die Höhe der Quote dürfen die Unternehmen dabei selber festlegen.

Es ist kein Zufall, wenn man sich da an Kristina Schröders »Nicht mit dem Kopf durch die Wand, sondern mit Köpfchen durch die gläserne Decke[17]«-Flexi-Quote erinnert fühlt. Machte sich die SPD als Opposition noch lustig über die Idee,[18] greift sie diese jetzt kommentarlos auf und verwurstet sie selber. Ich muss wohl nicht erwähnen, dass ich seeehr gespannt bin, wie erfolgreich diese Selbstverpflichtung ausfallen wird? (An dieser Stelle bitte einfach ein gähnendes Kätzchen-GIF vorstellen.)

Der Punkt ist: Ich bin im Grunde sehr froh, nun eine Manuela Schwesig auf dem Posten der Familienministerin zu wissen – das Aufatmen nach der Fehlbesetzung Kristina Schröder war auch bei mir sehr groß. Aber es schmerzt, zu sehen, wie Schwesigs engagierte Vorstöße allein aus den eigenen Reihen torpediert und schon jetzt wieder auf den kleinsten gemeinsamen Nenner geschrumpft werden. Die derzeit angepeilte Quotenlösung ist jedenfalls noch nicht das Gelbe vom Ei. Sie kann höchstens ein Anfang vom Anfang sein.

## EIN NOTWENDIGER HACK, ABER KEIN ALLHEILMITTEL

Fakt ist: Niemand will die Quote. Auch Feminist_innen nicht. Wenn Feminist_innen sich für die Quote aussprechen, erkennen sie diese einfach als notwendiges Mittel zum Zweck an, weil sich eingefahrene diskriminierende Strukturen, die weiterhin von versteckten Vorurteilen getragen werden, eben nicht mit ganz viel Daumen drücken und guten Wünschen von alleine ändern. Fakt ist nämlich auch: Wenn es wirklich nur nach Qualifikation ginge, säßen schon längst nicht mehr so viele weiße Typen meist gleichen Alters in leitenden Positionen. Wir schrauben unsere Ansprüche mit der Quote nicht herunter, sondern wir werden ihnen gerecht(er). True story.

Die Quote ist ein temporärer Hack des Systems. Sie schafft Teilhabe, ist aber auch kein Allheilmittel, sondern quasi eine Adrenalinspritze, um etwas zu beschleunigen, das sich von selbst eben nur sehr langsam und meist auch gar nicht ändert.

Es darf jedoch bei der Quote nicht darum gehen, Frauen mal ein bisschen in den Männerclubs mitspielen zu lassen. Diese

Clubs und die dazugehörigen Strukturen lösen sich nicht sofort auf, nur weil ein paar Frauen angeheuert werden. Solange sich die Arbeitswelt nicht insgesamt wandelt, wird auch der Effekt einer hart erkämpften Quotenregelung eher verpuffen. »Es gibt keine qualifizierten Frauen« ist eben auch ein Zeichen dafür, dass die bestehende Unternehmenskultur nicht ausreichend offen für sie ist und Frauen schlicht keinen Bock haben, sich in die bestehenden Vorgaben zu zwängen – oder wenn sie es tun, für als »männlich« wahrgenommene Eigenschaften abgestraft werden. Das ist eine Lose-lose-Situation. Natürlich gibt es auch immer mehr Männer, die das rituelle Alphatierchen-Getue verabscheuen und lieber Kernseife naschen würden, als im feinen Anzug Vorstands-Meetings abzuhalten. Trotzdem können sich Männer generell aus ihrer alltäglichen Realität heraus nach oben entwickeln. Frauen kriegen bei klemmender Karriere dagegen Kontrolle suggeriert, wo keine ist. Sie sollen sich, neben der ganzen Arbeit, die eh schon da ist, halt einfach noch mal richtig reinhängen und kaufen das ganze Self-help-Paket »Karriere« am besten gleich noch für nur 99,99 Euro dazu. Jüngstes Beispiel Sheryl Sandbergs Buch »Lean In: Frauen und der Wille zum Erfolg«.

Die Dauerpredigt lautet, Frauen sollen sich an das bestehende Umfeld anpassen (übersetzt: Sie sollen sich verstellen), um in Führungspositionen zu gelangen und diese auszufüllen. Dort hilft allerdings auch nicht der Tipp, sich eine dicke Haut zuzulegen: Wenn du die einzige Frau im Team und auf männliche Förderung angewiesen bist, ist es schwer bis unmöglich, sich mit einer »Augen zu und durch«-Einstellung zu arrangieren. Nicht mal zwingend aus dem Grund, dass alle Frauen das Bedürfnis verinnerlicht haben, unbedingt von allen gemocht werden zu müssen. Aber wenn bei der nächsten Personalentscheidung das Bauchgefühl deines Vorgesetzten den Ausschlag gibt und er dich als zu »aggressiv« empfindet, weil du in den letzten Meetings um wichtige Entscheidungen gekämpft hast, dann nützt dir ein dickes Fell eben auch nichts.

Ein gutes Beispiel für dieses Problem ist Jill Abramson, die erste Frau auf dem Posten der Chefredaktion der New York Times, die im Mai 2014 überraschend gefeuert wurde. Sie brachte die NYT wieder auf die Beine, setzte wichtige Veränderungen durch und erreichte z.B., dass ein ausgeglichenes Geschlechterverhältnis unter den Spitzen-Redakteur_innen herrschte. Trotzdem wurde ihr ein Makel nachgesagt, der bei Männern vermutlich unter einem Führungsstil mit fester Hand verbucht würde: Sie sei »zickig«, »schroff« und »nicht zugänglich«.[19] Dafür verdiente sie zeitweise weniger als Männer auf vergleichbaren Posten[20] und wurde am Ende schließlich ohne Vorwarnung aus dem Job gekantet – »es gab keinen einzigen Grund«[21] für ihren Rausschmiss.

Die Journalistin Ann Friedman fasste an Abramsons Beispiel zusammen, dass Sexismus im System eigentlich immer wieder zu einer Frage zurückführt: Habe ich gerade solche Probleme, weil ich nicht gut genug mitspiele oder weil das gesamte Spiel ohnehin zu meinen Ungunsten manipuliert ist?[22]

Es reicht daher nicht aus, eine Quote zu etablieren und den professionellen Nachwuchs von morgen aufzubauen, wenn das eigentliche Arbeitsumfeld am Ende dasselbe bleibt und der Nachwuchs immer wieder an denselben Strukturen scheitert. Gerade jungen Frauen werden häufig weniger Führungsaufgaben zugetraut, selbst wenn sie schon länger im Unternehmen sind. Sie erhalten damit seltener Gelegenheit, die notwendigen Meilensteine zu setzen, die es für eine Beförderung braucht.[23] Und solange Frauen als wirtschaftliches Risiko gesehen werden, weil sie aufgrund einer (oder oh, bewahre! sogar mehrerer) möglichen Schwangerschaft ausfallen könnten, sollten deut-

sche Unternehmen sowieso erst mal ihr Menschenbild gerade-
rücken, bevor sie überhaupt jemanden einstellen. Wer die Ge-
bärfähigkeit von Frauen als Argument gegen ihre Einstellung
und Beförderung verwendet, handelt darüber hinaus nicht nur
unmoralisch, sondern ist auch wirtschaftlich gesehen ein Trot-
tel. Die Investition Tausender Euro, Jahrgangsbeste und hoch-
qualifizierte Arbeitskräfte werden sehenden Auges in den Wind
geschrieben oder auf Nimmerwiedersehen-Teilzeitkarrierebah-
nen geschoben.

Es geht schließlich um einen Kulturwandel auf ganzer Ebene,
und die Quote ist ein erster Schritt in diese Richtung. Ohne eine
Umstrukturierung der Arbeitswelt wird eine Quote aber nur solchen Frauen nutzen, die sich den Umständen des Arbeitsmarkts
anpassen wollen bzw. es können.

Wenn wir z.B. Mädchen und Frauen ohne deutsche Staatsangehörigkeit in die Quotendiskussion holen – was bisher auf
politischer Ebene überhaupt nicht geschieht –, wird erst recht
klar, dass kein »Lean in« – oder Selbstbewusstseins-Coaching
hilft, wo in erster Linie diskriminierende Strukturen wirken.
Denn was ist mit Frauen, die mehrfach diskriminiert werden
und es aufgrund dessen gar nicht erst auf die erste Karriere-
stufe schaffen, geschweige denn in einen Vorstand?

Forschungsergebnisse im Auftrag des Aktionstages »Girls'
Day« bestätigen:

> »Junge Frauen mit Migrationshintergrund interessieren sich für
> viele verschiedene Berufe und wollen Karriere machen«, erklärt
> Wenka Wentzel vom Kompetenzzentrum Technik-Diversity-
> Chancengleichheit in Bielefeld. »Wenn sie dann tatsächlich aus
> der Schule in die Arbeitswelt wechseln, landen sie in nur weni-
> gen, den immer gleichen Berufsgruppen. Die Hälfte der jungen
> Frauen ohne deutsche Staatsangehörigkeit macht Ausbildungen

in nur fünf Berufen wie Arzt- bzw. Zahnarzthelferin und Friseurin. Bei Frauen mit deutscher Staatsangehörigkeit sind dies nur 30 Prozent.«[24]

Einfacher wird es übrigens auch dann nicht, wenn die Mädchen den gesellschaftlichen Botschaften trotzen und nach der Schule eine akademische Laufbahn einschlagen. So ergab z. B. eine jüngere Studie, dass Frauen im Jura-Examen schlechter abschneiden, trotz gleicher Leistungen. Ein Ergebnis, das für Studierende mit ausländischem Namen ebenso zutraf, im Fall von entsprechenden Frauen also auf doppelte Diskriminierung schließen lässt.[25] Zu Teilen vermutet die Studie die Ursache für die Diskriminierungen aber im sogenannten Stereotype Threat.[26] Diese »Bedrohung durch Stereotype« beschreibt die Angst von Mitgliedern einer bestimmten sozialen Gruppe, dass sie selbst ein negatives Stereotyp bestätigen könnten, das gegenüber dieser Gruppe besteht. Das gilt z. B., wenn Frauen vermuten, sie könnten schlecht in Mathe sein, einfach nur weil das gängige Vorurteil das so vorsieht. Die Kenntnis des Vorurteils kann zu einer selbsterfüllenden Prophezeiung werden, so dass diese Angst das eigene Verhalten dermaßen beeinflusst, dass es dem negativen Stereotyp tatsächlich entspricht. So fand der Sozialpsychologe Claude Steele heraus, dass Frauen in Mathetests sehr viel schlechter abschneiden, wenn sie vorher mit der Behauptung konfrontiert wurden, dass es in diesen Tests üblicherweise große Unterschiede zwischen männlichen und weiblichen Teilnehmer_innen gäbe.[27] Wurde das nicht erwähnt, gab es auch keine großen Unterschiede in den Testresultaten. Gerade in Prüfungssituationen kann der Stereotype Threat also besonders hart zuschlagen. Im angesprochenen Jura-Fall (ich gebe sofort fünf Euro in die Wortspielkasse!) kann dies z. B. auch passieren, indem Teilnehmerinnen durch entsprechende Klausurtexte stereotyp auf ihr Geschlecht aufmerksam gemacht werden. Die Juristin Daniela Schweigler, wissenschaftliche Referentin am Max-Planck-Institut für Sozialrecht und Sozialpolitik, schrieb zu diesem Thema sogar einen ganzen Aufsatz für die »Deutsche Richterzeitung« und bescheinigte der Justizausbildung in Bayern ein Sexismusproblem. In den dortigen Übungsfällen kamen Frauen ausschließlich als Mutter, Ehefrau oder Hausfrau vor. Wenn sie doch mal als Täterinnen auftauchten, klauten sie z. B. Parfüm.[28] Hach, wie innovativ! Das alles zeigt jedenfalls wiederum sehr deutlich, wie tiefgreifend es sich auswirkt, wenn Stereotype als unproblematisch betrachtet werden, und wie sie in uns nachwirken – ob wir wollen oder nicht.

Akademiker_innen mit Migrationshintergrund haben es außerdem schwerer bei der Jobsuche, unabhängig davon, ob sie hier geboren oder aufgewachsen sind. So belegen Studienergebnisse der Universität Wien, dass Migrant_innen im Schnitt 17,5 Bewerbungen verschicken müssen, um überhaupt zu einem Vorstellungsgespräch eingeladen zu werden, während Bewerber_innen ohne Migrationsgeschichte bei gleichen Abschlussnoten im Schnitt nur 9,5 schreiben müssen.[29] Wie die Universität Konstanz in einer Studie nachgewiesen hat, werden Bewerber_innen mit einem ausländisch klingenden Namen klar benachteiligt. Wenn diese sich bewarben, hatten sie eine um 14 Prozent geringere Chance auf Rückmeldung, verglichen mit Bewerber_innern mit »deutschem« Namen.[30]

Vielfalt bezieht sich eben nicht nur auf Geschlecht, sondern auch auf Ethnizität, Identität etc. Dabei sollen Unternehmen natürlich nicht in Feigenblattaktionen verfallen und von jeder »Minderheit« ein Exemplar einstellen, als würden sie Actionfiguren sammeln. Insofern müssen Auswahlprozesse auch diesbezüglich modernisiert werden, z. B. indem Bewerbungsformulare anonymisiert werden.

Ein Verfahren, auf das übrigens sogar Konferenzen mit einem technologischen Fokus immer öfter und äußerst erfolgreich zurückgreifen. Solche Konferenzen haben immer noch große Probleme, ein vielfältiges Programm hinzubekommen und sind meistens sehr männerdominiert, auch wenn sie einen offenen Aufruf haben, bei dem Vortragsvorschläge eingereicht werden können. Ein anonymer Auswahlprozess ist eine Möglichkeit, dem entgegenzuwirken. Die Javascript-Konferenz JSConf EU[31] stellte 2012 ihren Auswahlablauf um und erreichte so z. B. aus dem Stand einen Referentinnenanteil von 25 Prozent[32] – für Tech-Konferenzen, die gerne auch mal gar keine Vorträge von Frauen im Programm haben oder lediglich eine Alibi-Frau, ist das sehr viel.

Darüber hinaus bemühte sich die Konferenz um einen Aufruf, der alle Geschlechter ansprach – etwas, das leider nicht selbstverständlich für Stellenausschreibungen ist, wie zuletzt eine Studie der TU München bestätigte. Dort zeigte sich erneut, dass sich Frauen von Wörtern wie »offensiv«, »durchsetzungsstark« und »analytisch« nicht angesprochen fühlen – weil diese Zuschreibungen allgemein als männlich bewertet werden.

»Männlich besetzte Formulierungen werden in Anzeigen immer wieder benutzt, obwohl sie häufig gar nicht mehr den Anforderungen entsprechen«, sagt Studienleiterin Claudia Peus. Die Arbeitgeber seien sich der Wirkung ihrer Formulierungen gar nicht bewusst und betonten so unabsichtlich alte, längst überholte Stereotype. Auf die Idee zu dem Forschungsprojekt kamen Peus und ihre Kolleginnen, als eine große Stipendienorganisation sie um Hilfe bat, weil sich auf ihre Förderprogramme kaum Frauen bewarben. Die Dozentinnen sprachen gezielt einzelne Studentinnen an, von denen sie den Eindruck hatten, sie hätten das Stipendium verdient. Spontan waren alle angesprochenen Frauen begeistert, doch eine Bewerbung schickte keine von ihnen ab. Ihre Begründung nach dem Lesen der Ausschreibung: »Da passe ich nicht rein, das ist nichts für mich.«[33]

All das sind also Faktoren, die es mitzudenken gilt, wenn mal wieder jemand behauptet, dass es im Fall einer festen Quote überhaupt nicht genügend qualifizierte Frauen gebe. Ständig hören wir, Unternehmen müssten innovativer und offener werden, um wettbewerbsfähig bleiben zu können. Dazu gehört aber eindeutig auch, sich vielfältigen Teams zu verschreiben, in denen die Mitarbeiter_innen-Biographien nicht ausschließlich die Punkte »weiß« und »männlich« erfüllen. Bislang bleiben die Versprechen dazu allzu häufig bloße Lippenbekenntnisse. Stattdessen kommt selbst im Jahr 2014 nur ein »Das haben wir immer schon so gemacht« heraus.

Es wäre bereits ein großer Schritt, wenn verinnerlichte Vorurteile und homosoziale Kooptation (hat hier noch jemand das Bedürfnis nach der Abkürzung »Homokoop«?) generell beim Personalprozess so gut wie nur möglich umgegangen werden können. Die Quote ist ein Werkzeug, um das zu tun. Und dennoch sollte nicht aus dem Blick geraten, dass es sich bei der Quotendebatte für Vorstände & Co. auch immer um eine elitäre Diskussion handelt. Wir reden hier bislang nur von der Spitze, der notwendige Kulturwandel muss aber bis zu den Wurzeln durchdringen.

Ein vielfältiges Team arbeitet besser, schöpft aus einem größeren Ideen-Pool und schafft insgesamt einen Wettbewerbsvorteil. Viele Studien belegen, dass Diversity im Unternehmen zu mehr Umsatz, einer größeren Kundschaft, stärkeren Marktanteilen und größeren Profiten führt.[34] Diversity zu befürworten darf jedoch nicht allein in ökonomischen Argumenten begründet sein. Sonst ist es nur eine Ablenkungsstrategie, die von den bisherigen Diskriminierungen wegführt. Es hilft eben nicht, marginalisierte Gruppen einfach nur ein »kleines bisschen anders« falsch zu behandeln.

Vielfalt muss da draußen in den Unternehmen das neue Leitmotiv werden. Vielfalt muss bedeuten, dass jeder Mensch nicht nur gleich, sondern auch gut behandelt wird, mit Rücksicht und Verständnis. Das ist eine Arbeitszukunft, für die es sich zu kämpfen lohnt. Die Quote ist dafür nur ein Anfang.

# 3:

# GIRLS JUST WANNA HAVE
# FUN-DAMENTAL RIGHTS –
# ÜBER SEXUELLE SELBSTBESTIMMUNG

**DIE »PILLE DANACH« UND DEUTSCHLANDS ANGST DAVOR**
Wer sich die Diskussion um die »Pille danach« und die Argumente der Befürworter_innen einer Rezeptpflicht anschaut, könnte glatt den Eindruck bekommen, Frauen müssten permanent vor sich selbst beschützt werden. Und schon gar nicht, so scheint es, seien sie in der Lage, selber Entscheidungen über ihre Körper zu fällen.

Deutschlands Debatte um diese Form der Notfallverhütung ist allerdings längst keine medizinische mehr, sondern ausschließlich eine politische. In Europa haben bereits 28 Länder und weltweit sogar ganze 79 Länder die Rezeptpflicht für die »Pille danach« aufgehoben, um Mädchen und Frauen einen unkomplizierten und damit schnellen Zugang zum Notfallverhütungsmittel zu ermöglichen.

Nicht so bei uns: Neben Italien und dem erzkatholischen Polen ist Deutschland das einzige EU-Land, in dem die »Pille danach« verschreibungspflichtig ist.

Vermeintlich heftige Nebenwirkungen werden als Feigenblatt-Argument benutzt, um Frauen einen schnellen Zugang zu verwehren – schließlich sollen sie nur vor unbedachten Schritten bewahrt und jedes Mal eingehend zum Notfallverhütungsmittel aufgeklärt werden. Komisch, dabei entstehen die schlimmsten Nebenwirkungen eigentlich erst durch die harte Front aus realitätsfremden Haltungen konservativer Politiker_innen und eigennützig handelnder Ärzt_innen, denn: Frauen (wie auch Transmänner und genderqueere Menschen mit Gebärmutter) laufen durch sie Gefahr, ungewollt schwanger zu werden, weil sie die »Pille danach« nicht rechtzeitig einnehmen können.

### RISIKEN UND NEBENWIRKUNGEN: SPAHN UND GRÖHE

»Kopfschmerzen! Unterleibsschmerzen! Übelkeit und Erbrechen! Zyklusverschiebungen! Menstruationsstörungen! Und: Thrombose!« Die CDU wird nicht müde, uns die Nebenwirkungen der »Pille danach« immer wieder mit dem moralischen Zeigefinger unter die Nase zu reiben und die Legende von der unverträglichen »Hormonbombe«[35] aufrechtzuerhalten. Dass es etwa nur jede vierte Frau z.B. mit Nebenwirkungserscheinungen wie Übelkeit zu tun hat? Dass diese generell weitaus milder ausfallen? Pfff, alles unwichtige Details!

Menstruierende Menschen können allerdings angesichts der regelmäßigen Nebenwirkungsaufzählung nur ein müdes Augenrollen hervorbringen, denn das sind Symptome, mit denen sie u.a. jeden Monat zu tun haben. Durch die ständige Einnahme der normalen Verhütungspille sind sie darüber hinaus einem erhöhten Thromboserisiko ausgesetzt. Aber hier erzählt ihnen seltsamerweise niemand, dass sie das lassen sollten – erst recht nicht die sonst so besorgten Ärzt_innenverbände.

Bei der »Pille danach« fühlt sich die dahinter stehende Argumentation immer ein bisschen nach Quiz-Show-Logik an: Wenn sich die Patientin nicht für Tor 1 entscheidet, muss sie ja Tor 2 nehmen. Richtig?

Hm, lasst mich überlegen …

Wollen Sie Kopfschmerzen oder die ungewollte Schwangerschaft? – Tor 1!

Unterleibsschmerzen oder eine ungewollte Schwangerschaft? – Eindeutig Tor 1.

Übelkeit und Erbrechen – oder ungewollte Schwangerschaft? – Jepp, Tor 1 it is!

Zyklusverschiebungen und Menstruationsstörungen, oder ungewollte Schwangerschaft? – Kann ich jetzt bitte endlich Tor 1 haben?

Ernsthaft: Von welcher Frau erwartet das Unions-Lager eigentlich, dass sie in solch einer Notlage plötzlich denkt »Oh, ich nehme die ›Pille danach‹ lieber nicht, denn dann könnte mir ja der Schädel brummen«?

Dabei ist das mit den Nebenwirkungen nicht mal komplett falsch: Jedes Mal wenn ich unseren aktuellen Bundesminister für Gesundheit Hermann Gröhe (CDU) zur »Pille danach« argumentieren höre, kriege ich nämlich direkt Kopfschmerzen ob dieser Realitätsferne.

Für die »Pille danach« sieht Gröhe »einen zügigen, diskriminierungsfreien Zugang« als notwendig, um im gleichen Atemzug in der Logiktradition eines »1+1=3« festzulegen, dass dies »am besten gewährleistet [ist], wenn es bei der Verschreibungspflicht bleibt.« Um noch einen oben draufzusetzen, warnt unser Gesundheitsminister aber auch davor, die Debatte um die Rezeptpflicht »mit Schaum vor dem Mund« zu führen.[36]

Männer, die uns sagen, dass wir uns doch gefälligst nicht so aufregen sollen, wenn unsere Rechte beschnitten werden. Immer wieder schön!

Bei Gröhes Parteikollegen Jens Spahn verstärken sich dann die Kopfschmerzen. Der Vorsitzende der Arbeitsgruppe Gesundheit und Gesundheitspolitischer Sprecher der CDU/CSU-Fraktion stößt nämlich nicht nur ins selbe Horn, was den hinter Schaum versteckten Hysterievorwurf angeht[37], sondern wurde im Zusammenhang der Debatte bekannt(er) durch seine Äußerung, dass die »Pille danach« nicht ohne Rezept vergeben werden dürfe, da »solche Pillen nun mal keine Smarties [seien]«.[38] Schließlich seien sie ja Medikamente und hätten daher auch Nebenwirkungen.

## #WIESMARTIES

Auf Twitter entstand aufgrund von Spahns herablassender Äußerung – die er übrigens auch nicht müde wird zu betonen[39] – der Hashtag #wiesmarties, unter dem User_innen seine Aussage in all ihrer Absurdität vorführen.

Eine kleine Auswahl, beginnend mit der Hashtag-Namensgeberin Yasmina Banaszczuk:

@FrDingens: Eigentlich verhüte ich nie. Ich mag die Existenzpanik und Überforderung, potenziell schwanger zu sein. & die süße #Pilledanach #wiesmarties[40]

@Autofocus: Weil wir ja alle rezeptfreie Medikamente #wiesmarties einwerfen, wir naschhaften Dinger. Frauen halt, kicher! #pilledanach[41]

@phraselnd: die #pilledanach gibt's dann bald auch im praktischen pez-spender mit lustigen gesichtern. #wiesmarties[42]

@habichthorn: Wie erkläre ich denn meinem Freund, dass nur ich die #pilledanach #wiesmarties essen kann und er nicht?[43]

@king_of_chaos: Was supergut ankommt: Ich biete meinen Gästen stets die #Pilledanach mit Käse überbacken an. #Rezeptvorschlag #wiesmarties[44]

@ms_pieper: Ein Glück hatte meine Kollegin noch eine Packung in der Schublade – ich hatte gestern schon alle weggenascht. #pilledanach #wiesmarties[45]

## REALITÄTSCHECK – JE SCHNELLER, DESTO BESSER

In Deutschland gibt es für die Notfallverhütung mehrere Präparate: Dazu gehören »PiDaNa« und »Postinor«, jeweils mit dem Wirkstoff Levonorgestrel, und »ellaOne«, mit dem Wirkstoff Ulipristalacetat.[46] Beiden Pillenvarianten ist gemeinsam, dass sie den Eisprung unterdrücken oder verzögern. So wird eine Befruchtung verhindert, wenn es vor der Ovulation zum ungeschützten Geschlechtsverkehr gekommen ist – denn um den Eisprung herum ist die Wahrscheinlichkeit für eine Schwangerschaft am höchsten. Insofern handelt es sich bei der »Pille danach« auch eindeutig nicht um eine Abtreibungspille[47], obwohl heutzutage trotzdem immer wieder dieser Eindruck vermittelt wird.[48]

Die Einnahme der momentan gängigen (und politisch diskutierten) Präparate auf Levonorgestrelbasis kann zwar bis zu 72 Stunden nach dem Geschlechtsverkehr erfolgen, ist aber effektiver, je früher das passiert. Denn nach 48 Stunden verdreifacht sich bereits das Risiko, ungewollt schwanger zu werden. Auf der sichersten Seite ist die Patientin sogar nur mit einer Einnahme innerhalb der ersten zwölf Stunden nach dem ungeschützten Geschlechtsverkehr. Und generell gilt: Je früher desto besser, weil wirksamer.[49]

»Ungeschützt« hat hierbei verschiedene Bedeutungen. Die »Pille danach« sollte als Notfallverhütung angewendet werden

- wenn es gänzlich ohne Verhütung zum Geschlechtsverkehr kam,

- wenn vergessen wurde die »Pille« pünktlich einzunehmen,
- wenn das Kondom des Partners gerissen, ver- oder abgerutscht ist,
- wenn zu befürchten ist, dass die Spirale (Intrauterinpessar) nicht mehr wirksam ist,
- wenn das Diaphragma oder die Portiokappe abgerutscht ist oder vorher herausgenommen wurde,
- wenn die (eh sehr unsichere) Methode des Coitus interruptus oder die Knaus-Ogino-Verhütungsmethode (auch Kalendermethode genannt) versagt hat,
- wenn eine Vergewaltigung vorliegt.

Wenn sie rechtzeitig eingenommen wird, ist die »Pille danach« jedenfalls äußerst zuverlässig und kann in ca. neun von zehn Fällen eine ungewollte Schwangerschaft verhindern.[50]

Das Bundesinstitut für Arzneimittel und Medizinprodukte (BfArM) hat Anfang 2014 für die »Pille danach« auf Levonorgestrelbasis einhellig festgestellt, dass es keine medizinischen Gründe gibt, die dagegensprechen, die Rezeptpflicht aufzuheben.[51] Mit derselben Feststellung hatte das Institut bereits im Jahr 2003 eine Empfehlung zur rezeptfreien Abgabe der »Pille danach« ausgesprochen und sich dabei u. a. auf die Empfehlung der Weltgesundheitsorganisation[52] berufen, die ebenfalls für einen schnellen Zugang ohne Umweg über die Rezeptabgabe plädiert. Levonorgestrelbasierte Pillen sind: 1. sehr sicher, führen 2. nicht zu einer Abtreibung oder Schäden an einem eventuellen Fötus[53] und haben 3. keine negativen Auswirkungen auf die künftige Fruchtbarkeit. Nebenwirkungen sind unüblich und verlaufen allgemein eher schwach, heißt es auch laut WHO.

Zusammengefasst: Als Gegner_innen der überflüssigen Rezeptpflicht sollen wir angesichts der Debatte keinen »Schaum vor dem Mund« haben, aber das konservative Lager darf gänzlich ohne wissenschaftliche Fundierung an seiner Argumentation festhalten!

»Exakt zwei Fälle schwerwiegender Nebenwirkungen«, schreibt die »taz«, sind »nach Einnahme des Notfall-Verhütungsmittels […] dem zuständigen Bundesinstitut für Arzneimittel und Medizinprodukte bekannt – zwei Fälle aus ganz Deutschland, und zwar im Zeitraum von 1998 bis heute.« Selbst schnödes Aspirin hat mehr Gegenanzeigen und Nebenwirkungen als die »Pille danach«,[54] wird aber problemlos ohne Rezept in der Apotheke (und meistens sogar ohne Beratungsgespräch) verkauft. Sehen wir aber etwa hier, wie sich die Unionsfraktion besorgt für eine Rezeptpflicht einsetzt?

> Tatsächlich räumt die Bundesregierung […] ein, dass andere Arzneimittel, etwa Paracetamol oder Aspirin, rezeptfrei abgegeben werden dürfen, obwohl ihre schwerwiegenden Nebenwirkungen (Leberschädigungen, Magengeschwüre, schwere Hautreaktionen) sehr viel häufiger auftreten (weniger als ein Fall von 1000 Anwendungen) als die Nebenwirkungen der Pille danach.[55]

An Statements wie dem Smarties-Spruch von Jens Spahn lässt sich jedenfalls sehr gut erkennen, dass die Union Frauen eindeutig bevormunden und beschämen möchte, anstatt sie in ihrer Selbstbestimmung und Sexualität ernst zu nehmen. Die Message der Union: »Sex kann schließlich nicht nur zum Spaß da sein, wo kommen wir denn da hin?!«[56] Gehet hübsch hin und mehret euch, wenn ihr schon Sex haben müsst!« So wird am Ende jede Absicht eines einzelnen Spermiums ernster genommen als die Wünsche und Sorgen von Frauen. Insofern hilft es auch nichts, liebe Union, dass ihr immer wieder das Gegenteil behauptet[57], denn die Fakten sprechen eindeutig für sich – und gegen eure vermeintlich »christlichen Werte«. Der SPD-Gesund-

heitsexperte Dr. Karl Lauterbach fasste das in einer Bundestags-
debatte sehr treffend zusammen:

> In der Summe macht es den Eindruck, als wenn hier die Freiheits-
> rechte der Frauen eingeschränkt werden sollen, als wenn hier
> ein Exempel statuiert werden soll, als wenn man sagen würde:
> ›ein bisschen Strafe muss sein‹ sozusagen, ›dann geht wenigstens
> zum Frauenarzt‹ und das halte ich für eine nicht angemessene
> Position.[58]

Eine weitere Bastion der Rezeptpflichtfans findet sich bei der
Deutschen Gesellschaft für Gynäkologie und Geburtskunde
(DGGG)[59] und der Bundesärztekammer. Diese argumentieren
immer wieder, dass ausschließlich Ärzt_innen (für die DGGG
vorzugsweise Gynäkolog_innen) betroffene Frauen beraten
können und herausfinden sollten, ob diese überhaupt eine »Pille
danach« brauchen, schließlich wäre das Fruchtbarkeitsfenster
eh sehr klein und die schlimmen Nebenwirkungen durchzuma-
chen (fast hätten wir sie schon wieder vergessen) ließe sich öfter vermeiden.

Dass Ärzt_innen jede so beratene Patientin abrechnen können und somit auch an ihr verdienen, wird dabei natürlich
gerne kleingeredet[60] oder gleich verschwiegen, während die Gy-
näkolog_innen bei den regulären Vorsorgeterminen nur selten
eine gute Aufklärung zum individuellen Zyklus bieten. Frauen
müssen aber oft als Bedingung einen Schwangerschaftstest machen, eine gynäkologische Untersuchung oder einen vaginalen
Ultraschall durchführen lassen, um überhaupt ein Rezept zu bekommen. Letzteres kann jedoch für Betroffene traumatisch
sein, wenn sie sexualisierte Gewalt erlebt haben. Darüber hinaus gibt es keine internationalen Richtlinien oder Empfehlungen dazu, solche Untersuchungen überhaupt durchführen zu

müssen. Sie verursachen also Kosten, rauben wiederum wertvolle Zeit bei der Medikamenteneinnahme, bevormunden die Betroffene und tun ihr im schlimmsten Fall damit erneut Gewalt an. Besonders der DGGG argumentiert damit, dass über eine solche Untersuchung herausgefunden werden könne, ob Anzeichen für eine Gewaltproblematik bestehen[61] – und entmündigt damit erneut. Nicole von Horst schrieb dazu auf kleinerdrei:

> [Dies] nimmt einer von Gewalt betroffenen Person die Mündigkeit, selbst Gesprächszeitpunkt und -ort [für ein Hilfegespräch] zu wählen, ganz abgesehen davon, dass es einer von häuslicher Gewalt betroffenen Person ganz sicher nicht hilft, wenn der Zugang zu schwangerschaftsverhütenden Medikamenten eingeschränkt ist. Nicht zuletzt steckt im Vorwurf, Frauen gingen bei Rezeptfreiheit der Pille danach zurück in Gewaltverhältnisse, eine ordentliche Portion Victim Blaming. Nicht cool, DGGG, nicht cool.[62]

Dabei geht es bei der Abschaffung der Rezeptpflicht gar nicht ums Verbot einer ärztlichen Beratung – wer diese bevorzugt, kann sie schließlich immer noch in Anspruch nehmen und sich damit z. B. auch an die_den eigene_n Gynäkolog_in wenden.

Das alternativ als Standard geforderte Beratungsmodell inklusive Medikamentenabgabe durch Apotheken wird jedoch von Spahn, Gröhe & Co. immer wieder als schrecklich unheimliches und anonymes Prozedere gezeichnet, so dass man sich fast schon fragen könnte, ob diese grundlose Angst vor dem Notfallapothekenschlitz nicht bereits ein eigenes medizinisches Phänomen darstellt.

Dass Anonymität vielleicht genau das ist, was viele Mädchen und Frauen in einer solchen Situation bevorzugen, um diese nicht noch peinlicher, nicht noch beschämender werden zu las-

sen – unsere Gesellschaft geht nämlich nicht gerade fortschritt-
lich mit weiblicher Sexualität um –, wird vom konservativen
Lager natürlich ignoriert. Dabei kann gerade in ländlichen Ge-
genden, wo jede_r jede_n kennt, das Organisieren der »Pille
danach« zum noch krasseren Spießrutenlauf werden, wenn
jemand dabei z.B. auf die_den langjährige_n Familienärzt_in
angewiesen ist. Laut einer Online-Befragung des ProFamilia-
Bundesverbands berichten zwei Drittel der Frauen, dass sie es
nicht nur stressig fanden, sich die »Pille danach« zu besorgen,
ein Drittel der Befragten gab außerdem an, sich abschätzig, res-
pektlos oder herablassend behandelt gefühlt zu haben.[63] Hinzu
kommen Transmänner und genderqueere Menschen mit Uterus,
die eine »Pille danach« benötigen können und noch mal vor besondere Schwierigkeiten gestellt sind, was Besuche bei Gynäko-
log_innen oder in Krankenhäusern betrifft, während ein Besuch
bei der Apotheke ohne Rezeptzwang weitaus einfacher zu be-
wältigen wäre.

Sicher, diskriminierendes Verhalten lässt sich auch beim Apo-
thekenpersonal nicht komplett ausschließen, doch ist der fehlende Rezeptzwang bereits eine entscheidende Hürde weniger,
die in solchen Situationen zusätzlichen Druck ausübt. Darüber
hinaus gäbe es bei einem solchen Vergabemodell in der Regel
immer noch mehr alternative Apotheken zur Auswahl und keine
Wartezeit zu bedenken. Plus: Frau könnte sich das Präparat viel
leichter auf Vorrat kaufen und für ebenjenen Notfall aufbewah-
ren, um eben erst gar nicht all den Stress zu haben, falls der Fall
der Fälle wirklich eintreten sollte.[64]

Wie sieht davon abgesehen derzeit eigentlich die Realität aus,
wenn frau Angst hat, sie könnte schwanger werden, und auf eine
Notfallverhütung zurückgreifen muss? Nun, meistens spielt sich
das vielgelobte ärztliche Beratungsgespräch ungefähr so ab:

*– Hallo! Ich brauche die »Pille danach«.*

*– Okay, ich stelle Ihnen ein Rezept aus. Tschüss!*

The End

Das allerdings erst nach mehreren Stunden Wartezeit, versteht sich. Denn derzeit hat die Patientin die Wahl zwischen »überfüllte Sprechstunde« und »überfüllte Notaufnahme«. »Überfüllt« und »Zeitdruck« vertragen sich allerdings sichtlich schlecht. Oder damit auch Herr Spahn es versteht: Das passt ungefähr so gut zusammen wie Smarties und sommerliche Mittagshitze.

Die Uhr tickt von Anfang an. Während durch die Rezeptpflicht kostbare Zeit davonläuft, trampelt die Betroffene nervös in Wartezimmern auf der Stelle. Hinzu kommt, dass die »Pille danach« meist eh außerhalb regulärer Praxisöffnungszeiten benötigt wird, weil viele Menschen eben nicht nur Sex zwischen 8 und 14 Uhr haben oder Vorfälle sexualisierter Gewalt ausschließlich werktags zwischen 12 und 19 Uhr stattfinden. Laut Aussage von ProFamilia finden sogar mehr als die Hälfte der Verschreibungen von Notfallverhütungsmitteln montags und dienstags statt, d. h.: meist nach ungeschütztem Geschlechtsverkehr am Wochenende und damit auch eindeutig fortgeschritten im Wirkungszeitfenster.[65]

Das Argument der Rezeptpflichtfans, Deutschland hätte eine ausreichende Infrastruktur, was die nächste Praxis angeht, bringt damit auch genau: nichts. Denn was nützen all diese Praxen, wenn ich dort im Ernstfall meist vor verschlossener Tür stehe? Wer als Betroffene nicht auf die nächste Sprechstunde warten möchte (und es auch nicht kann), ist damit vor allem auf Notfallaufnahmen in Krankenhäusern angewiesen – obwohl diese sinnvollerweise eher entlastet gehören, als ihnen unnötig weitere Patientinnen zu schicken.

Fun Fact: Da ein Rezept für die »Pille danach« nicht zwingend von einem_einer Gynäkolog_in ausgestellt werden muss, sondern auch von anderen Fachärzt_innen, findet ohnehin in den meisten Fällen kein gynäkologisches Fachgespräch statt. Die Patientinnen werden lediglich maximal auf das hingewiesen, was eh in der Packungsbeilage steht. So viel also zum stets notwendigen und ausführlichen Beratungsgespräch aus den realitätsfernen Vorstellungen der Union.

## JUNGE MÄDCHEN SIND AM DÜMMSTEN?!

Unionspolitiker_innen zitieren zudem immer wieder dasselbe Anwendungsdrama herbei: Verhütungsunfälle passieren vor allem jungen Mädchen, die zum ersten Mal Sex und sowieso überhaupt keine Ahnung haben. Sie müssen daher extra intensiv beraten werden, damit ihnen das bloß nicht noch mal passiert. Beratungsgespräche wären deshalb allein schon wichtig, um die Wiederholung von Verhütungspannen zu vermeiden.

Ich frage mich: Wann haben Spahn, Gröhe & Co. eigentlich das letzte Mal junge Mädchen und Frauen gefragt, was diese alles über Verhütung wissen und was ihre tatsächlichen Ängste sind, anstatt ihnen direkt vollkommene Doofheit zu unterstellen?[66] Wann musste unser Bundesgesundheitsminister zuletzt stundenlang nachts in einer überfüllten Krankenhausnotaufnahme auf ein Rezept warten? Was will ein Frank Ulrich Montgomery, Präsident der Bundesärztekammer, bei der Verhütungspanne eines verrutschten oder gerissenen Kondoms eigentlich beraten? Hat ein Jens Spahn schon mal montags Nägel kauend auf der Arbeit sitzen müssen, weil er es sich nicht leisten konnte, diese wegen eines Besuchs bei seiner Ärztin früher zu verlassen? Musste er schon mal mehrere zermürbende Stunden in einem Wartezimmer sitzen, obwohl klar war, was er benötigte? Wurde er daraufhin auch schon mal zu einer Untersuchung genötigt, um anschließend von der Praxisassistentin beim Ausstellen des Rezepts mit abschätzigen Kommentaren und Blicken bedacht zu werden?

Nun, ich durfte all das als Teil unseres angeblich so wunderbar funktionierenden Beratungssystems erleben. Allein aus meinem persönlichen Umfeld kenne ich kaum andere Geschichten, und wer fragt, wird noch mehr von ihnen zu hören bekommen.[67] Übrigens geschah das, als ich Ende 20 war und bereits langjährige Erfahrungen in Sachen Sex und Verhütung vorwies. Newsflash: Das alles hindert ein Kondom leider trotzdem nicht am Verrutschen!

Solche Sachen passieren eben, was an sich schon beschissen genug ist. Es gibt nicht die »guten Frauen«, die das vermeiden können, und die »schlechten«, die es herausfordern. Wenn dann auch noch so getan wird, als wären die anschließenden inszenierten Bußgänge nur zu unserem Besten, möchte ich die betreffenden Entscheider_innen nur zu gerne mal voller Existenzangst auf unbestimmte Zeit in ein Wartezimmer sperren.

Wie gesagt: Dass auch trotz Verhütung etwas schiefgehen kann, lässt sich nun einmal nie vollkommen ausschließen. Mir ist es, Jahre später, leider auch ein zweites Mal so gegangen. Dieses Mal war das Kondom geplatzt. Mein Glück war jedoch, dass ich mich zu dieser Zeit in einem Land befand, das die »Pille danach« samt Beratung in der Apotheke anbietet. Ich hätte dort sogar ins nächste Krankenhaus gehen können und die »Pille danach« kostenlos bekommen, ohne Bürgerin dieses Landes zu sein. Da die Apotheke mit fünf Minuten Fußweg näher lag, entschied ich mich dafür und konnte die »Pille danach« locker innerhalb der ersten zwölf Stunden einnehmen. Die Apothekerin führte mich in einen kleinen Nebenraum, stellte Fragen zu meinem Zyklus, ob ich schon Erfahrung mit der »Pille danach« hätte und erkundigte sich, ob es mir sonst gutgehe (ich war eher als

»durch den Wind« zu bezeichnen, weil ich an das Szenario vom letzten Mal denken musste). Dann zahlte ich die »Pille danach«, kaufte noch eine Packung neue Kondome (extra safe) dazu und brachte die Apothekerin zum Schmunzeln.

Nebenwirkungserscheinungen hatte ich übrigens in beiden Fällen nicht. Das beschissene Gefühl kam beim ersten Mal lediglich von den demütigenden Umständen, unter denen ich die »Pille danach« besorgen musste. Beim zweiten Mal wollte ich die Apothekerin am liebsten nur vor Erleichterung knutschen.

## DISKRIMINIERUNGSFREIER ZUGANG – FÜR ALLE

Als Anfang Januar 2013 der Kölner Fall bekannt wurde, dass bereits im Dezember 2012 eine vergewaltigte Frau gleich von zwei katholischen Krankenhäuern abgewiesen wurde, war die Empörung groß. Die Frau war auf einer Party mit K. o.-Tropfen betäubt worden und kam erst am nächsten Tag auf einer Parkbank wieder zu sich. Eine Vergewaltigung war nicht auszuschließen.

Die Notärztin vor Ort hatte damals eine gynäkologische Untersuchung zur Beweissicherung der Vergewaltigung angeordnet, doch weil damit ein Beratungsgespräch über eine mögliche Schwangerschaft, einen eventuellen Abbruch und das Verschreiben der »Pille danach« einhergeht, stellte dies einen ethischen Konflikt für die Kliniken dar, da sie unter katholischer Trägerschaft stehen[68] – das Personal hätte für ein solches Gespräch und Rezept gefeuert werden können.

Die Empörung der Öffentlichkeit war angemessen, denn was der Frau widerfahren ist, ist schlichtweg als grausam zu bezeichnen. Geradezu zynisch erscheint dabei der Leitspruch eines der Krankenhäuser: »Der Mensch in guten Händen«[69] – solange kein Spermium dazwischenkommt.

Auf den Vorfall hin entbrannte jedenfalls eine notwendige Debatte um den diskriminierungsfreien Zugang, und die »Pille danach« wurde wieder zu einem Thema. Der Fall einer Vergewaltigung ist einer, bei dem viele Menschen am ehesten nachvollziehen können, weshalb ein problemloser Zugang zur »Pille danach« überall gegeben sein muss. Er darf trotzdem nicht als der einzige gelten.

Die Hauptnebenwirkungen der aktuellen Politik zur »Pille danach« sind immer noch ungewollte Schwangerschaften und deswegen notwendige Abtreibungen. Es gibt keine Zahlen über Frauen, die aufgrund einer zu spät erfolgten Einnahme der »Pille danach« trotzdem schwanger wurden – einen schnellen und diskriminierungsfreien Zugang haben jedoch alle Betroffenen verdient.

Auf ihrer Frühjahrsvollversammlung in Trier einigten sich die deutschen Bischöfe immerhin relativ schnell, dass katholische Krankenhäuser in Deutschland vergewaltigten Frauen die »Pille danach« verordnen dürfen.[70] Dies jedoch nur, wenn die »Pille danach« die Befruchtung verhindere und nicht abtreibend wirkt. Gestützt wurde ihre Entscheidung auch vom Vatikan und der spanischen Bischofskonferenz.[71]

Journalistische Recherchen ergaben allerdings, dass es mitnichten nur Krankenhäuser mit kirchlicher Trägerschaft sind, in denen die »Pille danach« fälschlicherweise als »Frühabtreibung« empfunden – dabei sollten medizinstudierte Menschen doch gerade wissen, wie diese tatsächlich funktioniert – und deshalb verweigert wird, was erneut auf unser grundlegendes Problem verweist.[72]

Die Diskussion um einen diskriminierungsfreien Zugang zur »Pille danach« beinhaltet aber auch eine um die Kosten dafür. Wenn die Union die »ellaOne« als neues Standardpräparat etablieren will, unterschlägt sie, dass diese mit 35 Euro rund doppelt so teuer ist wie die »PiDaNa« (ca. 17 Euro).[73] Dabei würde sich dies z. B. auch stark auf Sozialhilfeempfänger_innen und Bezieher_innen von Arbeitslosengeld II auswirken, denn eine Kostenübernahme des Medikaments ist für sie nicht festgelegt. Da eine Rezeptfreiheit außerdem bedeuten würde, dass unabhängig vom Alter der Betroffenen immer für die »Pille danach« bezahlt werden muss, gibt es Vorschläge wie den der Partei Die Linke, der eine Kostenerstattung für Unter-20-Jährige von den Krankenkassen vorsieht.[74] Bundesländer wie Baden-Württemberg und Nordrhein-Westfalen bemühten sich sogar bereits um eine kostenlose Vergabe der »Pille danach«[75], was auch deutschlandweit die sinnvollste Lösung wäre.

## VERTRAUT FRAUEN

Die Debatte um die Rezeptfreiheit ist geradezu beispielhaft dafür, wie mit feministischen Themen in der deutschen Politik und Gesellschaft umgegangen wird: Menschen, die nicht betroffen sind, schreiben Betroffenen vor, was sie zu tun haben. Natürlich nicht, ohne uns die ganze Zeit zu erzählen, dass es ihnen ja nur um unser Bestes ginge.

Meist männliche Politiker vertreten dabei nicht nur eine konservative Meinung zum Thema »Pille danach«, sondern dürfen auch die dazugehörigen Entscheidungen fällen bzw. blockieren. Männer, die sich 1. selbst nicht mit der Situation konfrontiert sehen, ungewollt schwanger werden zu können, 2. die Lebensrealität derer, die davon betroffen sind, geflissentlich ignorieren und 3. bewusst sämtliche Empfehlungen von Expert_innen sowie wissenschaftliche Belege ausblenden.

Wer die »Pille danach« in Anspruch nimmt, ist nicht zu doof zum Verhüten, sondern möchte verantwortungsbewusst handeln. Warum also wird ein solches Handeln in unserem Land wissentlich blockiert und dies auch noch als guter Wille verkauft? Warum wird Verhütung verhütet?

## SCHWANGERSCHAFTSABBRUCH ALS MENSCHENRECHT – STATUS QUO DES § 218

Den Spruch »Mein Bauch gehört mir« dürften ja selbst Leute schon einmal gehört haben, die mit Feminismus eigentlich nur wenig am Hut haben. Er steht symbolisch dafür, dass nur die schwangeren Personen selbst darüber bestimmen sollen, ob sie schwanger bleiben wollen oder nicht. Und: Er ist heute wieder aktueller denn je. Denn während in den 1970er Jahren noch sehr viele Menschen dafür auf die Straße gingen, dass der § 218 aus dem Strafgesetzbuch gestrichen wird und Schwangerschaftsabbrüche nicht verteufelt werden, wächst die Tabuisierung heutzutage leider wieder.

Dazu kommt, dass viele Leute aufgrund der damaligen Proteste den Eindruck zu haben scheinen, dass Abtreibungen in Deutschland vollkommen legal sind und es keine weiteren Rechte mehr zu erkämpfen gilt. Dabei ist der Schwangerschaftsabbruch nach der geltenden Beratungsregelung grundsätzlich immer noch rechtswidrig und wird nur unter bestimmten bevormundenden Voraussetzungen straffrei.[76]

Auf einer Informationsseite der Bundeszentrale für gesundheitliche Aufklärung heißt es dazu:

Die Schwangere muss den Schwangerschaftsabbruch verlangen. Der behandelnden Ärztin oder dem Arzt muss sie durch die Bescheinigung nach § 219, Abs. 2, Satz 2 StGB nachgewiesen haben, dass sie sich mindestens drei Tage vor dem Eingriff von einer dafür anerkannten Beratungsstelle hat beraten lassen.

Der Schwangerschaftsabbruch muss von einer Ärztin oder einem Arzt vorgenommen werden.

Es dürfen seit der Empfängnis nicht mehr als zwölf Wochen vergangen sein.

Die Ärztin oder der Arzt, die oder der den Abbruch vornimmt, darf nicht die Schwangerschaftskonfliktberatung durchführen.[77]

Den § 218 selber gibt es bereits seit 1871, denn da wurde er in Kraft gesetzt und bestrafte Schwangere, die abtrieben, mit bis zu fünf Jahren Zuchthaus. Die Geschichte im Kampf um die sexuelle Selbstbestimmung ist also schon einen Tick älter. Um den aktuellen Stand zu verstehen, muss man sich jedoch zunächst die Entwicklungen der 1970er Jahre in der DDR und der BRD anschauen. Diese verlief nämlich sehr unterschiedlich, was den § 218 anging: In der DDR wurde 1972 eine Fristenlösung beschlossen, während die BRD 1976 eine sogenannte Indikationslösung bekam. In der DDR konnten Frauen innerhalb von zwölf Wochen nach dem Beginn einer Schwangerschaft in eigener Verantwortung über einen Abbruch entscheiden.[78] Die BRD erlaubte die Abtreibung in den ersten drei Monaten, bei Gesundheitsgefahr für die Mutter, schwerer Schädigung des Ungeborenen, Vergewaltigung oder sozialer Notlage. Das letzte Wort hatte allerdings der_die Ärzt_in, und eine Pflichtberatung war auch schon festgelegt.

Die 1976 verabschiedete Reform war maßgeblich erst dadurch errungen worden, dass 1971 eine Debatte zum Thema Schwangerschaftsabbruch mit der Aktion »Wir haben abgetrieben!« auf dem Titelbild des »Stern« losgetreten wurde. Der Kampf zur Abschaffung des § 218 wurde zur Massenbewegung. In der »Stern«-Aktion gaben 374 prominente und nicht prominente Frauen, erstmals öffentlich zu, dass sie abgetrieben und damit eine Straftat begangen hatten – sie forderten außerdem die Abschaffung des § 218, sexuelle Aufklärung für alle und kostenlosen Zugang zu Verhütungsmitteln.[79] Diese Forderung fand in nur zwei Monaten 86 100 unterstützende Unterschriften. Die von Alice Schwarzer erfolgreich nach Deutschland importierte Kampagne war auf ähnliche Art wenige Monate zuvor im »Le Nouvel Observateur« erschienen, worin französische Frauen wie Simone de Beauvoir, Catherine Deneuve oder Jeanne Moreau angaben, abgetrieben zu haben. 1974 trat auch in der Bundesrepublik eine Fristenregelung in Kraft, die den Abbruch innerhalb der ersten zwölf Wochen straffrei ließ. Die Regelung dauerte aber nur drei Tage an, denn die CDU/CSU kontaktierte das Bundesverfassungsgericht, welches eine einstweilige Anordnung erließ, dass die Fristenregelung verfassungswidrig sei, weil der Fötus Vorrang vor dem Selbstbestimmungsrecht der Frau habe.[80] So kam es, dass 1976 schließlich das Indikationenmodell verabschiedet wurde.

Im Zuge der Wende musste sich die Bundesregierung dann Anfang der 1990er-Jahre wieder mit dem § 218 beschäftigen. Die beiden unterschiedlichen Gesetze mussten irgendwie in Einklang gebracht werden bzw. hofften damals auch viele, dass die DDR-Regelung übernommen werden würde: 1990 demonstrierten in Bonn z. B. noch 10 000 Menschen für die Streichung des § 218.[81]

Das sogenannte Schwangerschaftskonfliktgesetz, wie es in heutiger Form existiert, trat nach einer erneuten einstweiligen Anordnung des Bundesverfassungsgerichts und mehreren Gesetzesänderungen sogar erst im Oktober 1995 in Kraft. Eine Abtreibung wurde nun bis zur zwölften Woche straffrei möglich, das allerdings auch nur nach vorheriger Pflichtberatung. Eine Beratung, die laut Gesetzestext einerseits »ergebnisoffen« sein, aber gleichermaßen dem »Schutz des ungeborenen Lebens« dienen soll.[82] Insgesamt ist die derzeitige Fristenlösung also gerade mal knapp 20 Jahre alt und entspricht immer noch nicht dem, was die Frauenbewegung schon damals forderte.

## PRO CHOICE UND PRO LIFE

4500 Menschen, die in einem Schweigemarsch durchs Zentrum Berlins laufen, weiße Kreuze vor sich hertragen und »für ein Europa ohne Abtreibung und Euthanasie« demonstrieren: Das war der sogenannte »Marsch für das Leben«[83] in seiner 2013er-Ausgabe. Die Demonstration findet seit 2009 jedes Jahr im September in Berlin statt, startete damals schon mit 2500 Teilnehmer_innen und wird vom Bundesverband Lebensrecht veranstaltet. Ähnliche Aktionen gibt es in Europa z. B. auch in Paris, Warschau, Zürich oder Brüssel[84] – in Rom passiert das selbstverständlich mit schönen Grüßen vom Papst.[85] Die weißen Kreuze stehen dabei symbolisch für die abgetriebenen Föten, um die während des Marschs getrauert wird – daher auch das Schweigen. Die Demonstrant_innen richten sich komplett gegen Schwangerschaftsabbrüche, Sterbehilfe, Stammzellforschung und Präimplantationsdiagnostik.

Die sogenannten Lebensschützer_innen gehören damit der Pro-Life-Bewegung, oder auch Lebensrechtsbewegung an,[86] die in den 1970er-Jahren in den USA entstand und im Zuge der Diskussionen um den § 218 und die Bemühungen, Schwangerschaftsabbrüche zu legalisieren, auch in Deutschland aufkam. Sie vertreten die Ansicht, dass Leben bereits beginnt, sobald eine Eizelle befruchtet wurde, und nennen sie deshalb auch »ungeborenes Leben«. Der Vorsitzende des Bundesverbandes für Lebensrecht und Organisator vom »Marsch für das Leben«, Martin Lohmann, würde z. B. nicht mal im Fall einer Vergewaltigung seiner Tochter davon abrücken, »dass man nicht töten darf«.[87] Das zeigt deutlich das Perfide an den sogenannten Lebensschützer_innen: Der Schutz des bereits geborenen Lebens ist ihnen scheißegal. Dafür setzen sie Schwangerschaftsabbrüche mit Mord und sogar dem Holocaust gleich (nein, das ist kein schlechter Scherz). So marschieren sie angeblich für das Leben und treten es doch nur mit Füßen.

Auf Webseiten wie schwangerschaftsabbruch.de streuen sie falsche Informationen bzw. verpacken diese so, dass Ratsuchenden ausschließlich Horrorgeschichten zum Thema präsentiert werden und ihnen eingebläut wird, dass sie einen Abbruch bis an ihr Lebensende bereuen würden. Dabei ist wissenschaftlich belegt, dass der Anteil der Frauen, die nach einer Abtreibung psychische Probleme haben, nicht höher ist als bei Frauen, die eine ungeplante Schwangerschaft ausgetragen haben. Und auch insgesamt ist er nicht höher als in der gesamten weiblichen Bevölkerung.[88] Dass eine Frau aufgrund eines Abbruchs psychische Störungen entwickelt, liegt außerdem eher an der Stigmatisierung, an fehlender Unterstützung für die Entscheidung und daran, dass sie diese geheim halten muss, sowie an Bewältigungsstrategien, die eine Auseinandersetzung mit der Situation vermeiden. Oder daran, dass schon vor dem Eingriff psychische Probleme bestanden.[89] Ebenfalls belegt ist, dass die meisten Frauen in erster Linie erleichtert über den Abbruch sind und darüber, dass sie für sich selbst Verantwortung übernehmen konnten – vor dem Schwangerschaftsabbruch ist die psychische Belastung in der Regel am größten.[90] Die Panikmache vor psychischen Problemen aufgrund eines Abbruchs ist außerdem ziemlich absurd, wenn man bedenkt, dass eine Geburt auch nicht gerade immer nur fluffig und problemlos vonstattengeht – allein zehn bis 15 Prozent frischgebackener Mütter leiden z. B. unter Wochenbettdepression.[91]

Aktionen wie der »Marsch für das Leben« zeigen, wie gut organisiert die Anhänger_innen der Lebensrechtbewegung sind.

Regelmäßig mobilisieren sie gegen Abtreibung und sexuelle Selbstbestimmung. Auf europäischer Ebene gibt es z. B. seit 2012 die Europäische Bürger_inneninitiative »Einer von uns« (One of us), die zuletzt mit einer Petition von 1 897 588 Unterschriften von sich reden machte, um embryonale Stammzellenforschung zu verbieten.[92] Die Europäische Kommission lehnte das ab.[93]

Der Punkt ist: »Lebensschützer_innen« sind nicht irgendwelche »Freaks« am Rande der Gesellschaft, sondern sie sind mittendrin. Ich selbst habe schon mehrfach an den Gegendemonstrationen zum »Marsch für das Leben« teilgenommen und konnte vor Ort deutlich sehen, dass es sich bei den sogenannten Lebensschützer_innen nicht etwa »nur« um eine aussterbende Generation 70+ mit »komischen Ideen« handelt. Es versammeln sich Anhänger_innen aller Altersklassen (viele bringen zum Marsch natürlich ihre Kinder mit), und sie meinen es bitterernst. Es ist ein gruseliges Bild. Dass diese Stimmen gegen das Recht auf Schwangerschaftsabbruch längst im Mainstream angekommen sind und auch bei wichtigen politischen Vertreter_innen Gehör finden, zeigt sich auch an den Unterstützer_innen, die jedes Jahr begeisterte Grußworte für den »Marsch für das Leben« schreiben. Unter ihnen finden sich z. B. der Erzbischof Joachim Kardinal Meisner, der Berliner Erzbischof Rainer Maria Woelki, Robert Zollitsch (ehemaliger Vorsitzender der deutschen Bischofskonferenz), Dorothee Bär (CSU-Politikerin), Wolfgang Bosbach (Vorsitzender des Innenausschusses des Deutschen Bundestages), Volker Kauder (Vorsitzender der CDU/CSU-Bundestagsfraktion), Hubert Hüppe (ehemals Behindertenbeauftragter der Bundesregierung), Anette Schavan (ehemalige Bundesministerin für Bildung und Forschung) oder Maria Böhmer (ehemalige Integrationsbeauftragte und jetzt Staatsministerin im Auswärtigen Amt).[94]

In einem Interview mit der »taz« schilderte Sybill Schulz, Geschäftsführerin des Familienplanungszentrums Balance in Berlin Lichtenberg, welchen Anfeindungen Praxen und Orte durch »Lebensschützer_innen« ausgesetzt sind. Und das lediglich, weil sie Schwangerschaftsabbrüche als medizinische Leistung anbieten:

> Zum Beispiel demonstrieren Gruppen bei Kongressen, die wir zum Thema Schwangerschaftsabbruch organisieren, und verteilen Püppchen aus Plastik an Passanten. Die Puppen sollen den Fötus in der zwölften Schwangerschaftswoche darstellen, sind aber deutlich größer. Das soll zeigen: Hier wird Leben getötet. […] Wir bekommen Briefe von Geistlichen, die sich gegen unsere Arbeit aussprechen. Wir werden im Internet mit Faschisten verglichen und ›Tötungszentrum‹ genannt, wogegen wir geklagt haben. Es endete mit dem Urteil, dass diese Bezeichnung unter Meinungsfreiheit fällt. ÄrztInnen, mit denen wir kooperieren, erhalten diffamierende Faxe, Fotos unserer ÄrztInnen werden im Internet gezeigt, sie werden als ›Massenmörderinnen‹ bezeichnet. […]
> Eine Gruppe radikaler Abtreibungsgegner hat uns angezeigt. Wir würden den Schwangerschaftsabbruch und die Beratung vor dem Abbruch nicht ordnungsgemäß trennen, hieß es. […] Uns wurde auch vorgeworfen, wir würden auf unserer Webseite Werbung für Schwangerschaftsabbrüche machen, was verboten ist. Wir werben nicht für Schwangerschaftsabbrüche. Wir informieren wie jede gynäkologische Praxis über unsere Angebote und gewährleisten somit Zugang zu Dienstleistungen.[95]

Solange Patient_innen nicht konkret bedrängt werden, fallen Demonstrationen vor Beratungszentren und Praxen übrigens auch unter Meinungsfreiheit.[96]

Das Familienplanungszentrum Balance ist Teil des Bündnisses für sexuelle Selbstbestimmung, welches im Sommer 2013 gegründet wurde und aus landes- und bundesweiten Vereinen besteht.[97] Sie stehen damit wiederum für die Pro-Choice-Seite.[98] Diese setzt sich für die Freiheit ein, selbst zu wählen, ob eine Schwangerschaft ausgetragen wird oder nicht, und spiegelt damit auch die feministische Position wider. Feministisch aktiv zu sein heißt – neben weiteren Verbesserungen für die Lebensqualität aller zu erzielen – auch immer dafür zu kämpfen, dass uns bisherige Errungenschaften erhalten bleiben. Es ist also keineswegs als harmlos zu betrachten, dass die Lebensrechtbewegung und ihre Vertreter_innen sich an immer mehr Schlüsselstellen niederlassen bzw. auf diese immensen Druck ausüben.

Der Einfluss von »Lebensschützer_innen« ist jedenfalls nicht einfach so wegzuwischen. Das zeigt allein die Entwicklung in den USA, wo im riesigen Bundesstaat Texas die bisherigen 42 Abbruchkliniken auf bloße fünf schrumpfen könnten, weil ein Gesetzesentwurf neue Bestimmungen für diese Kliniken festlegt.[99]

Weltweit gibt es große Unterschiede im Recht auf Schwangerschaftsabbruch.[100] Derzeit zeigt sich dabei unter anderem in Spanien, wie schnell auch Fortschritte wieder zu einer Rolle rückwärts werden können. Erst 2010 wurde dort unter der damaligen sozialistischen Regierung gesetzlich festgelegt, dass Abtreibungen in den ersten 14 Wochen frei gewählt werden können. In Ausnahmefällen wie z. B. einer schweren Missbildung des Fötus ist der Schwangerschaftsabbruch sogar bis zur 22. Woche möglich. Minderjährige Schwangere benötigen ab dem 16. Lebensjahr keine Einwilligung ihrer Eltern für einen Abbruch.[101] Die konservative Regierungspartei von Ministerpräsident Mariano Rajoy möchte nun ihr Wahlversprechen einlösen, dass Abtreibungen nur noch zugelassen sind, wenn die schwangeren Personen vergewaltigt wurden oder bei einer Fortsetzung der Schwangerschaft schwere physische oder psychische Gesundheitsschäden für sie bestehen. Dann soll auch hier ein Abbruch bis zur 22. Schwangerschaftswoche legal sein. Insgesamt wäre das Gesetz damit noch strikter als das vorherige. Kein Wunder, dass gut 80 Prozent der Spanier_innen diesen Entwurf entschieden ablehnen und seitdem regelmäßig dafür auf die Straße gehen, dass ihre Selbstbestimmungsrechte nicht um 30 Jahre zurückgeworfen werfen.[102]

In Italien zeigt sich derweil ein anderes Problem, das ständig wächst, seitdem das dortige Gesetz 1978 in Kraft trat.[103] Denn hier weigern sich immer mehr Ärzt_innen, Schwangerschaftsabbrüche vorzunehmen, mit der Begründung, dass sie diese nicht mit ihrem Gewissen vereinbaren können: Mittlerweile sind es schon rund 70 Prozent der Mediziner_innen im ganzen Land, in manchen Regionen sogar bis zu 90 Prozent. Von 441 Krankenhäusern ermöglichen nur 54 einen Abbruch – in vielen Krankenhäusern gibt es also bereits gar keine Ärzt_innen mehr, die überhaupt dazu bereit sind.

Anfang 2014 wurde der Fall von Valentina Magnanti bekannt, einer 28-Jährigen Römerin, die im fünften Monat abbrechen wollte, weil ihr Fötus eine schwere genetische Krankheit hatte, die es nicht überlebensfähig machte. Ihre eigene Frauenärztin stellte ihr keine Überweisung für einen Schwangerschaftsabbruch aus, und erst nach tagelangem Suchen fand sie eine Gynäkologin, die sie in ein Krankenhaus überwies. Dort wurde sie nach der Einleitung des Abbruchs durch Medikamente alleingelassen, als das Personal Schichtwechsel hatte und nur noch verweigernde Ärzt_innen anwesend waren. Am Ende verlor Valentina Magnanti den Fötus unter großen Schmerzen auf der Toilette, nur begleitet von ihrem Mann, während »Lebensschützer_innen« ihr Zimmer belagerten und sich kein_e Ärzt_in um sie kümmerte. Mit menschlichen Umständen, die sexuelle

Selbstbestimmung respektieren, hat das traurigerweise wirklich nichts mehr zu tun.

In Italien liegt die Abbruchrate bei zehn von 1000 Frauen pro Jahr. Eine geringe Quote heißt allerdings nicht automatisch, dass es tatsächlich weniger Abtreibungen gibt. Wenn besonders widrige und unmenschliche Umstände herrschen, wie im Fall Italien, gehen diejenigen, die es sich leisten können, ins Ausland. Am stärksten treffen die strikten Regelungen zum Abbruch also jene Schwangeren, die keine ausreichenden finanziellen Mittel haben und vielleicht sogar noch von jemandem abhängig sind. Sie müssen dann auf illegale und unsichere Methoden zurückgreifen und werden in ihrer Notlage damit doppelt bestraft.[104] Niemand sollte gleich eine Reise planen müssen, um einen Schwangerschaftsabbruch vornehmen zu lassen. Es ist erwiesen, dass besonders strenge Gesetze nicht zu einer geringeren Abbruchquote führen, sondern zu Abbruchmethoden, die illegal durchgeführt werden und das Leben der Schwangeren gefährden. Dass diese dann aus Verzweiflung nicht fachgerecht zusammengemixte Medikamenten-Cocktails zu sich nehmen oder auch versuchen mittels der traurig berühmten Stricknadel die Fruchtblase aufzustechen,[105] zeigt den Ernst der Lage am deutlichsten.

## MEIN KÖRPER = MEINE ANGELEGENHEIT

Den Schwangerschaftsabbruch überhaupt als grundlegendes Menschenrecht anzuerkennen ist ein erster wichtiger Schritt zu einem menschenwürdigen Umgang mit diesem Thema. Schweden ist ihn als eines von wenigen Ländern bereits gegangen und damit ein besonders positives Beispiel in Europa. Das dortige Gesetz aus dem Jahr 1975 ermöglicht den legalen und kostenfreien Schwangerschaftsabbruch bis zur 18. Woche, ohne dass die schwangere Person einen Grund angeben muss. Es gibt keine untere oder obere Altersgrenze für Schwangerschaftsabbrüche. Das Gesetz schreibt außerdem nicht vor, dass Minderjährige ihre Eltern informieren müssen. Die Schwangere hat ein Recht auf eine Beratung, aber bis zur 18. Woche besteht hierzu keine Pflicht. Dabei wurde ganz einfach erkannt, dass Beratung am besten funktioniert, wenn sie freiwillig und nicht vorgeschrieben ist. Eine festgelegte Wartezeit, um die Entscheidung zu bedenken, gibt es ebenfalls nicht. Nach der 18. Woche muss jeder Fall vor dem nationalen Rat für Soziales und Gesundheit geprüft werden, um einzuschätzen, ob ein gesundheitliches Risiko für die schwangere Person vorliegt.

Der Effekt: Seit Einführung des Gesetzes gibt es keine illegalen oder unter medizinisch unsicheren Bedingungen durchgeführten Schwangerschaftsabbrüche mehr. Seit 2008 dürfen auch Ausländer_innen, Illegalisierte und Asylbewerber_innen auf Basis dieses Gesetzes abbrechen. Öffentlich wird das Thema Abtreibung in Schweden heutzutage kaum noch infrage gestellt.[106]

Deutschland sollte sich daran ein Beispiel nehmen und zunächst die §218 und 219 StGB streichen: Es ist schließlich ein großer Unterschied, ob der Schwangerschaftsabbruch als grundsätzliches und verankertes Menschenrecht behandelt wird oder ob er lediglich unter bestimmten Voraussetzungen als straffrei gilt. Des Weiteren muss die Beratungspflicht aufgehoben, aber gleichzeitig für ein weit greifendes Beratungsangebot gesorgt werden, das freiwillig zur Vor- und Nachsorge genutzt werden kann. Die verpflichtende Bedenkzeit vor einem Abbruch gehört ebenfalls abgeschafft, da sie nur ein weiteres Instrument zur Bevormundung ungewollt Schwangerer ist. Eine solche Wartezeit beinhaltet lediglich die Botschaft, dass Frauen vor sich selbst und ihren eigenen Entscheidungen beschützt werden müssen und dass sie sich erst ab dem Beratungsgespräch mit einer ihnen unbekannten Person tatsächlich mit ihrer eigenen Lage auseinandersetzen würden – eine Annahme, die an Absurdität kaum zu überbieten ist. Umfragen in Ländern wie z. B. Österreich, Norwegen, Finnland, Dänemark und der Schweiz, die keine verpflichtende Wartezeit haben, ergaben außerdem, dass diese dort nicht vermisst wird.[107]

Die Entscheidung für einen Schwangerschaftsabbruch basiert auf der Einschätzung der ungewollt Schwangeren, wie das Leben mit einem Kind wäre und ob ihm ein gutes Leben geboten werden kann. Das muss unabhängig davon geschehen dürfen, wann eine Eizelle befruchtet wurde. Hauptziel sollte dabei nie sein, die Anzahl der vorgenommen Abtreibungen zu senken, sondern vielmehr dafür zu sorgen, dass alle Kinder, die geboren werden, gewollt sind und von Anfang an eine gesicherte Existenz führen. Dazu gehören selbstverständlich auch eine frühzeitige und umfassende sexuelle Aufklärung und der im besten Fall kostenlose Zugang zu Verhütungsmitteln – von Kondom über Spirale bis zur Notfallverhütung mit der »Pille danach«. Eine Studie des amerikanischen Contraceptive Choice Project[108] aus dem Jahr 2012 belegt, dass die Anzahl von Schwangerschaftsabbrüchen sinkt, wenn Verhütungsmittel kostenlos abgegeben werden, weil es – Ta-da! – von vornherein weniger ungewollte Schwangerschaften gibt![109] Wer hätte das gedacht?! (Feminist_innen, natürlich.)

Die Studienteilnehmerinnen waren im Alter von 14 bis 45 Jahren und wurden ausführlich darüber beraten, welche Verhütungsmethode wie wirkt und am sichersten ist. Die meisten entschieden sich daraufhin gegen eher unsichere und kurzfristige Methoden und wählten stattdessen Spiralen oder Implantate. Diese Methoden benutzten die meisten von ihnen auch nach einem Jahr noch erfolgreich weiter. Dieselbe Studie bestätigte übrigens auch, dass die Teilnehmerinnen kaum wechselnde Partner hatten, sondern einfach im Durchschnitt mehr Sex. Dafür traten sexuell übertragbare Krankheiten weitaus seltener auf.[110] In anderen Worten: Wenn Frauen die Gelegenheit bekommen, eine gut informierte, selbstbestimmte Entscheidung über Verhütung zu treffen, und sie nicht davon abhängig sind, was das kostet, dann wählen sie verantwortungsbewusst die sicherste und beste Methode für sich aus.

Die Zahl der Abbrüche in Deutschland nimmt konstant ab: Im Jahr 2001 lag sie noch bei 134 609, während sie laut Statistischem Bundesamt im Jahr 2013 bei 102 802 war. Ein flächendeckendes Netz von Praxen und Einrichtungen, die Schwangerschaftsabbrüche durchführen, würde diese Entwicklung stützen, genauso wie eine Kostenübernahme durch die Krankenkassen. Derzeit werden die Kosten für den Schwangerschaftsabbruch nicht übernommen und liegen je nach Praxis, Methode und Versicherung bei ungefähr 200 bis 570 Euro.[111] Wer nur ein geringes Einkommen hat, kann allerdings einen Antrag auf Kostenübernahme stellen.

Die aktuelle Gesetzeslage ist nur ein Kompromiss auf dem Weg zu einem problemlosen und diskriminierungsfreien Zugang zu Schwangerschaftsabbrüchen. Auch in Deutschland müssen die Selbstbestimmungsrechte von Frauen (und genderqueeren Menschen mit Gebärmutter) weiterhin ausgebaut und gestärkt werden. Ein Schwangerschaftsabbruch ist keine »Lifestyle«-Entscheidung, wie Abtreibungsgegner_innen es gerne darstellen, um die betreffenden Frauen zu beschämen. Hier entschließt sich nicht jemand im Vorbeigehen für oder gegen ein neues Paar Schuhe, sondern wägt eine einschneidende lebensverändernde Entscheidung ab, weil diese immer große psychische, gesundheitliche und finanzielle Konsequenzen hat, die nicht umkehrbar sind.

Wir brauchen insgesamt eine neue gesellschaftliche Debatte um reproduktive Rechte und Gesundheit, schließlich geht es dabei um nicht weniger als das »uneingeschränkte körperliche und seelische Wohlbefinden in Bezug auf alle Bereiche der Sexualität und Fortpflanzung«.[112]

Nicole von Horst bringt die aktuelle Schieflage unserer Politik mit den dazugehörigen Debatten auf den Punkt:

> Es geht hier [...] weniger um Macht um der Macht willen, sondern [...] um Bevölkerungspolitik. Immer wieder werden Frauen im Feuilleton indirekt dazu aufgefordert, ob der Karriere das Gebären nicht zu vergessen. Die Rede vom demographischen Wandel oder die rassistische Einschätzung, dass Deutschland sich abschaffe, sind eng verwoben damit, dass ungewollte Schwangerschaften billigend in Kauf genommen werden. Während gleichzeitig der Kinderwunsch von Menschen, die in gleichgeschlechtlichen Partnerschaften leben, behindert wird und Alleinerziehenden das Aufziehen von Kindern finanziell erschwert wird.[113]

Es geht um den gesamtgesellschaftlichen Respekt für selbstbestimmte Entscheidungen, insbesondere rund um den weiblichen Körper bzw. die Gebärmutter – egal, ob es sich nun um die »Pille danach« handelt oder um eine schamfreie Abtreibung. Solange solche Entscheidungen immer noch dermaßen als Tabu gelten und mit einem derartig großen Stigma belegt sind – den eigentlich Betroffenen also wieder mal die Sprache genommen wird –, so lange ist es möglich, falsche Informationen, Behauptungen und Scham zu verbreiten. Schuldgefühle und Angst können so überhaupt erst Raum einnehmen.

Es ist an der Zeit, dass wir uns diesen Raum zurückerobern und Deutschland endlich in einem Zeitalter ankommt, in dem es reproduktive Gesundheit und Rechte respektiert und fördert. Wer Frauen tatsächlich als gleichberechtigt anerkennt, vertraut ihnen schließlich auch, dass sie selbst über ihre Körper entscheiden können.

# 4:

# PRETTY HURTS –
# ZWISCHEN RETRO-SEXISMUS UND
# SCHÖNHEITSIDEAL

Halbnackte Frauen, die für Wasserwaagen werben, pinkfarbene Überraschungseier, die ausschließlich für Mädchen sind, und »Frauenbratwurst«: Die vermeintlichen Unterschiede zwischen den Geschlechtern als Verkaufsargument einzusetzen hat gerade Hochkonjunktur und treibt ziemlich absurde Blüten. Da könnten sich Feminist_innen doch vielleicht einfach mal zurücklehnen und 'ne Runde kichern? Schließlich ist vieles von dem Sexismus, der uns gerade in Werbung, Fernsehen, Filmen, Videospielen, Musikvideos, Magazinen oder Zeitungen begegnet, mittlerweile eh schon vollkommen ironisch gemeint. Ehrlich!

Doch ob es nun Pinkifizierung heißt oder Retro-Sexismus: Die »Gleichstellung«, die augenblicklich vor allem in der Werbung stattfindet, ist nur eine vorgespielte – und erreicht genau das Gegenteil.

## BAD BOY UND DRAMA QUEEN

Als Pinkifizierung wird eine Form von Marketing bezeichnet, die sich explizit an Kinder richtet. Der Begriff steht dabei für die häufige Erscheinung, dass Produkte für Mädchen pink auf den Markt kommen, während es auch immer ein leicht abgewandeltes oder meist auch das exakt selbe Produkt für Jungs gibt – aber eben in Blau oder Grün. Es ist sozusagen Sexismus für die lieben Kleinen. Und damit meine ich auch schon die ganz Kleinen: Wenn es Schnuller mit der Aufschrift »Bad Boy« für Jungs und »Drama Queen« für Mädchen[114] gibt oder das Prinzessinnenbadesalz für Babymädchen und für Babyjungs das »Siegerbad«,[115] dann sind ihre vorgesetzten Rollen wirklich schon von Anfang an festgelegt. Pinkifizierung begann mit dieser Trennung vor allem in der Spielzeugabteilung, hat sich aber mittlerweile auf Dinge wie Suppe, Getränke oder auch Müsli ausgeweitet. So gibt es beim Anbieter myMuesli ein Prinzessinnenmüsli, denn kleine Mädchen müssen angeblich dafür gerüstet sein, von einem Drachen entführt oder von einem vorbeikommenden Prinzen auf einen langen Ausritt mitgenommen zu werden. Jungen kriegen Piratenmüsli, weil sie sich auf große Herausforderungen wie Seeschlachten und Stürme vorbereiten müssen.[116] Mädchen dürfen sich in der pinkifizierten Welt also meistens auf eine »Karriere« als Prinzessin (oder zur Abwechslung auch mal was mit Feen) berufen. Nichts gegen gekrönte Häupter und royale Träume an sich, doch wenn sich das als einziges Bild verfestigt, ist Töchterchen irgendwann ziemlich in den Hintern gekniffen. Prinzessin ist schließlich kein Ausbildungsberuf, als Prinzessin musst du geboren werden. Gibt es noch etwas Unerreichbareres?

Zugegeben: Pirat, Abenteurer und Drachentöter gehören jetzt auch nicht gerade zu den Standardjobs, aber insgesamt haben Jungen durch eine solche Phantasie schon viel mehr Möglichkeiten und Action, als wenn sie brav im Schloss auf einen Prinzen warten sollen. Jungen können in die Welt ziehen, Mädchen sitzen zu Hause, auf dass ihnen ein Typ die Monster vom Leib hält. Das ist wirklich ziemlich grundlegender Sexismus, wird in der Werbung aber als niedlich und notwendig verkauft.

In ihrem Buch »Die Rosa-Hellblau-Falle« schreiben Almut

Schnerring und Sascha Verlan über die Gründe für dieses Phänomen:

> [...] getrennte Regale, Abbildungen, die Produkte als Mädchenbeziehungsweise als Jungenspielzeug ausweisen, Farbzuordnungen in Schwarz und Blau beziehungsweise Rosa und Pink, Zuweisungen zu nur einem Geschlecht vermitteln Mädchen und Jungen, dass ihre Interessen unterschiedlich sein müssen. Jeder Junge erfährt schon früh, dass Spielzeug, das mit Glitzer, Feen, Schmetterlingen oder Rosa gelabelt ist, nicht für ihn gedacht ist, und er erlebt, dass auch seine Freunde sich dagegen entscheiden. Auch ohne blumiges »Nur für Mädchen«-Etikett weiß er, dass alles, was aus rosa Überraschungseiern kommt, eine Grenzüberschreitung ins Interessengebiet der anderen, der »Fremdgruppe« bedeutet.[117]

Die Journalistin und Bloggerin Antje Schrupp sieht das Problem an dieser Form des Gender-Marketings besonders darin, dass »es unter Männern noch keine Kultur dafür gibt, wie sie ihre Männlichkeit behalten können, ohne sich von allem als ›weiblich‹ Identifizierten abgrenzen zu müssen.«[118] Denn obwohl wir gesetzlich vielleicht schon die Gleichstellung erreicht haben, so ist in den Köpfen immer noch viel zu stark verankert, dass Mädchen und Frauen das »schwache Geschlecht« und damit minderwertig sind. Jungs und Männer schlagen sich also auf diese »schwache« Seite, wenn sie weiblich markierte Produkte wie das Überraschungsei für Mädchen toll finden und haben wollen. Sie downgraden damit sich und ihre Männlichkeit, was natürlich in einer Gesellschaft, die Männlichkeit zur Norm macht, auf wenig bis gar kein Verständnis stößt. Allerdings zeigt sich daran auch sehr deutlich, was mit dem derzeitigen Männlichkeitsbild schiefläuft: Wenn dieses nämlich schon durch ein bisschen Glitzer, Feen und Rosa bröckelt, kann es insgesamt nicht gerade sehr stabil sein. Mädchen können mittlerweile Hosen tragen und rumtoben, ohne sich Sprüche anhören zu müssen – Jungs kriegen fürs Röcketragen und eine Vorliebe für Glitzereinhörner weiterhin sofort eins auf den Deckel. Dann lieber gleich wieder beide Rollen für Mädchen wie Jungs in Beton gießen, damit niemand mehr auf komische Ideen kommt, nicht wahr?

Die Genderforscherin Stevie Schmiedel von der NGO »Pinkstinks« sieht die Pinkifizierung daher auch als eindeutigen Backlash auf sich verändernde Rollenbilder:

> Heute arbeiten mehr Frauen als in den 1950ern, mehr Männer helfen im Haushalt mit, und schleichend kommen Frauen auch in Führungspositionen an. Damit ist Gleichberechtigung noch lange nicht erreicht, aber wir sind definitiv weiter als in der Mitte des 20. Jahrhunderts. Der Trend der Pinkifizierung ist ein Abbild der Angst vor dieser Veränderung, nicht nur der Männer, auch die Frauen sind sich in den neuen Rollen noch nicht sicher. Und die Marktwirtschaft nutzt diese Angst aus.[119]

Schmiedel hat Pinkstinks nach dem Vorbild einer britischen Kampagne gegründet, die dem Trend der Pinkifizierung entgegenwirken möchte und für ein kritisches Medienbewusstsein sowie positive Körper- und Rollenbilder für Kinder wirbt.[120]

## PINK FÜR ALLE

Dabei stinkt Pink natürlich keineswegs. Die Farbe ist nicht das Problem, sie ist nur Symptom einer Entwicklung. Rosa wurde erst ab den 1920er-Jahren zur Mädchenfarbe, davor war die Aufteilung genau andersherum: Mädchen trugen Hellblau (die Farbe der Gottesmutter Maria) und Jungen trugen Rosa – als

»kleines Rot« wurde es mit den männlichen Eigenschaften wie Kampfbereitschaft und Leidenschaft in Verbindung gebracht.[121] Die religiöse Farbsymbolik von Blau verlor an Bedeutung, stattdessen stand die Farbe immer mehr für Marine-Uniformen oder die blauen Anzüge von Industriearbeitern, weswegen Hellblau schließlich zur Jungenfarbe wurde. Und da Rosa immer als traditionelle Kontrastfarbe zu Hellblau galt, wurde es eben zur Mädchenfarbe.[122] Seitdem steht es auch für Eigenschaften wie süß, zart und weich. Mit Natürlichkeit hat das also schon gleich mal gar nichts zu tun, sondern vielmehr mit willkürlichen Zuschreibungen.

Was tatsächlich am Pink für Mädchen stinkt, ist ganz einfach die Absicht, bereits Kinder in Schubladen zu stecken und eine Unsicherheit bei den Eltern auszunutzen, denen vorgegaukelt wird, dass sie durch Prinzessinnensuppe und Rennfahrer-Eintopf genau das Richtige für ihre lieben Kleinen und deren natürliche Entwicklung tun. Die Eltern sind hier die eigentliche Zielgruppe – schließlich kaufen sich Babys ihre Schnuller nicht selbst, und auch ältere Kinder geben ihr Taschengeld nicht für Müsli aus oder verstehen die Ironie eines Mädchen-T-Shirts auf dem »In Mathe bin ich Deko« steht.[123]

Diese Taktik heben auch Verlan und Schnerring hervor:

Marketingstrateginnen und Werber arbeiten daran, uns weiszumachen, dass Kinder autonome Wesen sind, die autonome Entscheidungen treffen können. Sie wollen unsere Kompetenz und unsere Funktion als Eltern untergraben. Kinder werden zum Beispiel nicht mehr als »Kinder« bezeichnet, die man betreuen oder beschützen muss, sondern als Kids, Teens oder Preteens. Außerdem wird Elternschaft in der Gesellschaft ständig thematisiert. Einmal werden sie als überbehütende »Helikopter-Eltern« bezeichnet, dann wieder ziehen sie »Tyrannen« groß. Ständig lesen wir, was wir falsch machen. Das führt zu einer Verunsicherung, die es schwer macht, Position zu beziehen.[124]


## FRAUENBRATWURST UND SEXY DRUCKER-SOFTWARE

Dabei kommen die Erwachsenen als eigene Werbezielgruppe natürlich selbst nicht gerade zu kurz. Die allgemeinen Werbebotschaften für Frauen hören sich dann meistens ungefähr so an:

»Ladys, ihr lauft aus, werdet alt, seid zu fett, habt da zu viele Haare und dort sind sie nicht schön genug, schlimmschlimmschlimm! Seht mal besser zu, dass ihr euch wieder in den Griff bekommt, Mädels. Vergesst dabei aber bloß eure Beziehungs- und Familienpflichten nicht!«

Während Männer so adressiert werden:

»Hey, Männer! Ihr seid die Geilsten, ihr braucht nur noch dieses Bier und dieses Auto. Nicht zu vergessen: dieses AfterShave, denn ihr wollt ja schließlich, dass euch auch noch alle Frauen zu Füßen liegen!«

Es gibt mittlerweile sogar eine Erwachsenenversion der Pinkifizierung: das überflüssige Gendern. Es beschert uns seit einiger Zeit so sinnfreie Produkte wie nach BBQ schmeckende Männerchips und süßlich-pikante Chips für den »Mädelsabend«.[125] Hmmm, ich stehe ja auf Sexismus light, der hat gleich viel weniger Kalorien! Mittlerweile fast schon legendär ist auch die Männer- und Frauenbratwurst: die eine deftig und kräftig gewürzt, die andere besonders mager.[126] Klar. Passend dazu gibt es natürlich schon längst die Grillsaucen für Frauen (»fein, fruchtig und mild«) und Männer (»kräftig, authentisch und feurig«), plus eine endlose Liste weiterer ähnlicher Produkte. Der Trend der gekünstelten Gleichberechtigung durch Konsum reißt jedenfalls nicht ab, sondern hämmert uns unermüdlich ein, dass Männer am liebsten sogar noch Zahnpasta hätten, die nach Grillfleisch schmeckt und ihnen selbiges schon aus den Ohren kommt, während Frauen immer nur einen kleinen fettreduzierten Salat wollen, bevor sie sich eine kleine fettreduzierte »Sünde« (ich übersetze: Snacks) gönnen.

Es ist übrigens immer wieder besonders amüsant, wenn dann behauptet wird, dass solche Produkte auf Initiative von Feminist_innen hin entstehen. Wer will schon gleichen Lohn für gleiche Arbeit, wenn sie stattdessen eine extra magere »Frauenbratwurst« gebraten bekommen kann? Darauf ein »Mädchenbier«!

Während Produkte wie Frauen- und Männernudeln (einmal in High-Heels-Form, einmal als Fußbälle) natürlich total bescheuert und unnütz sind, und eben auch Geschlechterstereotype verfestigen, ist sexistische Bildsprache ein noch viel größeres Problem. Auch für mich ist es oft noch unvorstellbar, was alles mit nackten Frauen beworben wird. Die Wahrheit ist: Alles ist möglich. Das geht vom Lampenanbieter über Baustoffportale, zu Fax-Services, Recycling-Firmen, Schweißgeräten bis zu Drucker-Software.

Frauen als sexuelle Objekte darzustellen ist in unserer Gesellschaft so alltäglich wie der Wetterbericht, dabei scheint kaum Allgemeinwissen darüber zu bestehen, was ein sexuelles Objekt ausmacht – und welche Konsequenzen diese Darstellung für uns alle hat.

Kurz zur Begriffserklärung: Ein Subjekt ist jemand, der_die aktiv handelt. Ein Objekt ist dagegen etwas(!), an dem Handlungen vorgenommen werden. Die sogenannte sexuelle Objektifizierung, also der Akt, dass jemand zum Objekt gemacht wird, bezeichnet damit die Darstellung von Menschen als Objekte der Begierde. Ihnen werden ihre menschlichen Aspekte abgesprochen, und statt sie als Individuen mit komplexen Persönlichkeiten, eigenen Wünschen und Bedürfnissen wiederzugeben, existieren sie in dem Moment ausschließlich dafür, dass andere von ihnen so sehr angezogen sind, dass sie mit ihnen Sex haben wollen. (»Sex sells!«) Deswegen sind Frauen auf solchen Bildern z. B. auch oft ohne Kopf zu sehen, oder wir sehen nur Beine oder Brüste. Der Mensch dahinter verschwindet komplett. Mädchen lernen auf diese Weise indirekt, dass sich ihr Wert darin bemessen lässt, wie hübsch sie aussehen und wie sexy sie auf andere wirken. Die Doppelmoral bleibt: Ihre Sexualität gehört ihnen auch mit so vielen freizügigen Bildern um sie herum immer noch nicht selbst, sondern existiert lediglich zur Unterhaltung für Jungs und Männer.

Die Verteilung in Medien und Werbung sieht dabei in der Regel so aus, dass Männer sexuelle Subjekte sind und Frauen sexuelle Objekte. Männer begehren und Frauen werden begehrt. In diesem Rollenverständnis sitzt der Mann quasi am Steuer eines Fahrzeugs, während die Frau irgendwo hinten im Kofferraum untergebracht ist und auf ihn wartet. Es überrascht daher auch nicht, dass ähnlich geartete Bilder sogar gerne für Werbebotschaften benutzt werden. So wurde es nicht zuletzt vom ZDF aufgegriffen, um deren »Samstagskrimi« zu bewerben. »Samstags legt man die Füße hoch« heißt es da unter anderem, und zu sehen sind ein Paar laaange Frauenbeine mit roten Absatzschuhen.[127] Der Rest des Körpers ist eh schon egal, denn er steckt bewusstlos oder vielleicht sogar tot – wer weiß das schon so genau? – in einem Kofferraum. Mit einem Spruch, der sonst für Entspannung steht, wird hier nicht nur eine Frau als sexuelles Objekt inszeniert, sondern gleichzeitig auch noch die Gewalt gegen sie verharmlost. Chapeau, liebes ZDF! Ihr haltet die Latte der diskriminierenden Fehltritte wirklich hoch. Wer könnte schließlich euren Spot zur Fußball-Frauen-EM 2013 vergessen (eine kopflose Frau reinigte hier ihren Fußball in der Waschmaschine), den ihr nach Kritik durch einen nackten, bügelnden Mann ohne Kopf ergänzt habt?[128] Denn: Gleichberechtigung ist ja schließlich, wenn alle gleich scheiße behandelt werden und das Humor genannt wird, nicht wahr?

Was das ZDF hier verzapfte, gehört jedenfalls einem Trend an, der nun schon seit ein paar Jahren hartnäckig anhält und mit dem Begriff Retro-Sexismus[129] oder auch Hipster Sexismus[130] bezeichnet wird. Diese Form von Sexismus basiert auf der Vorstellung, dass Sexismus ja ein längst abgehaktes Problem ist und sich Menschen heutzutage ja gar nicht mehr so verhalten, weswegen es dann in den Spots, Anzeigen etc. superlustig anzusehen ist, weil es sich ja eindeutig nur um »ironischen Sexismus« handelt, man sich also darüber lustig macht. Wir verstehen alle den Witz, deswegen ist diese Darstellung okay *zwinker*. Durch das Label der Ironie können sich die Macher_innen dann ganz einfach davon distanzieren, sexistisch (oder gerne auch rassistisch oder homophob) zu sein, weil: »Ist doch nur ein Spaß!« Wer das dann trotzdem nicht lustig findet, ist mal wieder automatisch die_der Spaßverderber_in und hat den Witz bloß nicht kapiert. Der Punkt ist allerdings: Den Witz haben diejenigen durchaus verstanden, er ist halt nur nicht lustig. Diese Art von Sexismus zementiert jedenfalls nicht weniger Geschlechterstereotype nur weil es mit einem Augenzwinkern geschieht.

Die sexuelle Objektifizierung von Männerkörpern nimmt zwar auch zu (und soll uns meist noch als »Gleichberechtigung« verkauft werden – siehe: ZDF), aber es sind vorwiegend weibliche Körper, die als sexuelle Objekte dargestellt werden. Insofern hat dies auch vor allem negative Konsequenzen für Mädchen und Frauen, die solche Bilder verinnerlichen.

Studien belegen: Frauen, die in einer Kultur aufwachsen, die sie zu Objekten macht, neigen dazu, sich selbst als Objekt der

Begierde anderer Menschen (meist Männer) zu empfinden und ihr Verhalten danach auszurichten.[131] Diese Verinnerlichung von sexueller Objektifizierung steht im Zusammenhang mit Problemen der psychischen Gesundheit wie z.B. klinische Depressionen oder ständiges Kontrollieren des eigenen Körpers. Im Schnitt checkt eine Frau alle 30 Sekunden (!), wie sie aussieht, ob sie richtig sitzt, wie sie auf andere wirken könnte[132] – entspannt leben und sich wohl fühlen geht anders. Ein weiteres Ergebnis sind Essstörungen. Sie können schon sehr früh beginnen: So gibt es z.B. laut einer Studie des Robert Koch-Instituts bei jedem dritten Mädchen zwischen 14 und 17 Jahren bereits Hinweise auf eine Essstörung, bei den Jungen sind 13,5 Prozent betroffen[133]. Sexuelle Objektifizierung führt außerdem zu kognitiven Funktionseinschränkungen (weil Frauen sich z.B. eben mehr mit ihrem Körper beschäftigen und den Kopf nicht für andere Dinge frei haben), zu Schamgefühlen wegen des eigenen Körpers sowie zu fehlendem Selbstwertgefühl und körperlichen wie sexuellen Funktionsstörungen. Viele Frauen beobachten sich beim Sex ständig kritisch von außen, was ein Fallenlassen und den Genuss schwer bis unmöglich macht. (Ein Grund, warum so manche lieber das Licht dabei auslässt …) Sexobjekt sein hat also noch nicht einmal etwas damit zu tun, dass wir dann besseren Sex haben, sondern bewirkt das komplette Gegenteil! Mehr Verlust an Lebensqualität geht meines Erachtens kaum. Wäre sexuelle Objektifizierung ein Mensch mit Vorstrafenregister, säße sie jedenfalls schon längst im Knast.

Frauen, die als sexuelle Objekte dargestellt werden, werden außerdem von den Betrachtenden (unabhängig vom Geschlecht) als weniger kompetent angesehen. Objektifizierung ist damit u.a. ein Grund dafür, dass Mädchen und Frauen seltener in die MINT-Bereiche (Mathematik, Informatik, Naturwissenschaften, Technik) vordringen, weil nicht nur die Botschaft vermittelt wird, dass diese Berufsgruppen nur was für Jungs und Männer sind, sondern ebenso, dass Mädchen und Frauen eh nicht schlau genug dafür wären.

Um dem entgegenzuwirken, gibt es mittlerweile Initiativen wie den Pakt für Frauen in MINT-Berufen,»Komm, mach MINT«, in Deutschland. Als einzige bundesweite Initiative möchte sie das Interesse für MINT-Studiengänge und -Berufe bei Mädchen und Frauen fördern und setzt sich aus über 190 Partner_innen aus Politik, Wirtschaft, Wissenschaft und Medien zusammen.[134] Ein eindrückliches Beispiel dafür, wie aber auch bemühte Fördermaßnahmen wiederum unglaublich ins Klo greifen können, präsentierte die Europäische Kommission im Juni 2012, als sie ihre Kampagne »Science: It's a girl thing!« (»Wissenschaft ist Mädchensache!«) startete.[135] Um junge Frauen für die Forschung zu begeistern, hatte die Kommission nämlich unter anderem ein Video drehen lassen, in dem drei junge Frauen auf High Heels und in Kleidchen ins Labor eines Typen stolzieren, als wären sie auf dem Catwalk. Er guckt irritiert hoch, die Mädels ihn sexy an. Es folgen viele bunte Bilder mit Lippenstift, Make-up-Pinsel und Luftküssen, die dem Bunsenbrenner zugeworfen werden.[136] Immerhin: Das Video wurde schneller zurückgezogen, als Mentos eine Cola-Fontäne verursachen kann,[137] und der Slogan im »Lippenstift-Look« verschwand ebenfalls. Das aber natürlich erst nachdem sich sehr viele Menschen und insbesondere weibliche Wissenschaftlerinnen darüber aufregten, dass die EU überhaupt Geld für so etwas ausgeben konnte. Hier wurde schließlich fast das gesamte Sexismus-Register gezogen, um Frauen für Berufe zu begeistern, die ihnen wegen Sexismus vermiest werden. Das muss man erst mal schaffen!

Sexuelle Objektifizierung sorgt aber nicht für weniger Interesse an Mathe, Informatik & Co., sondern auch mit dafür, dass es Mädchen und Frauen am notwendigen Selbstbewusstsein für Führungspositionen oder politischem Engagement mangelt. Kurz gesagt: Bloß weil mittlerweile jeder pupsige Softdrink mit Brüsten beworben werden muss, glauben viele Mädchen und Frauen, dass leitende Posten nichts für sie sind und die Macht anderen gehört. Da sie ohnehin schon in einer Gesellschaft aufwachsen, die ihnen immer wieder einbläut, dass ihr Körper ihr wichtigstes Kapital ist, wird das durchs mediale Bild noch mal bestätigt. Frauen, die daran gewöhnt sind, sich selbst über ihr Aussehen und ihre sexuelle Anziehungskraft zu definieren, sind laut einer Studie außerdem weniger motiviert, Sexismus und den Status quo infrage zu stellen, geschweige denn diese zu bekämpfen.[138] So eigenartig das Klischee von der »hässlichen männerhassenden Feministin« auch ist, es wird hartnäckig am Leben erhalten und gezielt dazu eingesetzt, um Mädchen und Frauen abzuschrecken. Denn wer sich nicht mit den Ungerechtigkeiten auseinandersetzt, die aufgrund der bloßen Geschlechtszugehörigkeit passieren, hat schließlich auch kein Bedürfnis diese Umstände zu verändern. Als »hässlich« und »unfickbar« zu gelten, ist dabei immer noch die schlimmste Schublade, in der wir landen können, wenn unsere Meinung als unbequem gilt. In solchen Bezeichnungen steckt nämlich auch immer die Botschaft »Wenn du so weitermachst, wird dich niemand jemals liebhaben können« – von erfüllender sexy time im Bett natürlich ganz zu schweigen. Gerade für junge Frauen ist das verständlicherweise ein Riesenabtörner, und rückblickend weiß ich, dass dieser Abschreckungsmechanismus bei mir genauso wirkte. Been there, done that. Became a feminist anyway.

Dabei bestätigten die Sozialpsychologinnen Laurie A. Rudman und Julie E. Phelan durch ihre Studie »The Interpersonal Power of Feminism: Is Feminism Good for Romantic Relationships?« sogar wissenschaftlich, was Feminist_innen schon lange vorher wussten: Feminist_innen haben erfülltere Beziehungen und daher auch besseren Sex![139] Feminismus und Romantik passen also nicht nur bestens zusammen, sondern verbessern heterosexuelle Beziehungen sogar enorm. Einen feministischen Partner zu haben führt zu gesünderen Beziehungen für Frauen. Und Männer mit feministischen Partnerinnen berichten ebenso von stabileren Beziehungen sowie größerer Zufriedenheit, was sexuelle Bedürfnisse angeht. Kein Wunder: Wenn der_die Partner_in als gleichberechtigtes menschliches Wesen gesehen wird, das eigene Wünsche und Bedürfnisse hat, über die offen geredet werden kann, dann entstehen Konflikte weitaus seltener, und Sex macht dann allen Beteiligten wirklich Spaß, statt nur Mittel zum Zweck zu sein.

(Also wer vorher noch gezögert hat, was Feminismus angeht, hat spätestens jetzt keine Ausrede mehr. Ichmeinjanur!)


## MACHT IST FÜR MÄNNER

Was das Problem der sexuellen Objektifizierung und ihrer Auswirkungen angeht, sind wir allerdings (leider) noch nicht am Ende. Denn selbst wenn frau sich doch trotz widersprüchlicher Botschaften für eine führende Position entscheidet, hat die Objektifizierung noch einen Arschtritt im Ärmel. Eine Studie aus dem Jahr 2013 belegt, dass die mediale Berichterstattung über weibliche Kandidatinnen für politische Ämter negative Konsequenzen für ihre Umfragewerte hat, sobald diese das Aussehen thematisiert.[140] Egal, ob lobende oder abwertende Worte: Potentielle Wähler_innen bekommen dadurch den Eindruck, dass die Kandidatin nicht kompetent genug ist.

Im Fall einer Angela Merkel ist diese als Kanzlerin und Parteivorsitzende der Union zwar mittlerweile too big to fail, das heißt aber nicht, dass sie vor solchen Kommentaren nicht sicher ist. Klar, es wächst gerade die erste Mädchengeneration heran, für die es vollkommen selbstverständlich ist, dass eine Frau Bundeskanzlerin werden kann, und das ist super. Aber: Eine Kanzlerin macht noch keinen Sommer. Und Sexismus löst sich deswegen auch nicht auf magische Weise in Luft auf. Denn auch die junge Mädchengeneration bekommt mit, wie die mächtigste Frau des Landes, oder sogar der Welt,[141] von Medien, Opposition und eigener Partei als »Mutti« bezeichnet wird. Damit wird ihr nicht nur im übertragenen Sinne die Schürze umgebunden, um sie auf ihren eigentlichen Platz als Frau zu verweisen, sondern auch jegliche sexuelle Attraktivität abgesprochen. Muttis mit Macht sind gleich doppelt unfickbar. So wundert es leider auch gar nicht, dass die Medien im Jahr 2008 vollkommen verblüfft diskutierten: »Wie viel Dekolleté darf eine Kanzlerin zeigen?«,[142] als Merkel bei der Eröffnung der Osloer Oper im tief ausgeschnittenen Kleid erschien. Sonst immer im bunten, aber neutralen Blazer im politischen Männerclub unterwegs, präsentierte sie damit einen ganz anderen Look, und das »Huch stimmt ja, die ist 'ne Frau!« schwang in dieser absurden Diskussion wirklich überall mit. Der Punkt ist: Wenn sie sich neutral anzieht, ist sie nur die »solide, aber langweilige Mutti«, zieht sie sich feminin an, wird öffentlich diskutiert, ob das überhaupt ihrer Position angemessen sei. Auch das ist eine Botschaft, die bei der Mädchengeneration ankommt. Egal, was du machst: Es ist falsch. Stehe lieber gar nicht im Mittelpunkt, bzw. strebe erst gar nicht nach der Macht.

## FRAUEN SIND KÖRPERTEILE,
## MÄNNER SIND PERSÖNLICHKEITEN

Das Problem ist: Wir sind gegen Bilder, die Menschen als sexuelle Objekte zeigen, nicht immun. Schließlich leben wir nicht in einem Vakuum, das uns wie eine große Hamsterkugel umgibt – auch wenn konservative Meinungen das gerne ignorieren. Doch ob bewusst oder unbewusst: Die Bilder und Botschaften setzen sich in uns fest, ob wir das Hintergrundwissen haben, um sie zu reflektieren, oder nicht. Es reicht nicht aus, einfach nur wegzugucken, wenn ein Plakat nervt, oder das Pop-up-Banner wegzuklicken, es reicht nicht aus, dir zu sagen, dass es ja »nur Werbung« ist und damit irgendwie nicht real. Diese Bilder sind dazu gemacht worden, um uns jeden Tag zu erreichen, und umgeben uns entsprechend zahlreich.

Die Konsequenzen sind mehr als deutlich. Studien zeigen, dass wir (unabhängig vom jeweils eigenen Geschlecht) Frauen bzw. weibliche Körper mittlerweile als Mischmasch aus einzelnen Körperteilen wahrnehmen, während Männer als komplette Menschen gesehen werden.[143] In einer Studie, die Studienteilnehmer_innen Werbemotive vorlegte, die jeweils Frauen und Männer als sexuelle Objekte darstellte, wurden die Bilder mit den Männern immer noch als Menschen gelesen, während die mit den Frauen als Objekte gesehen wurden.[144] Frauen sind also unmenschliches Körperteil-Lego und Männer Persönlichkeiten. »Schöne« neue Welt.

Übrigens verinnerlichen Frauen aller ethnischen Hintergründe diese Objektifizierung, wobei Frauen of Color durch das Schönheitsideal mit weißer Hautfarbe zusätzlich vermittelt wird, dass sie nicht als schön empfunden werden – außer vielleicht, wenn sie dem Stereotyp der »exotischen Schönheit« entsprechen.

Die Schauspielerin Lupita Nyong'o, die für ihre Rolle in dem

Film »12 years a slave« u. a. den Oscar erhielt, thematisierte dieses Problem in einer bewegenden Rede beim Black Women in Hollywood Luncheon, wo sie mit dem »Best Breakthrough Performance Award« ausgezeichnet wurde.[145]

Sie sprach darüber, wie sie einen Brief von einem Mädchen bekommen hatte, in dem stand: »Liebe Lupita, ich glaube du hast echt großes Glück, Schwarz zu sein und quasi über Nacht solch großen Erfolg in Hollywood zu haben. Ich war schon kurz davor, mir ›Dencia's Whitenicious‹ Creme zu holen, um meine Haut heller zu machen, als du auf der Bildfläche erschienen bist und mich gerettet hast.« Aber Nyong'o beschreibt auch, dass sie selbst lange dringend solche Vorbilder brauchte, um sich selbst in einer Welt, die Schönheit fast ausschließlich über weiße Haut definiert, nicht als hässlich zu empfinden. Für Nyong'o waren dies die Schauspielerinnen aus dem Film »Die Farbe Lila«,[146] der nach dem gleichnamigen Roman von Alice Walker entstand, und vor allem das Model Alek Wek, denn sie hatte denselben Hautton wie Lupita und wurde für ihr Aussehen gefeiert. Als die berühmte Talkshow-Moderatorin Oprah Winfrey Alek Wek als schön bezeichnete, wurde es Nyong'o plötzlich bewusst, dass auch sie schön sein konnte. Gleichzeitig lernte sie durch ihre Mutter, dass Schönheit nichts ist, was durch bestimmte Taten erreicht oder durch spezielle Produkte konsumiert werden kann, sondern etwas, das gelebt werden muss.

Natürlich verinnerlichen auch Männer eine Objektifizierung ihrer Körper, bislang geschieht das aber noch in geringerem Ausmaß – die entsprechenden Bilder tauchen viel seltener auf. Während die gesellschaftliche Vorstellung, wie eine Frau auszusehen hat, sehr strikt definiert ist, haben Männer einfach viel mehr Spielraum – auch wenn es mittlerweile viele Werbespots gibt, in denen Waschbrettbäuche und Knackpo als männliches Nonplusultra gelten.

Wie normal uns die Objektifizierung von Frauen jedenfalls im Gegensatz zu der von Männern bereits vorkommt, lässt sich an dem simplen Experiment des Gender Swapping verdeutlichen. Hier werden die Bilder von Frauen in typischen »sexy Posen« neben denen von Männern gezeigt, die ebenjene Posen nachahmen, und plötzlich ist daran kaum etwas attraktiv, sondern vielmehr alles absurd. Oder stellen wir uns einfach nur mal einen klassischen Werbespot für Bier vor, in dem sich der durstige Protagonist nach Genuss seines Getränks in Zeitlupe lasziv über die Lippen leckt und sein Haupthaar schüttelt, um danach ganz kokett in die Kamera zu lächeln. Das alles passiert natürlich, während er eine überaus knappe Badehose trägt. Klingt komisch? Ist aber so ein normales Setting für weibliche Protagonistinnen.

Im Netz lassen sich natürlich zahlreiche Beispiele für Gender Swapping finden. Eins meiner liebsten ist die Hawkeye Initiative[.147]. Sie wurde 2012 von der Comic-Zeichnerin Noelle Stevenson[148] ins Leben gerufen und hat sich der Mission verschrieben, Sexismus in Comics und Video Games auf die Schippe zu nehmen. Stevenson hatte es nämlich satt, dass weibliche Comic-Heldinnen immer nur auf bestimmte Art und Weise gezeichnet wurden: Hintern raus, Brust raus, irgendwie in einer sexy Pose verrenkt, die weder natürlich noch bequem ist, und meistens mit einem Kostüm bekleidet, das sie bei Angriffen überhaupt nicht schützt, sondern hauptsächlich Ausblick auf ihre Kurven gewährt. Um die Absurdität dieser sexistischen Bilder klarzumachen, schlug sie vor, die weiblichen Heldinnen immer mit der Figur des männlichen Helden Hawkeye[149] zu ersetzen – aber eben genau in derselben Pose.[150] Ob Iron Man, Hulk, Wolverine oder Thor, sie alle wurden bereits hawkeye'd, und das Ergebnis ist wirklich unfassbar lustig.[151] Mittlerweile finden sich auf dem tumblr der Hawkeye Initiative viele herrliche Beispiele, um die

Doppelmoral der sexy Posen auf kreative Weise zu entlarven. Hinzu kommt der schöne Nebeneffekt, dass all die hypermännlichen Figuren endlich mal einen gehörigen Touch Queerness abbekommen.

## SEI, WIE DU BIST, ABER BITTE NUR AUF DIESE WEISE

Frauenmagazine sind das beste Beispiel für die widersprüchlichen Botschaften, mit denen frau immer noch konfrontiert ist und zwischen denen sie sich zurechtfinden soll. Auf der einen Seite heißt es »Sei, wie du bist!«, auf der anderen »Aber bitte nur auf diese Weise!« Wir sollen uns nicht immer um die Pfunde sorgen, aber sie spätestens purzeln lassen, wenn die Badesaison ansteht. Wir sollen auch mal Kurzhaarfrisuren ausprobieren, aber nur ein paar Seiten weiter, wo Männer befragt werden, was sie wirklich über Frauen denken, wollen diese ausschließlich lange blonde Mähnen. Wir sollen auch mal ohne Make-up rumlaufen und unsere »Natürlichkeit umarmen«, aber daneben wird das neueste Produkt beworben, mit dem Pickelchen, Augenringe und ein fettiger Teint verschwinden wie nie zuvor! In den unzähligen Fotostrecken wird ein unerreichbares gephotoshoptes Schönheitsideal etabliert und uns zugleich vorgegaukelt, dass wir es auch erreichen können – wenn wir nur das Produkt X kaufen.

Jessica Valenti hält dazu in ihrem Buch »Full frontal feminism« fest:

> Jede Werbung für Make-up oder Hautcreme (oder für Diätpillen und dergleichen) dient nur einem bestimmten Zweck: Du sollst Geld ausgeben. Übersteigertes Konsumieren von Produkten ist der Grundstein von Schönheitsidealen. Wer sagt dir denn

schließlich, was (und wer) »in« ist? Modemagazine existieren zum Beispiel nur, weil sie Anzeigen verkaufen, in denen dir vermittelt wird, dass deine Haut scheiße aussieht, solange du nicht das neueste schäumende Microderm-Peeling-Gesichtswasser kaufst. Alle sind davon abhängig, dass du dich hässlich fühlst. Warum? Wenn du denkst, dass du, genau so wie du bist, hübsch aussiehst und alles prima ist, kaufst du nämlich auch keine Gesichtscremes, Make-up und Diätpillen. Dann machst du einfach dein Ding, bist produktiv und fühlst dich gut dabei. Aber wenn du dich hässlich und fett fühlst, gibst du so viel Geld wie möglich aus, um auch ja alles fürs gute Aussehen getan zu haben.

Das heißt natürlich nicht, dass Make-up, Mode und Nagellack als Feminist_in ein No-Go sind. Was Valenti hier betont, ist lediglich die Tatsache, dass es sich immer zweimal zu überlegen lohnt, ob es wirklich etwas bringt, ein bestimmtes Produkt zu kaufen, oder das Portemonnaie eigentlich geschont werden kann.

Davon abgesehen, können Make-up und Mode mit kritischem Konsum viel mehr Spaß machen. Gerade Make-up ist dazu da, die bestehende Schönheit hervorzuheben, und nicht um »Hässlichkeit« zu vertuschen. Ich persönlich bin z. B. großer Fan davon, mir eine Folge einer Lieblingsserie zu schnappen und dabei ganz entspannt die Nägel zu lackieren. Wenn ich lackierte Nägel trage, ist das auch immer ein Zeichen dafür, dass ich gerade genug Zeit für mich habe. Praktischer Nebeneffekt: Wenn ich dummen Anmachsprüchen auf der Straße den Stinkefinger zeige, sieht das gleich noch mal viel besser aus.

Was ich dagegen wirklich nicht mehr lesen oder sehen möchte, sind Typen, deren Vorstellung von Frauen ohne Make-up eigentlich nur dem sogenannten Nude Look entspricht und die zu den Ersten gehören, die wirklich ungeschminkten Frauen ungefragt ein »Du siehst aber gar nicht gut/müde aus!« entgegenschleudern. Sie wollen immer nur unsere »natürliche Schönheit« sehen und wissen nicht mal, was das heißt, weil alle Medienbilder um uns herum diese natürliche Schönheit gar nicht mehr abbilden. Newsflash! Frauen rollen nicht mit perfekt gekämmten Haaren und ebenmäßigem Teint aus dem Bett und sehen dabei so frisch aus wie Zooey Deschanel auf dem roten Teppich. (Auch die muss morgens Zeit im Bad zubringen, damit sie so aussieht, wie sie auf Fotos rüberkommt.)

Darüber hinaus wäre es naiv, zu behaupten, dass alle so einfach von heute auf morgen auf Mascara, Puder und Lippenstift verzichten könnten, wenn sie es möchten. Eine Umfrage bei britischen Arbeitgeber_innen ergab z.B. jüngst, dass zwei Drittel eine weibliche Bewerberin nicht anstellen würden, wenn sie im Bewerbungsgespräch kein Make-up trägt. 61 Prozent sagten sogar, dass fehlende regelmäßige Schminke im Gesicht ein Grund wäre, um entsprechenden Frauen die Beförderung zu verweigern.[152] Weder sollte Schminken als Muss für Frauen gelten, noch sollte es denjenigen, die es gerne tun, als »Niederlage« gegenüber patriarchalen Strukturen ausgelegt werden.

Ich halte es da eher mit der Autorin Janet Mock, die in einer Diskussionsrunde an der New Yorker New School mit der Autorin und Aktivistin bell hooks über das Thema Make-up und die Rolle von Mode sprach und darin auf jeden Fall auch eine politische Dimension sieht. Denn selbst wenn Frauen Make-up und schicke Klamotten tragen, haben sie immer noch verdammt viel zu sagen – ein bisschen Mascara und Lippenstift ändern rein gar nichts daran, dass jemand politisch ist. Als Transfrau ist es für Mock außerdem immer ein eindeutiges Statement, auf diese Art und Weise sichtbar zu sein.[153]

## BABY ODER BURRITO – KÖRPERBILDER

Wenn ich aber schon Schönheitsideale und Körperbilder ansprecche, muss ich auch ein Thema aufgreifen, das immer wieder unfassbar nervig ist und sich hartnäckig als nette Geste hält. Die Frage: »Bist du schwanger?«

Können wir bitte festhalten, dass es schlichtweg nicht okay ist, eine Frau einfach so danach zu fragen, ob sie schwanger ist? Dass Witze und »charmante Bemerkungen« über vermeintliche Babybäuche ein Eindringen in die Privatsphäre bedeuten? Dass Spekulationen darüber, wann und ob eine Frau Kinder haben möchte, vollkommen unangebracht sind?

Solange du nicht der_die Lebenspartner_in dieser Frau bist oder der_die langjährige allerbeste Freund_in, geht dich das einfach mal nichts an. Ansonsten wird sie dir nämlich selbst davon erzählen und das Thema aufbringen – sofern sie möchte.

Denn auch wenn das als simple Frage erscheinen mag, ist diese tatsächlich sehr aufgeladen: Du weißt nicht, ob es sich dabei einfach um den normalen Körper dieser Frau handelt. Du weißt nicht, ob diese Frau überhaupt Kinder haben will (oder haben kann) und der von dir vermeintlich entdeckte Babybauch vielleicht nur der Burrito von gestern Abend ist. Du weißt nicht, ob diese Frau vielleicht sogar entbunden hat und dies aber eine Fehlgeburt war. Du weißt nicht, ob diese Frau eine Essstörung hat. Du weißt nicht, ob diese Frau vielleicht total darunter leidet, dass sie ihren Kinderwunsch (gerade) nicht erfüllen kann (z. B. weil die finanzielle Situation es nicht erlaubt oder künstliche Befruchtungen scheitern). Du weißt nicht, ob sie ein Kind zur Welt gebracht hat und nun einfach die natürlichen Veränderungen ihres Körpers sichtbar sind. Du weißt nicht, ob die Geburt traumatisch war. Du weißt nicht, ob diese Frau überhaupt an heterosexuellem Sex interessiert ist ...

Du. Weißt. Nichts. Und: Es geht dich nichts an.

Zu oft habe ich aber schon beobachten müssen, dass gerade andere Frauen die Frage nach einer Schwangerschaft als vollkommen unproblematisch empfinden, vor allem bei ihnen fremden oder nicht sehr gut bekannten Frauen. Die Häufigkeit der Nachfragen nimmt übrigens ums ca. Zehnfache zu, wenn frau die 30 überschritten hat und in einer längeren heterosexuellen Beziehung lebt – denn dann haben wir ja auch nichts anderes mehr im Kopf als Babys, richtig?! Wenn frau Single ist, wird sie dagegen nur mitleidig angeschaut. [Bitte hier Seufzen einfügen.]

Ich selbst durfte sogar schon erleben, wie mir auf einer Feier entrüstet der Alkohol verweigert wurde, weil mein Gegenüber annahm, dass ich schwanger wäre (Fun Fact: Nicht jedes Babydoll-Kleid heißt auch, dass sich ein Baby an Bord befindet): wohlgemerkt, nachdem ich sie gebeten hatte, mir noch einen Sekt mitzubringen. Als Projektionsfläche für Babywünsche bin ich also gut genug, aber die Verantwortung für mich selbst wird mir im gleichen Atemzug abgesprochen? Na, besten Dank auch. Wer aber genervt auf solche Annahmen reagiert, kriegt trotzdem den Stempel »Spielverderberin« aufgedrückt, anstatt Verständnis oder (Oh, bewahre!) eine Entschuldigung zu erhalten.

Nun, ich habe eben keine Lust auf ein Spiel, in dem Frauen lediglich »anders« aussehen dürfen, wenn sie ihrer Funktion als Gebärmutter nachkommen. Es ist nicht okay, weibliche Körper auf diese Weise zu bewerten – denn nichts anderes stellt die Frage nach einer Schwangerschaft dar. Nur weil die Frage vielleicht »nett gemeint« ist, gibt es keinen Freifahrtschein. Am Ende ist sie eben nur ein umformuliertes, aber nicht weniger unsensibles »Warum siehst du so dick aus?« Solche Nachfragen führen in 90 Prozent der Fälle [Anm.: grobe Schätzung der Autorin] nur dazu, dass Frauen sich nicht mit ihrem Körper wohl fühlen bzw. ihnen vermittelt wird, dass sie das nicht dürfen.

Bei dieser als Nettigkeit getarnten Beurteilung können wir wieder mal nur verlieren. Zumal die positive Einstellung gegenüber Schwangerschaften sich »interessanterweise« schlagartig ändern kann, wenn die betreffende Frau schon zwei Kinder hat und Hartz IV bekommt.

Wie absurd und verletzend diese Bewertungskultur weiblicher Körper ist, zeigt sich übrigens vor allem daran, dass Dicksein mittlerweile nicht mal mehr Schwangeren wirklich »erlaubt« ist.

## #ALSICHSCHWANGERWAR

In ihrem Artikel »Unguter Hoffnung« griff die Journalistin Lara Fritzsche das Problem auf, dass immer mehr (werdende) Mütter Essstörungen entwickeln. Ein eher weniger erforschtes Gebiet, da bislang immer davon ausgegangen wurde, dass Schwangere ihren Körpern quasi intuitiv genügend Nährstoffe zuführen und eher Frauen rückfällig werden, die bereits eine Essstörung haben. Doch:

> […] Das Ergebnis der Studie, die die Neurologinnen, Psychologinnen, Gynäkologinnen und Soziologinnen vom Institut für Kindergesundheit und der psychiatrischen Abteilung der Universität London gemeinsam durchgeführt haben, war eindeutig. Von den 739 schwangeren Probandinnen gab jede vierte an, große Angst vor einer Gewichtszunahme und der Veränderung ihrer Körperform zu haben. Jede zehnte Probandin zeigte bereits Verhaltensweisen einer Essstörung; hungerte, hatte Fressanfälle, erbrach sich, verwendete Abführmittel, Darmspülungen oder trieb exzessiv Sport. Und jede 15. Schwangere erfüllte alle Kriterien einer Essstörung. […]

»Wir haben festgestellt, dass die vielen Unzufriedenheiten der Frauen mit dem öffentlichen Bild der schwangeren Frau zusammenhängen«, erklärt die Leiterin der Studie, Nadia Micali. Die Schwangerschaft sei heute sehr viel öffentlicher und weniger schamhaft. Frauen tragen enge Kleidung, zeigen ihren Bauch. Zumindest in den Massenmedien. »Prominente zeigen heute ihre Babybäuche und sehen wenige Tage nach der Geburt wieder superschlank aus. An all dem haben wir teil durch Fernsehen, Zeitschriften, Internet. Diese Bilder erzeugen bei vielen Frauen unrealistische Erwartungen an ihren Körper«, sagt Micali.[154]

Fritzsches Artikel traf damit einen Nerv, und auf Twitter dauerte es nicht lange, bis dazu der Hashtag #alsichschwangerwar entstand. Unter diesem teilten Schwangere und Mütter Kommentare, die sie sich aufgrund ihrer Schwangerschaft anhören mussten:

@MarisaKlasen: Du bist schwanger. Wie schön. Ich habe mich schon gewundert, warum du dich so gehen lässt #alsichschwangerwar[155]

@Mama_Schulze: Abschätzender Blick von meiner Mutter: »Jetzt sollte aber langsam mal Schluss sein mit Zunehmen.« 9. Monat +14 kg #alsichschwangerwar[156]

@LilithMuc: Es ist grauenhaft: In dir entwickelt sich ein neuer Mensch und alle tun so als wäre dein Gewicht jetzt das Hauptproblem. #alsichschwangerwar[157]

@Natollie: Ärztin: »Nach der Geburt müssen Sie UNBEDINGT etwas wegen ihres Gewichts unternehmen!« Ich 7. Monat, knapp 6 kg Zunahme. #alsichschwangerwar[158]

Die Tweets zeigten ebenso deutlich, dass der Kern des Problems mal wieder ein sexistischer ist, weil Frauenkörper als allgemeiner Gegenstand von Kommentaren gesehen werden.

@StellasRoad: Wenn's ein Junge wird, gewinnt die Frau an Schönheit, bei einem Mädchen andersrum. Bei Dir wird's bestimmt ein Mädchen. #alsichschwangerwar[159]

@NataBobk: #alsichschwangerwar: selbst Personen die mich kaum kannten stellten mir intime Fragen und haben tatsächlich auch eine Antwort erwartet[160]

»Ist doch nur nett gemeint!« »Es geht doch nur ums Beste für das Kind!« Als Individuum verschwinden Frauen quasi schon vor der Geburt hinter ihrer Mutterrolle. Im Online-Magazin »Umstandslos«, dessen Fokus feministische Mutterschaft ist, fasste die Autorin Eva diesen Aspekt treffend zusammen:

[…] Während mein Mann sich überlegen konnte, welchen Kolleg_innen oder Freund_innen er wann die frohe Neuigkeit mitteilt, hatte ich keine Wahl. Jede_r Depp_in konnte mir ab dem vierten Monat, plus oder minus, ansehen, dass ich schwanger bin, und seine_ihre doofen Kommentare dazu abgeben. Privatangelegenheit – schon mal gehört?
Hier meine beiden Favoriten: 1. Mein eh schon unsympathischer Arbeitskollege, der mir erstaunt mitteilte, dass mein Bauch ganz schön dick ist. (Ach wirklich? Wäre mir gar nicht aufgefallen!) Und 2. der wildfremde Typ, der mir an der Bushaltestelle die Hand auf den Bauch legen wollte und dabei seinem Freund erzählte, dass ihn das Wunder des Lebens immer wieder begeistert. (Nein, danke! Ich fass dir ja auch nicht an dein – sonst wohin, Arschloch!)[161]

Grenzüberschreitungen sollen als normal und nett hingenommen werden, und sexy und schlank sollen die werdenden Mütter natürlich auch noch bleiben. Egal, ob da jetzt Wasser in den Beinen ist, sie zum Umfallen müde sind, irgendwo die Blähungen klemmen oder gerade schon wieder die Kotze hochkommt.

Lara Fritzsche schreibt über diesen Widerspruch der »frohen Neuigkeiten«:

> Schwangere Frauen sind ja Empfängerinnen vieler verschiedener – sich zum Teil widersprechender – Rollenanforderungen. Neben schlank bleiben gilt es ja auch, dem Nachwuchs keine wichtigen Nährstoffe zu verweigern. Sie sollen alle vier Wochen zur Vorsorge bei der Gynäkologin, zur Geburtsvorbereitung, zur Kreißsaal-Führung, zum Beckenboden-Training, sollen Bücher lesen und Zimmer herrichten, nicht ständig in Tränen ausbrechen, sollen bei der Arbeit Bescheid sagen, wann sie wieder arbeiten kommen, sollen Gelder beantragen, Krippenplätze organisieren, nicht blöde rumglucken und immer schön fickbar bleiben. Aber, ganz wichtig, das Wunder annehmen, sich auch mal fallen lassen, die Weiblichkeit umarmen und ständig in sich reinhören. Eine liebevolle Mutter werden eben.

Fritzsche sieht in ihrem Artikel als einen Auslöser für die Essstörungen, dass Storys über Promi-Mütter und deren verschwundene »Baby-Pfunde« an der traurigen Tagesordnung sind. Denn nach der Geburt geht das Bewertungskarussell natürlich von vorne los. Eben war es noch irgendwie okay, dass sie dick war (aber bitte nicht zu sehr!), und jetzt wird schon mit den Füßen getrampelt, wann sie denn endlich wieder ihre zugelegten Pfunde verliert. In den meisten Fällen beugen sich die Celebrities diesem Druck (was würde ihnen schließlich blühen, kämen sie dieser »Pflicht« nicht nach?), lassen sich fleißig von Personal Trainer_innen quälen und strahlen nur kurze Zeit nach der Geburt schon wieder »rank und schlank« auf irgendwelchen Pressefotos oder auch Paparazzi-Bildern.

Das Stichwort lautet dabei immer: After-Baby-Body. Eine Zeitschrift, die sich hierbei besonders unangenehm hervortut, ist die »Bunte«. Unter zahllosen Überschriften wie »Was für ein After-Baby-Body!«, »Sie zeigt ihren sexy After-Baby-Body!«, »So geht ihre After-Baby-Body-Diät«, werden Celebrity-Frauen abgefeiert – weil sie nach der Geburt so schnell schon wieder so schlank geworden sind, wie am Beispiel Reese Witherspoon:

Wow! Es ist noch keinen ganzen Monat her, dass Reese Witherspoon (36) ihr drittes Kind zur Welt brachte, doch von Babypfunden ist kaum mehr etwas zu sehen. Die frischgebackene Mutter eines kleinen Sohnes präsentierte jetzt beim Shoppen mit einer Freundin fröhlich lächelnd ihren erstaunlichen After-Baby-Body. Ein bisschen wölbt sich unter der weißen Bluse noch ein Bäuchlein, doch das wird Reese sicher noch los. Und bis dahin scheint es sie nicht im Geringsten zu stören.[162]

Wie die Planung dieses Beitrags wohl bei der Redaktionssitzung ablief? »Wahnsinn! Eine Frau mit Bauch! Und er stört sie nicht im Geringsten! Bringt das sofort auf alle Titelseiten! Lasst uns aber lieber gleichzeitig klarmachen, dass das ja gar nicht sein kann! Soll schließlich keine auf dumme Gedanken kommen und das zum Standard werden lassen …«

Ein besonderes »Prachtexemplar« dieser Form von Berichterstattung zeigt eine Fotostrecke der Sängerin Sarah Connor – in der sie tatsächlich nur einmal mit Kopf zu sehen ist. Die anderen Bilder zeigen allein ihren Körper und haben so erfrischende Bildunterschriften wie »Kaum zu glauben, dass die schlanke

Sängerin bereits dreifache Mutter ist« oder »Weniger als sechs Wochen nach der Geburt von Töchterchen Delphine Malou zeigte sich ›X-Factor‹-Jurorin Sarah Connor (31) wieder mit perfekter Figur. Das Geheimnis ihres sexy After-Baby-Bodys: jede Menge Fitness.«[163]

(Hui, dass exzessives Sporttreiben als Wundermittel für Gewichtsverlust gepriesen wird, kam jetzt wirklich ganz überraschend, liebe »Bunte« …)

Gleichzeitig macht sich die »Bunte« aber schon auch Sorgen um Essgestörte, so ist es ja nicht! Unter dem Suchbegriff »Bunte Haut und Knochen« lässt sich bei Google z.B. mindestens genauso viel finden wie beim Suchbegriff »Bunte After-Baby-Body« (wie schön wäre stattdessen ein Kunstprojekt, bei dem es wirklich um bunt angemalte Körper nach der Geburt ginge?). Wurde den Stars vorher noch Applaus gespendet, weil sie in Rekordgeschwindigkeit Gewicht verloren, wird jetzt unter vorgespielter Sorge analysiert, warum sie »nur noch ein Schatten ihrer selbst« sind. Spoiler: Meistens hat es mit den Trennungen von irgendwelchen Männern zu tun. Klar.

Wie kann ein Medium, das sich der Zielgruppe Frauen verschrieben hat, seine eigenen Leserinnen eigentlich so sehr hassen? Der Alltag von Heidi Klum, Victoria Beckham & Co. mit ihren selbstverständlichen Personal Trainer_innen und Nannys ist Universen entfernt vom Alltag junger Durchschnittsmütter. Dennoch verändert sich auch durch solche stets präsenten Geschichten und vor allem Fotos das gesellschaftliche Bild schwangerer Frauen und erhöht den Druck auf sie und ihre Körper.

Dass solche Storys aber überhaupt erst als normal und okay empfunden werden, dass Frauen generell immer wieder vermittelt wird, ihr Körper sei ein zu erfüllender Job und kein bloßer Teil ihrer individuellen Persönlichkeit, dass sie als Menschen mit ihren eigenen Entscheidungen ignoriert werden, nur weil sie Kinder bekommen können – das alles bildet die Grundlage des Gesamtproblems. Die Sprachwissenschaftlerin und Bloggerin Juliana Goschler brachte es anlässlich der #alsichschwanger-war-Diskussion auf den Punkt:

> Das Problem ist nicht Heidi Klum. Das Problem ist eine Gesellschaft, in der man sich herausnimmt, über Frauen und ihre Körper, und ganz besonders über schwangere Frauen und ihre Körper, zu reden, als wäre es ein öffentliches Ereignis, zu taxieren und zu bewerten, ungefragt Tipps zu verteilen, zu verurteilen, beschämen oder beleidigen. [...]
>
> Denn eines ist klar: Solange Frauen auf anderen Frauen herumhacken oder sich rechtfertigen, weil sie dick sind oder dünn, weil sie in der Schwangerschaft viel zunehmen oder wenig, weil diese abtreiben oder nicht, weil sie lange oder kurz oder gar nicht stillen, weil sie ihre Kinder zu Hause betreuen oder sie in eine Kinderkrippe schicken, nach der Geburt schnell wieder arbeiten oder zu Hause bleiben – so lange wird sich NICHTS daran ändern, dass über Frauen geredet wird, als gäbe es bei diesen Entscheidungen ein Richtig oder Falsch, als wäre das nicht einzig und allein die Entscheidung der betreffenden Frau. So lange wird nicht in Frage gestellt, warum überhaupt ständig und ausdauernd über die Köpfe der Betreffenden hinweg diese Fragen diskutiert wird [sic]. So lange merkt niemand, dass das das eigentliche Problem ist: dass über Frauen geredet und geurteilt wird und dass diese sich diesem Diskurs anpassen, indem sie entweder versuchen, bestimmte Erwartungen zu erfüllen oder dies trotzig zu verweigern – aber auch das nicht, ohne sich zu erklären, rechtfertigen, entschuldigen.[164]

So lange »Hast du abgenommen?« immer noch als ultimatives Kompliment gilt, ist die Eroberung unserer eigenen Körper nicht gelungen.

## FAT ACCEPTANCE UND #609060

»Free your mind and your fat ass will follow«, so lautet der Titel eines Blog-Eintrags von Anke Gröner, den sie im Mai 2010 schrieb. Darin erzählt sie, wie sie ein Foto von sich im Netz veröffentlichte und das für sie ein großer Meilenstein in einer langen Geschichte regelrechten Körperhasses war. Anke ist dick, hat Diäten gemacht, abgenommen, zugenommen, musste sich dumme Sprüche wegen ihres Gewichts anhören und vor allem immer wieder einreden lassen, dass sie selbst Schuld daran hätte. Das führte sogar so weit, dass sie sich manchmal gar nicht mehr aus dem Haus traute, um nicht wieder den abwertenden Blicken und Sprüchen ausgesetzt zu sein. Sie wurde immer nur und immer wieder über ihren Körper bewertet. Essen wurde zum Feind und Tröster gleichermaßen. Sie schreibt:

[…] ich habe 25 Jahre lang einen Kampf gegen mich und meinen Körper geführt, weil ich fett war. Bin. Bleiben werde. Und das ist schließlich das Schlimmste, was man sich selber antun kann. Könnte man ja ändern. Man müsste ja nur weniger essen und sich mehr bewegen, und schon ist man schlank und glücklich. Lustig, dass »schlank« immer gleichgesetzt wird mit »glücklich«. Lustig auch, dass uns Dicken immer und überall eingeredet wird, wir seien so dermaßen unliebenswert und unsexy, dass sich niemand mit uns abgeben könnte. Wenn diese Scheißtheorie stimmt, müssten alle dünnen Menschen in tollen Beziehungen leben, und wir Dicken würden einsam und alleine sterben, um von Ameisen aufgefressen zu werden, in unseren anonymen

1-Zimmer-Wohnungen, die wir mit niemandem teilen, weil wir hässlich und doof sind. Merkt ihr was?[165]

In ihrem Artikel las ich zum ersten Mal von der sogenannten Fat Acceptance-Bewegung, einer Bewegung also, die sich gegen die Diskriminierung dicker_fetter Menschen ausspricht und für eine Akzeptanz aller Körperformen jenseits von Modelmaßen einsetzt.[166] Viele Anhänger_innen der Fat Acceptance sprechen sich z. B. auch für das Konzept »Health at every size« aus, bei dem es nicht um Gewichtsverlust geht, sondern einfach darum, den eigenen Körper so anzunehmen, wie er ist, sich mit Genuss zu ernähren und Freude an Bewegung zu empfinden, ohne dabei an verbrannte Kalorien zu denken – sich gut und gesund fühlen, egal, welche Zahl da auf der Waage steht.[167] Aus Ankes Artikel wurde am Ende sogar ein ganzes Buch, das wunderbare »Nudeldicke Deern«,[168] mit dem sie Fat Acceptance auch in Deutschland etwas bekannter machen konnte.

Gerade dicke_fette Frauen haben aufgrund des sexistischen Schönheitsideals mit noch mehr Vorurteilen zu kämpfen, denn dünne Frauen sind »mehr wert« als dicke. Selbst erfolgreiche Frauen, die nicht Größe 36/38 tragen werden, z. B. in den Medien immer wieder als Ausnahme präsentiert. Sie werden dann gerne als »Vollweib« (siehe z. B. Barbara Schöneberger) bezeichnet, um zu signalisieren: »Hey, guckt mal, die ist dick und trotzdem attraktiv! Krass!« Und wenn die großartige Gossip-Sängerin Beth Ditto nackt die Titelseiten des Musikmagazins NME[169] ziert oder das Cover vom Love Magazine, wird das als »mutig«[170] bezeichnet oder »ungewohnt, aber durchaus ästhetisch.[171]« Natürlich ist es toll, dass es solche Beispiele häufiger gibt, aber auch sie bleiben das sprichwörtliche Wasser in der Wüste, wenn wir mittlerweile auch in einer Welt leben, die Models mit Kleidergröße 38/40 in die Übergrößenabteilung schiebt – wie es z.B. die Modefirma H&M regelmäßig schafft.[172]

Der Einfluss von Medien und Werbung wird trotzdem immer wieder gerne kleingeredet, schließlich wissen wir doch alle, dass da Photoshop, Diäten & Co. am Werk sind und sehen trotzdem die Menschen ohne Modelmaße in unserem Umfeld, richtig? Nun, wie bereits bei der sexuellen Objektifizierung beschrieben, setzen sich diese Bilder trotzdem im Kopf fest, wenn wir ihnen so verstärkt ausgesetzt sind, und setzen einen neuen Maßstab für Schönheit. Wie sich diese Bilder trotzdem einschleichen, beschreibt auch die Bloggerin Kaltmamsell sehr schön:

Ich gehe eigentlich nie baden. […] Es war für mich also eine große Ausnahme, als ich einen Nachmittag auf der Liegewiese eines populären Sees verbrachte und meinen Blick über die zahlreichen Badegäste schweifen ließ. Und mich bei den Gedanken ertappte: DIE trägt einen Bikini? Und DIE? Sogar DIE traut sich? Mutig, mutig. (Mein inneres Ohr wurde von der lästernden Stimme meiner Mutter beschallt: »Oiso naaa, die ist wirklich aus dem Bikinialter raus.«) Bis mir klar wurde, was da in meinem Kopf passierte: Ich verglich diese echten Frauen mit den Medienbildern, die sich in meiner Wahrnehmung ohne regelmäßigen Abgleich mit der Realität als Standard etabliert hatten, weil sie in meinem Sichtfeld die einzigen Frauen im Bikini gewesen waren.[173]

Gerade in Frauenzeitschriften findet sich regelmäßig ein Vokabular wie »Fettpölsterchen«, die in Rekordzeit verschwinden, wird überflüssigen Pfunden der »Kampf angesagt«, bekommen wir Tipps, um »schlank und fit« zu bleiben und natürlich die »Traumfigur« zu erreichen, als wäre sie der Heilige Gral zum

Glück. Selbst Zeitschriften wie die »Mädchen«, deren Zielgruppe Elf- bis 17-jährige sind,[174] enthalten mittlerweile regelmäßig Fitnesstipps und »Abnehmgeheimnisse«. Bei einer Ausgabe aus dem Mai 2014 war ich zuerst positiv überrascht, als ich auf dem Cover von einem »XXL-Bikini-Guide« las, und vermutete eine Fotostrecke, die auch dicke Mädchen zum Bikinitragen ermutigen sollte. Die Realität sah allerdings so aus, dass es sich einfach nur um eine besonders ausführliche Fotostrecke mit Bikinibildern schlanker Models handelte. Tja …

Solange wir immer wieder dieselben Bilder präsentiert bekommen, sollten wir gerade in Bezug auf Werbung schlicht aufhören, von einer Kreativindustrie zu sprechen. Wenn doch jedes Mal wieder nur derselbe sexistische Mist rauskommt, ist das nicht kreativ, sondern einfach nur faul. Die Begründung »Aber das machen doch alle!« hat sich mir dabei eh noch nie erschlossen. Wo bleibt da das Alleinstellungsmerkmal und der Anspruch, etwas Neues zu erschaffen? Für mich gilt jedenfalls immer noch der Leitspruch: »Wenn dein Produkt wirklich was taugen würde, bräuchtest du keinen Sexismus, um es zu verkaufen.«[175]

Das heißt nicht, dass es nie wieder Brüste zu sehen geben wird (schließlich sind Brüste was Tolles), aber es wäre ja schon mal ein Anfang, wenn sich werbeschaffende Leute diese Fragen stellen und ehrlich beantworten würden: »Ist es wirklichwirklichwirklich notwendig, dass diese Frau nackt sein muss, um XYZ zu verkaufen?« und »Wie lustig ist es tatsächlich, wenn ich diese Stereotype benutze?« In 95 Prozent der Fälle wäre dann nämlich schon längst klar, dass eigentlich eine andere Strategie gefahren werden muss.

Insgesamt müssen allerdings nicht nur Werber_innen, sondern auch Medien, Verlage, Sender und Redaktionen endlich ihre Verantwortung erkennen: Eine verzerrte Darstellung von Körpern ist schädlich für die Gesundheit und Psyche aller. Sie müssen dieser Verantwortung gerecht werden, indem sie die menschliche Vielfalt abbilden, die tatsächlich herrscht, anstatt immer nur bestimmte Typen zu casten und danach auch noch Photoshop walten zu lassen.

Umso wichtiger finde ich daher Aktionen, die die tatsächliche Vielfalt von Körpern sichtbar machen, und was könnte sich dazu besser eignen als Social Media und das allseits beliebte Selfie? Dieses vermeintlich unscheinbare Bildformat gibt uns die Möglichkeit, Leute zu finden, die so aussehen wie wir, und zu erkennen, dass wir nicht alleine sind – im Gegenteil: Diese Vielfalt ist die eigentliche Normalität. Ein besonders schönes Beispiel dafür ist die 2012 gestartete Aktion #609060 der Bloggerin Journelle. Sie schrieb in einem Blogpost darüber, wie gut sitzende Mode ab Größe 38 immer schwerer zu bekommen ist:

> Warum sollte ich mich also runterhungern, um in bestimmte Kleidung zu passen, wo ich doch eigentlich nur das hübsche Runde an mir unterstreichen und das weniger hübsche Runde kaschieren möchte? Warum ist es nicht möglich, dass Mode nicht für einen Idealkörper von 60–90–60, sondern für individuelle Körpergruppen gemacht wird?[176]

Aus ihrem anfänglichen Tippfehler wurde eine Instagram-Serie, unter der sie Bilder von sich in ihren jeweiligen Klamotten postet, bevor sie morgens das Haus verlässt. Andere Leute folgten schnell ihrem Beispiel, und die Aktion hält sich bis heute. Regelmäßig dokumentieren so alle möglichen Menschen ihre Kleidungswahl und zeigen auf einfache Weise, dass sich Schönheit nicht in Zahlen messen lässt.

Den eigenen Körper einfach so liebzuhaben ist leider auch heute noch ein radikaler Schritt. Aber wir können ihn wenigstens gemeinsam gehen.

Pretty hurts, we shine the light on whatever's worst
Perfection is a disease of a nation, pretty hurts
We try to fix something but you can't fix what you can't see
It's the soul that needs the surgery.

*(Beyoncé in »Pretty hurts«)*

# 5:

# NUR »JA« HEISST »JA« –
# FÜR EINE GESELLSCHAFT
# OHNE SEXUALISIERTE GEWALT

Im Zuge von #aufschrei wurde immer wieder darauf hingewiesen, dass vieles, was unter dem Hashtag beschrieben wurde, zwar als sexueller Übergriff bezeichnet werden könne, aber nicht als Sexismus. Das seien ja zwei verschiedene Dinge, die nicht einfach so miteinander in einen Topf geworfen werden dürfen.

Nun, zum einen ist diese Aussage korrekt: Sexismus ist nicht dasselbe wie sexualisierte Gewalt. Zum anderen ist es jedoch mehr als notwendig, beides im Zusammenhang zu diskutieren, da es keine voneinander losgelösten Phänomene sind. Sexualisierte Gewalt ist ein Symptom einer sexistischen Gesellschaft. Sexismus spielt eine entscheidende Rolle dabei, dass es überhaupt erst zu diesen Übergriffen kommen kann. Denn eine Gesellschaft und Kultur, die allgemein das Wesen und Handeln von Frauen abwertet und Frauen wie Männer auf bestimmte Stereotype beschränkt (vereinfacht: Frau muss nur gut aussehen und sonst nichts können, Mann ist der Jäger und Macher), sieht dann eben wenig bis keinen Anlass, übergriffiges Verhalten zu bestrafen.

Unter sexualisierter Gewalt werden alle sexuellen Handlungen zusammengefasst, die gegen den Willen einer Person geschehen. Das beginnt bei unerwünschten Anmachen, Belästigungen oder Beleidigungen (also auch, wenn »nur« Worte eingesetzt werden) und endet bei allen Formen tätlicher, sexualisierter Gewalt, wie z. B. aufgezwungenen Küssen, ungewollten Berührungen, erzwungenen sexuellen Handlungen.

Und ja, es gibt Frauen, die sich nicht von sexistischen Äußerungen oder sexualisierten Übergriffen betroffen sehen. Daumen hoch dafür, dass ihnen das bisher erspart blieb. Auch wenn manche Frauen keine Erfahrungen damit haben, bleiben sexualisierte Übergriffe für die meisten Frauen ein alltägliches Problem. Das heißt wiederum nicht, dass jeden Tag etwas passiert, aber frau muss halt jeden Tag damit rechnen, dass es so kommen kann.

Laut einer repräsentativen Studie des Bundesministeriums für Familie, Senioren, Frauen und Jugend haben insgesamt 58,2 Prozent aller befragten Frauen sexuelle Belästigung erlebt: in der Öffentlichkeit, am Arbeits- und Ausbildungsplatz und im persönlichen Umfeld.[177] Die meisten von ihnen haben sich deshalb einen Schutzpanzer zugelegt und wissen schon gar nicht mehr, wie es ist, ohne diesen zu leben. Dieser Schutzpanzer hilft nur leider nicht immer, und natürlich muss man sich hier die Frage stellen: Warum sollten Frauen diesen überhaupt brauchen müssen?!

Sexualisierte Gewalt kommt in ihren unterschiedlichen Ausprägungen also immer noch sehr häufig vor, und um dies zu beschreiben, wurde der Begriff der Rape Culture geprägt.

Dabei klingt das Wort Vergewaltigungskultur natürlich erst mal heftig, es beschreibt jedoch eine Kultur, in der sowohl Männer als auch Frauen sexualisierte Gewalt einfach als gegeben hinnehmen. Vieles von dem, was als unvermeidlich hingenommen wird, ist in Wirklichkeit aber Ausdruck eines bestimmten Wertesystems und von Geisteshaltungen geprägt, die eigentlich verändert werden können.[178]

## VERGEWALTIGUNGSMYTHEN UND SLUT-SHAMING

Um besser zu verstehen, wie Rape Culture funktioniert und warum, muss ich noch zwei Begriffe und Mechanismen erklären, die hier eng zusammenwirken: Slut-Shaming und Vergewaltigungsmythen.

Slut-Shaming bezeichnet ein Verhalten, bei dem ein Mädchen oder eine Frau dafür angegriffen wird, Sex zu mögen, eine_n oder mehrere Partner_innen zu haben, die eigenen sexuellen Gefühle anzuerkennen und/oder diese auszuleben. Wenn also ein Mädchen oder eine Frau Sex hat, der von traditionellen Vorstellungen (sprich: Sex möglichst nur mit einem einzigen Hetero-Mann, nachdem geheiratet wurde und vor allem zum Babysmachen) abweicht, muss sie sich schlecht oder minderwertig fühlen (»Schlampe«). Dieses Verhalten schadet nicht nur den Mädchen und Frauen, die direkt als Schlampen beschimpft werden, sondern Frauen im Allgemeinen sowie unserer Gesellschaft. Slut-Shaming kann auch passieren, ohne konkret den Begriff »Schlampe« fallen zu lassen.[179] Hier wird der Eindruck erweckt, dass sich Selbstrespekt über Sex, Klamotten und Aussehen definiert. Dabei heißt Selbstrespekt, dass du dich für dich selbst einsetzt und selbstbestimmte Entscheidungen triffst. Wer sexuell selbstbestimmte Mädchen und Frauen nicht respektiert, respektiert Mädchen und Frauen nicht. Punkt!

Vergewaltigungsmythen (rape myths) werden benutzt, um sexualisierte Gewalt insgesamt, also nicht »nur« Vergewaltigungen, zu verharmlosen. Solche Mythen entschuldigen das Verhalten von Täter_innen und suchen stattdessen die Schuld beim Opfer: Es handelt sich also um sogenanntes Victim blaming. Und obwohl generell klar ist, dass Vergewaltigung ein schlimmes Verbrechen ist, sind Vergewaltigungsmythen gesellschaftlich weit verbreitet und akzeptiert. Es ist außerdem erwiesen, dass diese Mythen dafür sorgen, dass Vergewaltigungen noch immer selten angezeigt werden: Die Betroffenen glauben eben, die Tat selbst heraufbeschworen zu haben, und schämen sich zu sehr, wie auch nicht zuletzt die Social-Media-Aktion #ichhabnichtangezeigt aus dem Jahr 2012 auf eindrückliche Weise zeigte.[180]

Ebenso haben Vergewaltigungsmythen negative Konsequenzen auf die Glaubwürdigkeit der Opfer, wenn sie die Tat trotzdem anzeigen, weil eben nicht mal das Justizsystem frei von diesen Vorurteilen ist – von den Medien, die ggf. drüber berichten, ganz zu schweigen.

Über diesen Effekt schrieb auch Jaclyn Friedman im Zuge der Vergewaltigungsvorwürfe gegenüber Wikileaks-Gründer Julian Assange (die übrigens immer noch nicht abschließend geklärt werden konnten, weil Assange mittlerweile politisches Asyl in Ecuador gesucht hat) im Jahr 2010:

Sobald Vergewaltigungsvorwürfe in den Nachrichten auftauchen (meistens weil die beschuldigte Person berühmt ist), werden sie sofort mit unserer kollektiven unterbewussten Vorstellung abgeglichen, wie eine »echte Vergewaltigung« [...] auszusehen hat. Hier eine kleine Einführung in diese Idealvorstellung: Der Vergewaltiger ist ein Fremder mit einer Waffe und am besten noch ein armer Mann of Color. Das Opfer ist wiederum eine junge, weiße, recht hübsche, nüchterne, unschuldige Jungfrau. Außerdem gibt es Zeug_innen und/oder unanfechtbare Beweise, und das Opfer rennt sofort zur Polizei, nachdem der sexuelle Übergriff vorbei ist. Aber seien wir ehrlich: Vergewaltigungen entsprechen tatsächlich fast nie dieser Vorstellung. Die meisten Opfer kennen ihren Angreifer [...], die meisten Vergewaltiger benutzen Alkohol oder Drogen, um den Übergriff zu erleichtern [...], es gibt keine Waffen, und die meisten der berühmten Männer, deren Anklägerinnen mediale Aufmerksamkeit bekommen, sind keine Männer of Color. Aber sobald die Nachricht der Anschuldigung da ist, werden die »nicht-ideale« Umstände von den erstbesten Expert_innen dazu benutzt, um klarzumachen, dass wir die Vorwürfe nicht ernst nehmen sollten […].[181]

Sich auf die Anklägerin einzuschießen, die Schuld bei ihr zu suchen und zu hinterfragen, warum ihre Angaben nicht unseren Vorstellungen von sexuellen Übergriffen entsprechen, passiert allerdings nicht in einem Vakuum: Millionen von Menschen schauen dabei zu und hören, wie diese Vergewaltigungsmythen bis zum Gehtnichtmehr wiederholt werden. Der Effekt: Menschen, denen sexualisierte Gewalt widerfahren ist, zweifeln daran, ob sie überhaupt richtig einschätzen, was ihnen passiert ist, und trauen sich immer seltener, die Täter_innen anzuzeigen. Als ich vor ein paar Jahren einer Bekannten riet, dass sie den sexuellen Übergriff anzeigen sollte, von dem sie mir gerade erzählt hatte, deutete sie nur auf den Fernseher, der im Hintergrund lief und die neuesten Bilder vom Kachelmann-Prozess zeigte. »Damit mir dann auch niemand glaubt? Nein danke.« Ich hatte keine Antwort für sie – und habe sie bis heute nicht.

Ein »Dauerbrenner« unter den Vergewaltigungsmythen ist die Annahme, dass Frauen Vergewaltigungen selbst provozieren, wenn sie sich sexy kleiden. »Sie hat es doch selbst so gewollt!« Ja klar, weil Vergewaltigung eindeutig etwas ist, dass sich die Frau von Welt neben schicker Handtasche so wünscht …! Verzeihung, ich musste kurz mit Sarkasmus kompensieren, dass laut dieser »Logik« ein kurzer Rock und ein tiefer Ausschnitt angeblich dazu führen, dass Männer zu unkontrollierbaren Tieren werden, die sich nicht mehr anders zu helfen wissen, als Frauen zu vergewaltigen. (Angesichts dieser unglaublich respektlosen und dämlichen Unterstellung für alle Seiten kann ich an dieser Stelle aber auch nur noch meinen Kopf auf die Schreibtischplatte hauen.) Fakt ist: Kein Mensch wünscht sich, vergewaltigt zu werden, und kein Mensch hat eine Vergewaltigung »verdient« oder provoziert diese sogar, und erst recht können verdammt nochmal keine Klamotten irgendeine »Botschaft« senden, die eine solche Tat rechtfertigen. Genauso wenig ist Alkohol eine Ausrede dafür. Eine betrunkene Frau gibt mit ein paar Tequila-Shots nicht automatisch ihr Recht ab, über ihren eigenen Körper bestimmen zu dürfen.

Die hartnäckige Annahme, dass Kleidung einen Einfluss auf sexualisierte Übergriffe hätte, führte aber z.B. Anfang 2011 dazu, dass im kanadischen Toronto das entstand, was kurze Zeit später als SlutWalk um die ganze Welt ging. Ein Polizist gab an der dortigen Uni ein Sicherheitstraining und den anwesenden Frauen den heißen Tipp, dass sie sich nicht wie Schlampen anziehen sollten, wenn sie nicht Opfer sexualisierter Gewalt werden wollten.[182] Die Frauen waren entsprechend angepisst und organisierten kurzerhand eine Demo gegen sexualisierte Gewalt und Vergewaltigungsmythen, wobei einige der Teilnehmer_innen sich extra »schlampig« anzogen, um zu betonen, dass ein Übergriff selbst in solchen Outfits niemals gerechtfertigt ist. Über Blogs und Social Media verbreitete sich die Grundidee der Demo rasend schnell; inzwischen fanden schon in über 200 Orten rund um den Globus SlutWalks statt.

Eine kleine Auswahl weiterer Vergewaltigungsmythen:

*Nur junge, attraktive Frauen, die sich sexy kleiden, werden vergewaltigt.*

Gerade Frauen selber glauben daran, dass sie nur ein bestimmtes Verhalten an den Tag legen müssen, gewisse Orte meiden und mit aufreizender Kleidung aufpassen müssen, damit ihnen tatsächlich nichts passiert. Das basiert auf der Annahme, dass es brave Mädchen/Frauen gibt und böse – wobei Letzteren dann eben Schlimmes widerfährt, weil sie sich nicht an die »Spielregeln« halten. Die traurige Wahrheit ist jedoch: Es gibt keine wirksamen Regeln und damit auch keine Gruppe, in der sexualisierte Gewalt nicht auftritt. Sie trifft Frauen mit Behinderung,[183] Women of Color, ältere Frauen, homosexuelle Frauen, Transfrauen … Außerdem ist belegt, dass sexy Kleidung keinerlei Rolle spielt.[184]

Der Sozialpsychologe Gerd Bohner sieht in dieser fehlenden Empathie für Betroffene, dass »Frauen […] sich damit eine Illusion der Unverwundbarkeit auf[bauen], um sich selbst aus dem Kreis der potenziellen Opfer auszuschließen.[185]« Das ist dann auch der Grund, warum ich z. B. von einer Bekannten angesichts der Gruppenvergewaltigungen in Indien hören muss, dass die Touristinnen, die da jetzt noch hinfahren, selbst schuld sind, wenn ihnen so etwas passiert.

Und ja, ich verstehe schon, dass es sich beschissen anfühlt, zu erkennen, dass eben nichts hilft, dass Sicherheit niemals garantiert ist. Aber Betroffene dafür zu niederzumachen, verschärft das Problem sexualisierter Gewalt insgesamt nur – dabei sollten wir vielmehr zusehen, dass wir dieses Problem zusammen bekämpfen.

**Vergewaltigungen sind nur schlechter/härterer Sex.**
Vergewaltigungen sind kein Sex, sondern Gewalttaten. Hier wird Sexualität gezielt eingesetzt, um Macht auszuüben.

**Männer können nicht vergewaltigt werden, die wollen doch eh immer Sex.**
Da von Männern Stärke erwartet wird und die Tatsache, dass sich ein Mann nicht gegen einen solchen Übergriff zur Wehr setzen konnte, als Schwäche gilt, ist es gerade für männliche Opfer sehr schwer, das Schweigen zu brechen, wenn ihnen sexuali-

sierte Gewalt widerfahren ist. Untersuchungen belegen, dass sexuelle Gewalt fast ausschließlich von Männern verübt wird und der Anteil von Frauen als Täterinnen unter ein Prozent beträgt – Jungen und Männer werden also auch vor allem von männlichen Tätern angegriffen. Bei sexueller Belästigung sieht es ähnlich aus: In 97 Prozent der Fälle werden die Belästigungen von männlichen Personen verübt und in nur zwei Prozent der Fälle von weiblichen.[186] Insofern ist es aber auch im Sinne männlicher Betroffener, sexualisierte Gewalt zu thematisieren und sich die Strukturen anzugucken, die dazu führen.

***Wenn Täter und Opfer vorher schon mal Sex hatten, kann es keine Vergewaltigung sein.***
Eine Beziehung/ein Date/eine Ehe, in der die Beteiligten bereits miteinander geschlafen haben, ist kein Freifahrtschein dafür, dass der_die Partner_in jederzeit fürs Bett parat steht.

Und nur zur Erinnerung: Vergewaltigungen in der Ehe werden erst seit 1997 strafrechtlich verfolgt. Die damalige Bundesregierung brauchte satte 25 Jahre, bis die Gesetzesänderung verwirklicht wurde. Damals mauerten vor allem die Männer aus der CDU/CSU, die in dieser Vergewaltigungsform ein »Kavaliersdelikt« sahen. Sie begründeten ihre Ablehnung der Gesetzesänderung mit dem § 218, der besagte, dass für durch eine Vergewaltigung in der Ehe gezeugte Kinder ein strengeres Abtreibungsverbot herrschte; Vergewaltigungen in der Ehe demnach also einen anderen Stellenwert hätten als Vergewaltigungen von Nichtverheirateten.[187] Allein hieran zeigt sich mehr als deutlich, wie eng Rape Culture mit der Kontrolle über weibliche Sexualität verbunden ist.

*Sexarbeiter_innen können nicht vergewaltigt werden.*
Wenn Sexarbeiter_innen sexuelle Dienstleistungen anbieten, passiert das unter genauer Absprache und mit dem gegenseitigen Einverständnis der Beteiligten. Wenn kein Einverständnis gegeben wurde, liegt hier genauso eine Vergewaltigung vor wie bei allen anderen Menschen auch. Laut einer Untersuchung des Bundesministeriums für Familie, Senioren, Frauen und Jugend (BMFSFJ) zur Lebenssituation von Frauen in Deutschland erleben 59 Prozent der Sexarbeiterinnen sexuelle Gewalt.[188]

*Man kann Vergewaltiger_innen schon am Aussehen erkennen.*
*Das sind meistens fremde Menschen, die nachts im Park*
*angreifen.*
Es handelt sich nicht um Monster, die aus dem Gebüsch springen und grimmige Augenbrauen tragen wie Disney-Bösewichte. Natürlich gibt es auch Taten, die von Fremden und im öffentlichen Raum verübt werden, aber der Großteil, nämlich 70 bis 80 Prozent der Täter_innen, kommt aus dem persönlichen Umfeld. Es sind Eheleute, (Ex-)Partner_innen, Freund_innen, Bekannte. Gerade diese Nähe und oft auch Abhängigkeitsverhältnisse erschweren es den Betroffenen, sich überhaupt jemandem anzuvertrauen, geschweige denn rechtliche Schritte einzuleiten – zumal sie durch Vergewaltigungsmythen denken, dass sie selbst schuld am Geschehen seien und ihnen keine Hilfe zusteht. Vergewaltigungen finden zu jeder Tages- und Nachtzeit statt und sind oft geplant – sie ziehen sich durch sämtliche sozialen Schichten, am häufigsten werden Gewalttaten in Akademiker_innenhaushalten totgeschwiegen.[189]

***Vergewaltiger_innen sind irgendwie psychisch krank oder sexuell gestört, Vergewaltigungen sind Triebtaten.***

Bei Vergewaltiger_innen sind zu über 90 Prozent keine psychopathologischen Auffälligkeiten zu finden. Es gibt keine biologische, psychische oder physische Ursache, die dafür sorgt, dass gerade Männer ihr Sexualverhalten nicht im Griff haben könnten – davon abgesehen, ist das »Argument« der hilflosen »Triebgesteuerten« diskriminierend gegenüber Männern. Und noch mal: Es geht bei Vergewaltigungen nicht um Sex, es geht um Machtmissbrauch. Es geht um das Signal »Ich kann das hier einfach mit dir machen und du kannst nichts dagegen tun«.

**REFORM JETZT: DER VERGEWALTIGUNGSPARAGRAPH 177**
Der Wortlaut des ersten Abschnitts des § 177, der sexuelle Nötigung und Vergewaltigung behandelt, lautet folgendermaßen:

Wer eine andere Person
1. mit Gewalt,
2. durch Drohung mit gegenwärtiger Gefahr für Leib oder Leben oder
3. unter Ausnutzung einer Lage, in der das Opfer der Einwirkung des Täters schutzlos ausgeliefert ist,
nötigt, sexuelle Handlungen des Täters oder eines Dritten an sich zu dulden oder an dem Täter oder einem Dritten vorzunehmen, wird mit Freiheitsstrafe nicht unter einem Jahr bestraft.[190]

Nach aktueller Rechtsauslegung spielt es also keine Rolle, was das Opfer überhaupt wollte, ob es weinte, sich abwandte oder sogar »Nein« sagte. Damit die Tat als strafbar gilt, müssen Faktoren wie »Gewalt«, »Drohung mit gegenwärtiger Gefahr für

Leib oder Leben« oder Ausnutzen einer »schutzlosen Lage« gegeben sein.

Wie fatal sich diese Rechtsprechung auswirkt, wurde z. B. angesichts eines Falls klar, der im September 2012 bekannt wurde: Ein 31-jähriger Mann namens Roy Z. stand wegen des Vorwurfs, im Juli 2009 eine damals 15-Jährige in seiner Wohnung vergewaltigt zu haben, vor dem Essener Landgericht.[191] Außer dem Mädchen waren noch die Lebensgefährtin des Mannes und eine Sexarbeiterin anwesend, diese beiden Frauen schickte er jedoch aus der Wohnung und vergewaltigte anschließend – betrunken und bekifft – das Mädchen. Dieses sagte aus, ein »Nein, ich will das nicht« geäußert zu haben und dass es dann die Vergewaltigung über sich ergehen ließ.

Die Traumaforschung zeigt, dass dies eine vollkommen normale Reaktion ist: Wenn wir uns bedroht fühlen – und für Vergewaltigungsopfer handelt es sich eben meist auch um eine lebensbedrohliche Situation – und vor der Bedrohung nicht fliehen können, setzt ein Selbstschutzmechanismus im Gehirn ein. Es geht dann in einen kurzfristigen Schockzustand (auch Freeze genannt) und trennt das Geschehen von den ausgelösten Reaktionen im Inneren. Dieser auch Dissoziation genannte Schutzmechanismus führt außerdem dazu, dass die Erinnerung an die Ereignisse schwerer fällt – schließlich blendet das Hirn genau diese aus, um uns zu schützen. Außerdem kann sich ein Mensch in dieser erstarrten Lage unmöglich wehren. Dass solche Aspekte nicht in der Rechtsprechung mitgedacht werden, ist geradezu verhängnisvoll für die Betroffenen. Meistens wird ihnen der Schockzustand auch noch so ausgelegt, dass die Täter_innen ja gar nicht erkennen konnten, dass die sexuellen Handlungen nicht gewollt waren.

Aus der oft auftretenden Starre ergibt sich außerdem ein großes Problem für die Glaubwürdigkeit der Betroffenen. Von ihnen wird nicht nur erwartet, dass sie sich wehren, sondern auch dass sie als »typisches Vergewaltigungsopfer« besonders emotional auftreten. Tun sie das nicht, weil sie – durch den Schock – abgestumpft wirken, werden sie oft nicht als »echte Opfer« empfunden.

Im Fall des Vergewaltigungsvorwurfs am Landgericht Essen wurde Roy Z. übrigens freigesprochen, weil sein Opfer sich nicht genug gewehrt haben soll. Der zuständigen Richterin war das »Nein« nicht genug, womit sie von rechtlicher Seite her natürlich bestätigt wurde. Über das Urteil sagte sie:

»Wenn man etwas nicht will, muss man das deutlicher machen. Er wusste ja nicht, dass sie das gar nicht wollte [...] [Das Mädchen] war nicht in einer schutzlosen Lage. Es hätte weglaufen oder Hilfe rufen können, aber es hat alles über sich ergehen lassen. Das reicht nicht, um jemanden zu bestrafen.«[192] Dass das Mädchen hätte weglaufen können, wurde damit begründet, dass die Türen in der Wohnung nicht verschlossen waren, außerdem hätten ihre Hilfeschreie im Haus gehört werden können – eine »schutzlose Lage« sei also nicht gegeben gewesen. Was für eine zynische Aussage.

Dabei rät die Polizei selbst beim popeligen Handtaschenraub offiziell dazu, keine Gegenwehr zu leisten, weil diese nur weitere Gewalt provozieren würde, die die Situation verschlimmert:

Leisten Sie Widerstand nur dann, wenn Sie sich dem Täter gegenüber körperlich überlegen fühlen und eine reelle Erfolgsaussicht besteht. Gerade als älterer Mensch könnten Ihnen bei aktiver Gegenwehr durch massive Gewaltanwendung oder durch einen Sturz erhebliche Gesundheitsschäden drohen.[193]

Momentan liegen die gesetzlichen Hürden für die Anerkennung, dass eine »schutzlose Lage« vorliegt, fast unerreichbar hoch und werden vor Gericht entsprechend eng ausgelegt. Der Deutsche Juristinnenbund hat die Bundesregierung bereits aufgefordert, das Sexualstrafrecht zu modernisieren und damit an die Anforderungen internationalen Rechts anzupassen, damit eine Strafverfolgung aller »nicht einvernehmlichen sexuellen Handlungen« ermöglicht wird.[194] Derzeit fordern außerdem Grüne und Linkspartei eine Reform des Sexualstrafrechts, die den § 177 einschließt – das Justizministerium sieht bisher allerdings keinen Grund zu handeln.[195]

Auf der Webseite ausopfersicht.wordpress.com können Betroffene den Wortlaut ihres Einstellungsbescheids aus Sexualstrafverfahren (anonym) veröffentlichen. Die meisten Fälle schaffen es nämlich nicht einmal über das Ermittlungsverfahren hinaus. Da Einstellungsbescheide aber nicht veröffentlicht werden, sind die Begründungen für die Einstellungen in der Öffentlichkeit kaum bekannt. Ein Beispiel:

> »Zwar hatte der Beschuldigte zu diesem Zeitpunkt offenbar erkannt, dass Sie, wie er es ausdrückte, tatsächlich ›keine Lust‹ hatten, jedoch musste er daraus nicht den Schluss ziehen, dass Sie keinerlei weitere sexuelle Handlungen mehr dulden wollten.«

## DUNKELFELD UND MYTHOS FALSCHBESCHULDIGUNG

Wenn in einem Bereich nicht alle vermutlich begangenen Straftaten auch amtlich registriert werden, nennt sich das Dunkelfeld. Bei sexualisierter Gewalt ist dieses Dunkelfeld extrem groß und die Verurteilungsquote sehr niedrig. Eine repräsentative Dunkelfeld-Studie aus dem Jahr 2004 hat ergeben, dass 13 Prozent, also fast jede siebte der in Deutschland lebenden Frauen, seit dem 16. Lebensjahr strafrechtlich relevante Formen sexualisierter Gewalt erlebt hat – dazu zählen Vergewaltigungen, versuchte Vergewaltigungen und unterschiedliche Formen der sexuellen Nötigung.

85 Prozent bis 95 Prozent der Frauen, die eine Vergewaltigung erlebt haben, zeigen diese allerdings gar nicht erst an – 47 Prozent der betroffenen Frauen sprechen sogar nicht mal mit jemandem über die Geschehnisse. Bei männlichen Opfern liegt diese Dunkelziffer prozentual vermutlich sogar noch höher. Wiederum lediglich 14 Prozent der angezeigten Taten werden überhaupt verurteilt, was im Vergleich mit anderen Ländern als unterdurchschnittlich gilt. Wenn man die Anzahl der tatsächlich begangenen Taten als Grundlage nimmt, beläuft sich die Verurteilungsquote sogar auf nur erschreckende 0,7 bis 1,4 Prozent: 99 von 100 Taten werden also überhaupt nicht bestraft. Die Hamburger Rechtswissenschaftlerin Junior-Professorin Dr. Ulrike Lembke sagt daher auch über diesen Zustand, dass wir »derzeit […] in Deutschland von einer weitgehenden faktischen Straflosigkeit sexualisierter Gewaltdelikte sprechen [können]«.[196]

Wenn Zahlen zu sexualisierter Gewalt thematisiert werden, kommt allerdings auch immer (immer!) der Punkt der Falschbeschuldigungen auf. Fälle also, in denen Frauen Männer nur wegen Vergewaltigung anzeigen, weil sie ihnen eins auswischen und sich rächen wollen. Die Sache ist, dass niemand die Existenz dieser Fälle verneint. Studien belegen, dass falsche Beschuldigungen allerdings sehr selten auftreten. In Deutschland gibt es bei drei Prozent der Fälle Hinweise auf eine Falschanzeige, in anderen europäischen Ländern liegt die Quote zwischen ein und neun Prozent.[197]

Trotzdem werden diese Fälle regelmäßig reflexhaft in den Mittelpunkt gerückt, wenn über niedrige Verurteilungsrate bei Vergewaltigungsfällen gesprochen wird. Dabei geht es schließlich nicht darum, das eine Problem gegen das andere aufzuwiegen. Zumal bei diesen Vorwürfen komplett außer Acht gelassen wird, was Betroffene durchmachen müssen, wenn sie Anzeige erstatten und sogar vor Gericht ziehen, wenn alle schmerzhaften Details der Tat noch mal durchgekaut werden müssen und für die meisten damit auch das Trauma zurückkommt.

Ich bin es wirklich leid, dass vor allem Männer mit Falschbeschuldigungen argumentieren, als wäre eine ihrer schlimmsten alltäglichen Grundängste, von einer Frau fälschlicherweise der Vergewaltigung bezichtigt zu werden. Als liefen sie täglich durch die Straßen und müssten nichts mehr fürchten als das. Wenn sie doch mal mit derselben Vehemenz, mit der sie auf die vermeintlich hohe Anzahl der Falschbeschuldigungen verweisen, über die hohe Dunkelziffer sexualisierter Übergriffe sprechen würden oder wenigstens überlegen, wie Betroffenen sexualisierter Gewalt, unabhängig vom Geschlecht, noch mehr geholfen werden kann …

## FESTGEHALTEN WERDEN MUSS:

Rape Culture ist real und führt dazu, dass wir längst nicht in dem Ausmaß über sexualisierte Gewalt sprechen, wie wir es eigentlich müssten.

Rape Culture ist, wenn laut einer Studie bereits junge Mädchen im Alter von drei (!) bis 17 Jahren sexuelle Übergriffe für normal halten, sie keine große Sache draus machen möchten, um nicht als Schlampe beschimpft zu werden, und denken, dass Jungs nun mal »so sind«.[198]

Rape Culture ist, wenn es schon im Kindergarten normal ist, dass übergriffiges Verhalten von Jungs gegenüber Mädchen damit entschuldigt wird, dass sie auf diesem Wege lediglich zeigen, wie sehr sie ein Mädchen mögen (und es nicht besser können).

Rape Culture ist, wenn Forscher_innen feststellen, dass Studienteilnehmer_innen nicht mal mehr zwischen Statements aus

einigen Männermagazinen und Interviewaussagen von Verge-
waltigern unterscheiden können – wobei männliche Befragte
den Vergewaltiger-Statements noch am ehesten zustimmten.[199]

Rape Culture ist, wenn selbst die Tagesschau Silvio Berlusco-
nis Umgang mit minderjährigen Sexarbeiterinnen als »Sex-Vor-
würfe« bezeichnet[200] oder Gruppenvergewaltigungen in Indien
als »Sex-Verbrechen«.[201]

Rape Culture ist, wenn Joko und Klaas eine Wette abschlie-
ßen, um eine Messe-Hostess sexuell zu belästigen, und das als
»Dummer-Jungen-Streich« inszeniert wird – so geschehen in der
»neoParadise«-Sendung vom 4. Oktober 2012.[202] Die beiden ent-
schuldigten sich zwar, aber die Frage bleibt, wie so ein Bullshit
vorher auch nur ansatzweise als lustig gesehen werden konnte –
ach ja, Mensch, da war wieder unser gutes altes ZDF am Werk!

Rape Culture ist, wenn sich die Lyrics wie »I know you want it«,
»I'll give you something to tear your ass in two« oder »Do it like it
hurt, what you don't like work?« aus dem Song »Blurred Lines«
von Robin Thicke quasi 1:1 mit den echten Aussagen von Verge-
waltiger_innen decken, die sich deren Opfer anhören mussten –
und das trotzdem ein mega-erfolgreicher Hit wird.[203]

Rape Culture ist, wenn Footballspieler eine betrunkene sech-
zehnjährige Mitschülerin vergewaltigen, während sie bewusstlos ist und sie nur davon erfährt, weil die Täter alles auf Twitter
und Instagram begleiten – dass sie eine Straftat begingen, war
ihnen nämlich nicht bewusst. Die Entscheidung, mit den Jungs
mitzugehen, wurde dem Opfer als Einverständnis zum Sex ausgelegt und das fehlende »Nein« wegen der Bewusstlosigkeit
ebenso – obwohl es genug Augenzeug_innen gab, nicht zuletzt
im Netz. Die britische Journalistin Laurie Penny bezeichnete
den Fall von Steubenville daher auch zu Recht als »den Abu-
Ghraib-Moment der Rape Culture«.[204]

Rape Culture ist, wenn (versuchte) Vergewaltigungen immer

und immer und immer wieder als dramaturgische Krücke benutzt werden, um Frauenfiguren »interessanter« zu machen und/oder zu erklären, warum sie so tough sind – weil das fürs »schwache Geschlecht« ja schließlich nichts Normales ist, nicht wahr? Ein jüngeres Beispiel hierfür ist das erfolgreiche Videospiel »Tomb Raider«, das mit Lara Croft eine der eh schon rar gesäten weiblichen Heldinnen bietet und in seiner Neuauflage aus dem Jahr 2013 erzählt, wie die frischgebackene Archäologin überhaupt zum weiblichen Indiana Jones wurde. Der Spiele-Entwickler Martin Pittenauer erkennt in diesem Teil des Spiels, in dem die Figur sich unter anderem gegen eine versuchte Vergewaltigung wehren muss, vor allem, dass Lara nicht als Identifikationsfigur für männliche Spieler gedacht ist, sondern vielmehr deren Beschützerinstinkt wecken soll, während sie natürlich auch noch was »fürs Auge« bieten muss (sie rennt u. a. den Großteil des Spiels in einem knappen Tanktop und Shorts rum, obwohl sie sich darin sichtlich den Hintern abfriert):

> Bei Frau Croft fühlt sich das anders an. Wesentliche Teile des Spiels verbringt sie blutverschmiert, eine Hand am Bogen, während sie sich mit der anderen stöhnend offene Wunden zuhält. Lara leidet. Intensiv, dauernd und frontal. Wenn sie sich mit glühenden Pfeilspitzen schreiend die Wunden kauterisiert, nimmt sich die virtuelle Kamera viel Zeit, das zu dokumentieren. Von den echt erschreckend brutalen Sterbeszenen, wenn ich mal den falschen Knopf drückte, will ich gar nicht lange reden. Mal wird Lara aufgespießt, während die Kamera extra lange voll draufhält,[205] mal wird sie von herunterfallenden Felsen zerquetscht. Ich hatte das Gefühl, der Unterschied in der Inszenierung von Gewalt ist hier in Teilen vielleicht sogar beabsichtigt und nicht nur der – im Gegensatz zu ›Uncharted‹ – starken Sexualisierung der weiblichen Hauptfigur und der (leider) wie gewohnt durch den

›male gaze‹ (etwa: ›männliches Starren‹) geprägten Kameraführung geschuldet.

Lara wird im Spielverlauf mehrfach von Männern bedrängt, geschlagen und gefesselt. Auch die versuchte Vergewaltigung hat es trotz Beschwichtigungen ins Spiel geschafft. Die junge Archäologin muss sich wehren, um nicht ›Opfer‹ zu werden, und verpasst ihrem Kidnapper mittels Quicktime-Event (also schnell eine eingeblendete Taste drücken) einen Tritt in die Weichteile, bevor sie gezwungen ist, ihn zu töten.[206]

Die grundfalsche Annahme der Industrie lautet, dass Videospiele nur von Männern gespielt würden und diese deswegen ausschließlich für heterosexuelle Kerle entwickelt werden müssten. Dabei sind 45 Prozent aller Spieler_innen weiblich, und 31 Prozent davon sind erwachsene Frauen.[207] Als jemand, die nach der Wende selbst mit allen möglichen Konsolen von Atari bis Super Nintendo aufwuchs und den GameBoy regelmäßig heiß laufen ließ, nervt mich die Unsichtbarmachung weiblicher Game Nerds mindestens genauso wie die Tatsache, dass Prinzessin Peach immer von Mario gerettet werden muss.

In Bezug auf sexualisierte Gewalt bilden Videospiele allerdings eine Besonderheit, wie auch die Medienkritikerin und großartige Videobloggerin Anita Sarkeesian in ihrer YouTube-Reihe »Tropes vs. Women« hervorhebt, die sich speziell mit der stereotypen Darstellung von Frauen in Games beschäftigt.[208]

Videospiele sind ja schon lange nicht mehr nur Pong und Tetris, und insbesondere die Triple A Games mit hohem Budget sind auf ein männliches Publikum ausgerichtet, weshalb sexuelle Objektifizierung von Frauen an der Tagesordnung ist. Im Kapitel über Körperbilder habe ich ja bereits ausführlich über die negativen Konsequenzen hierdurch geschrieben, und jetzt ratet mal, wie es sich auf Männer auswirkt, wenn sie verstärkt Spiele mit sexuell objektifizierten Frauen spielen? Bingo! Sexuelle Belästigung wird als okay empfunden, und Vergewaltigungsmythen werden ebenso übernommen.[209] Blergh.

Trotzdem würde ich damit immer noch nicht die Fraktion stützen, die behauptet, dass Killerspiele unweigerlich zu Amokläufen führen. Vielmehr sehe ich darin einen Beleg, dass sexualisierte Gewalt aufgrund von Rape Culture eben normalisierter ist und damit auch schneller angenommen wird – bei Schießereien liegt die gesellschaftliche Latte des »Bitte nicht zu Hause nachmachen!« schon weitaus höher.

Wo in anderen Medien wie Film, Fernsehen oder Werbeanzeigen eine passive Perspektive auf die objektifizierten Körper eingenommen wird, bieten Videospiele allerdings nicht nur Angucken, sondern auch Interaktion. Weibliche Figuren sind zwar selten auch spielbare Charaktere, doch werden sie innerhalb der Geschichte des (in der Regel) männlichen Helden als Requisiten eingesetzt, um ihm z. B. hilfreiche Punkte auf der Gesundheitsskala zu liefern, wenn er sie anfasst oder mit ihnen Sex hat. Frauen werden in diesem Szenario zu Leistungen, die erbracht werden müssen, um den Helden weiterzubringen. Das beschränkt sich nicht nur auf Sex, sondern wird auch oft auf Gewalt ihnen gegenüber ausgeweitet: Gewalt wird also zum puren Entertainment-Faktor.

Die weiblichen Figuren sind zudem überdurchschnittlich oft Sexarbeiterinnen und/oder Frauen of Color, die mit rassistischen Stereotypen wie gebrochener Sprache dargestellt werden. Die Tatsache, dass Sexarbeiter_innen gesellschaftlich ausgegrenzt werden (leider auch von einigen Feminist_innen), wird hier also dazu benutzt, die Hemmschwelle für Gewalt nur noch mehr zu senken. Der »Hurenhass« wird Mittel zum Zweck.

Der schwerwiegende Unterschied bei Games ist also, dass die Spieler_innen selbst aktiv werden (müssen) und diese Gewalt ausüben. Diese ist zwar zum Fortkommen innerhalb des Spiels nicht immer zwingend notwendig, aber es werden definitiv Anreize gesetzt, um sich überhaupt erst auf diese Weise »auszuprobieren«. Und ja: Auch männliche Figuren erfahren Gewalt, das allerdings nie in einem sexuell aufgeladenen Kontext, als sexualisierte Objekte tauchen sie ebenso weitaus seltener auf und das auch eher als »humorvolle Elemente« – weil es bei Männern eben bizarr auf uns wirkt, wenn sie auf diese Weise dargestellt werden.

Insgesamt zementieren viele Spiele das Bild von Frauen, die nur für Sex und zur Befriedigung der Bedürfnisse anderer existieren, während Männer sich komplett austoben können. Das Problematische ist, wie bereits im anderen Kapitel beschrieben, dass die daraus entstehenden Annahmen (Frauen sind nicht intelligent, Vergewaltigungsmythen sind wahr etc.) nicht nur für sexuell objektifizierte Frauen gelten, sondern für Frauen allgemein: Eine solche mediale Darstellung hat reale Auswirkungen. Plus: Je mehr bei den Spieler_innen der Glaube besteht, dass Medien gar keinen Einfluss haben, desto stärker ist dieser sogar tatsächlich.

## LET'S TALK ABOUT MEN, BABY

In den vielen Diskussionsrunden, die nach der Hochphase von #aufschrei folgten, wurde ich immer wieder gefragt, was denn nun mögliche Schritte wären, um das Sexismus-Problem und die damit verbundene Gewalt anzugehen. Ich erwähnte dabei immer wieder, dass ich es wahnsinnig toll finden würde, wenn es eine ernsthafte Auseinandersetzung damit gäbe, was Männlichkeit derzeit in unserer Gesellschaft bedeutet, und wenn vor allem die Männer sichtbar werden würden, die keinen Bock auf ebendieses Männlichkeitsbild haben, das Männer ausschließlich als stark sieht, Frauen als schwach empfindet und andere Geschlechter eh nicht anerkennt.

Die Sache ist: Ich weiß, dass es diese Männer gibt. Sie sind nicht nur in meiner Familie, in meinem Freund_innen- und Bekanntenkreis, sondern viele meldeten (und melden sich immer noch) wegen #aufschrei, waren dankbar fürs Augenöffnen oder auch einfach nur die Bestätigung eines langgehegten, unterbewussten Gefühls, dass etwas gehörig schiefläuft.

Die Sache ist aber auch: Ich kann diese Männer nicht nach vorne zerren, das sehe ich auch gar nicht als meine Aufgabe. Ich möchte sie aber an dieser Stelle dazu ermuntern, sich mit Gleichgesinnten zusammenzutun, sich zu vernetzen und gemeinsam diese notwendige Diskussion in Gang zu setzen und am Leben zu halten.

Es geht nicht nur darum, Hilfsangebote für Betroffene auszubauen und zu verbessern, sondern das Gleiche für die allgemeine Aufklärung darüber zu tun, woher sexualisierte Gewalt rührt und warum sie in unserer Gesellschaft förmlich als normal gilt.

Klar, es sind nicht alle Männer, die sexulisierte Gewalt ausüben. Natürlich sind es nicht alle Männer. Es sind nicht alle Männer, aber: Es sind Männer. Diese Gewalt wird vor allem von Männern ausgeübt. Da können wir noch so viel Puderzucker drüberstäuben, davon ändert sich an den Fakten nichts.

Ich bin auch nicht die erste Feministin, die darauf hinweist, aber ich betone trotzdem gerne noch mal: Der Dialog um Gewalt, die von Männern ausgeübt wird, muss auch von Männern geführt werden. Damit meine ich nicht die sogenannten Männerrechtler, die hinter allem eine feministische Weltverschwörung sehen, und Frauen, insbesondere Feministinnen, für alle ihre Probleme verantwortlich machen. Ich meine auch nicht die wachsende Community an Pick-up-Artists, deren vorderstes Anliegen es ist, Frauen durch Manipulation ins Bett zu kriegen (hierbei muss ich mittlerweile sowieso immer nur an den Tweet »Pick-up-Artists und Müllmänner sollten die Namen tauschen«[210] denken).

Ich meine eine ernsthafte Diskussion über Männlichkeitsbilder und damit verknüpfte Erwartungen, eine Diskussion, die das Problem sexualisierter Gewalt ehrlich anerkennt und in der sich Männer endlich als Teil der Lösung begreifen, statt direkt in die Defensive zu gehen. In der wir es nicht mehr als »Frauenproblem« bezeichnen und Männer eine Entschuldigung haben, sich nicht um ebendieses Problem kümmern zu müssen. In der nicht zig mal wiedergekäut wird, dass der Feminismus™ die Männer vergessen habe – Feminist_innen warten schon die ganze Zeit mit gepackten Koffern, um endlich den nächsten Schritt machen zu können.

Eine Diskussion, in der Männer offen formulieren, was es mit ihnen macht, dass ihnen beigebracht wird, einen Anspruch auf Sex zu haben – in der sie diese Standleitung zur weiblichen Aufmerksamkeit endlich infrage stellen und auch mal die sexuellen Bedürfnisse und die Bedürfnisse nach Grenzen von anderen Menschen sehen.

Dazu gehört auch, dass diese Gespräche nicht nur in der Öffentlichkeit stattfinden – ich glaube sogar, dass sichere Räume für den Erfolg eines solchen Austauschs auf jeden Fall den Anfang machen müssen –, allerdings wird es Zeit, dass sie endlich im großen Stil dort ankommen.

Ich weiß, dass ein »Stell dir einfach vor, sie wäre deine Schwester/Mutter/Freundin« oft als Brücke zur Empathie dient. Am Ende geht es jedoch um alle Frauen und nicht nur jene, zu denen irgendwie eine persönliche Beziehung besteht – zumal der Großteil sexualisierter Gewalt ja auch gerade im persönlichen Umfeld stattfindet. Wenn diese Brücke nicht mehr benutzt werden müsste, wären wir alle schon einen großen Schritt weiter in Richtung sexismusfreie Gesellschaft.

Ich fordere hier außerdem eine Aufklärung ganz im Sinne der Autorin und Aktivistin Zerlina Maxwell: Statt Mädchen und Frauen beizubringen, sich nicht vergewaltigen zu lassen, sollten wir Jungen und Männern beibringen, nicht zu vergewaltigen.[211]

Dabei geht es darum, zu lernen:

1. Was einvernehmlicher Sex ist.
2. Dass Frauen als Menschen anzusehen sind und nicht als sexuelle Objekte, die zum Vergnügen von Männern existieren.
3. Wie Jungen und Männer ihre Männlichkeit auf eine positive Weise ausdrücken können.
4. Wie der radikale Schritt gegangen werden kann, Frauen und Mädchen, die (sexualisierte) Gewalt erlebt haben, einfach mal zu glauben, wenn sie mit ihren Fällen an die Öffentlichkeit treten.
5. Dass Jungen und Männer eingreifen können, wenn sie Zeugen sexualisierter Übergriffe werden.

## LET'S TALK ABOUT SEX, BABY

Wir müssen aufhören sexualisierte Gewalt so zu behandeln, als wäre sie wie das Wetter. Sexualisierte Gewalt ist niemals etwas komplett Unvermeidbares oder gar Normales. Es gibt keinen »Schirm« oder »Mantel«, der einfach nur benutzt werden muss, damit sich Leute dagegen »schützen« können. Es liegt allein an uns als Gesellschaft, dafür zu sorgen, dass wir keinen Nährboden für diese Gewalt liefern.

Wir müssen weg von einer Kultur des »Du willst es doch auch!« und hin zu einer Kultur des »Willst du auch?« – weg von einer Rape Culture und hin zu einer, die einvernehmliches Miteinander zelebriert und Grenzen respektiert.

Es geht nicht darum, alles, was mit Sexualität zu tun hat, aus-zuradieren. Im Gegenteil: Alle sollen den Sex haben, den sie möchten und bei dem sie Spaß haben. So oft und so ausgefallen sie wollen, Blümchensex oder gar keinen – alle sollen ihren Lieb-lings-Sex genießen können – mit Einverständnis der Beteiligten und ohne Scham. Wenn das jetzt nach Hippie-Quatsch klingt: So be it! Ohne diesen notwendigen Schritt ist die sexuelle Revolu-tion jedenfalls nur ein abgewürgter Orgasmus.

Wie viel mehr Spaß könnten alle haben, wenn die Beteiligten einfach darüber reden, was sie wollen, sich wünschen und was absolutes No-Go ist? Wir besitzen ja sonst keine telepathischen Fähigkeiten, aber wenn es um Sex und Intimität geht, wird plötz-lich davon ausgegangen, dass man auf wundersame Weise erra-ten kann oder sogar sollte, womit der_die andere einverstanden ist? Auch bei Körperlichkeiten geht es schließlich um Kommu-nikation – jemand, der_die sturzbetrunken ist, bewusstlos oder schläft, kann kein Einverständnis zum Sex geben.

Jaclyn Friedman betont außerdem zum Konzept der *Consent Culture*: »Herauszufinden, ob jemand einverstanden ist, ist ei-gentlich ziemlich einfach. Du musst nur fragen. Es ist deine Auf-gabe zu fragen. Das ist geschlechtsunabhängig. Frauen tragen dieselbe Verantwortung, wenn es ums Fragen geht.«[212] Dabei geht es nicht darum, kein »Nein« zu hören, sondern sicherzuge-hen, dass es sich um ein »Au ja!!!« handelt.

Um die Diskussion rund um diese Themen zu erleichtern, brauchen wir auch einen Aufklärungsunterricht in Schulen, der nicht nur als »Fortpflanzungsunterricht« gedacht wird. Den meisten Jugendlichen und auch noch Erwachsenen fehlt es im-mer noch zu sehr an einer Sprache, um ihre tatsächlichen sexu-ellen Bedürfnisse und Gefühle auszudrücken oder auch nur über Beziehungen zu sprechen – dabei könnte ein solcher Un-terricht hier wunderbar ergänzend sein, wie auch die Autorin

Mithu Sanyal findet: »[…] ebenso wie Sexualerziehung eine gesellschaftliche Aufgabe ist – und es inzwischen Richtlinien für die Sexualerziehung an Schulen gibt –, sollte es auch Unterrichtseinheiten zu Liebe und gleichberechtigten Beziehungen geben. Schließlich ist es unrealistisch zu erwarten, dass Kinder funktionale, glückbringende Beziehungen automatisch in ihrem Elternhaus erlernen.«[213]

Wenn wir uns eine Zukunft erarbeiten, in der das nicht nur möglich, sondern normal ist, dann wären wir schon einen großen Schritt weiter. Ich will mir dafür keine Zukunft vorstellen müssen, in der Mädchen und Frauen immer noch erzählt wird, sie sollten sich einfach nur mal wehren. Das Problem ist nicht das Sich-wehren-können oder -nicht-können. Sondern das Sich-wehren-müssen.

# 6:

# IT'S A (DIRTY) JOB, BUT SOMEBODY'S GOTTA DO IT – VEREINBARKEIT UND DIE CARE-SEITE

Eine persönliche »Lieblingsnervargumentation« meinerseits ist die seltsame Unterstellung, dass Feminist_innen heutzutage auf Biegen und Brechen aus jeder Frau eine Vorstandschefin machen möchten und Frauen, die sich fürs Zuhausebleiben mit Kind entscheiden, dagegen verteufeln. Gleichzeitig ist in den Feuilletons und Talkshows der Feminismus™ regelmäßig schuld daran, dass Frauen Familie, Beruf und Freizeit nicht entspannt miteinander vereinbaren können, denn schließlich hat er ja die Frauen erst in die Arbeitswelt getrieben! Und jetzt müssen sie eben erkennen, dass sie nicht im selben Maße Muttergefühle wie Business-Meetings wahrnehmen können.

Kinder, Kochen und Wäsche waschen: Auch heutzutage schmeißen vor allem Frauen den ganzen Familienladen. Frauen können zwar nicht »alles« haben, aber dafür den größten Wäscheberg. Im Schnitt kommen auf eine Frau in Deutschland 31 Stunden Care-Arbeit pro Woche zu ihrem Broterwerbsjob hinzu, und sie arbeitet insofern zu Hause noch eine zweite Schicht – Männer landen bei 19,5 Wochenstunden.[214]

Das englische Wort *Care* steht für Achtsamkeit, Fürsorge, Obhut, Pflege und Umsicht.[215] Unter dem Begriff Care-Arbeit wird Betreuungs-, Pflege-, Sorge- und Beziehungsarbeit zusammengefasst, also in der Regel Tätigkeiten, bei denen sich Menschen um andere Menschen kümmern. Er erweitert den Begriff der

Haus- und Familienarbeit, welcher häusliche und familiäre Pflichten zusammenfasst, aber z.B. Pflegeberufe wie Altenpfleger_in ausklammert.

Der Bereich der Care-Arbeit wird meist auch als unsichtbare Arbeit bezeichnet, denn obwohl er doch so grundlegend und notwendig für uns alle ist, sind die Ergebnisse dieser Arbeit vermeintlich nicht sichtbar. Dementsprechend verschwindend gering ist auch die gesellschaftliche Anerkennung.

Hier wird kein Auto zusammengeschraubt, das danach vom Fließband laufen und verkauft werden kann. Der Plasmabildschirm-Fernseher, das neue Antischuppen-Shampoo, die jüngste Reihe Marken-Sneakers: Sie alle sind »mehr wert«, weil sie als Waren erkennbar sind. So funktioniert Kapitalismus. Der »Gewinn« durch Care-Arbeit, also die dadurch entstandene Lebensqualität, steht dagegen nicht als Produkt im Regal und hat somit keinen messbaren Wert. Dabei gibt es keine Alternative zum Hüten der Kinder oder Pflegen älterer Menschen: Das alles sind notwendige Tätigkeiten, damit unsere Gesellschaft überhaupt weiter »funktionieren« kann.

Die grundlegend sexistische Annahme, dass Frauen sich um alles Häusliche – insbesondere Kindererziehung – zu kümmern haben, weil ihnen das »von Natur aus« mehr liegt, ist nicht totzukriegen. Veraltete Vorstellungen von Familie idealisieren die angebliche Natürlichkeit von Kindererziehung zur liebevollen Opfergabe, die Frauen selbstverständlich zu leisten haben. Das Großziehen von Kindern wird nicht als das bezeichnet, was es ist: Arbeit. Deshalb ist Hausarbeit für Frauen weiterhin Pflicht, während Männer sich optional reinhängen dürfen.

Es geht dabei nicht um Männer, die im Haushalt helfen. Es geht um Männer, die ihre eigene Hälfte im Haushalt überhaupt erst selbstverständlich als die ihre wahrnehmen. Und es geht vor allem nicht darum, dass Frauen sie erst dazu animieren oder überreden müssen – am besten noch mit irgendwelchen Studien, die belegen, dass hausarbeitende Männer »sexier« sind.[216] (Weil: Hallo? Natürlich ist es entspannender für eine Beziehung und lässt somit auch mehr sexy time zu. Warum brauchen wir dafür Wissenschaftler_innen, die uns das Offensichtliche bestätigen?) Als wären Frauen so superscharf auf vollgekackte Windeln, Klo putzen und ewige Warterei bei Kinderärzt_innen. Weil, Natur und so.

Die Forderungen der Frauenbewegung sind also noch längst nicht eingelöst. Aber es reicht eben auch nicht aus, Männer ausschließlich dazu aufzurufen, doch mehr abzuwaschen und ihre Hemden selbst zu bügeln.


## SCHUBLADEN-POLITIK

Sonst heißt es bei jedem kleinen Furz »Denkt denn niemand an die Kinder?«, aber ausgerechnet, wenn es um Familienpolitik geht, wird genau das nicht getan. Es steht nicht im Mittelpunkt, was das Beste fürs Kind wäre – alles dreht sich um Vorteile für die Ehe zwischen Mann und Frau, wobei die männliche Seite als Versorger der Familie gesehen wird. Von der Politik werden Familien ausschließlich in Form heterosexueller Ehen gesehen und gefördert, und das bedeutet entsprechend Probleme für alle, die nicht in diese Schublade passen: weil sie berufstätig, nicht verheiratet, in einer gleichgeschlechtlichen Partner_innenschaft leben oder alleinerziehend sind.

Belohnt wird dabei nach wie vor das Lebensmodell, in dem der_die eine Partner_in dem_der anderen Partner_in den Rücken freihält. In den meisten Fällen ist das immer noch die Frau, weil festgefahrene – durch die schwarz-gelbe Regierung 2009 bis 2013 noch mal verstärkte – Strukturen dafür sorgen, dass dies finanziell sinnvoller ist als andere Lebenswege. Die Entscheidung fürs Kinderhüten wird dann trotzdem als selbstbestimmte persönliche Entscheidung gelabelt, obwohl ganz andere Faktoren am Werk sind.

Dabei hat es nun herzlich wenig mit purer Mutterliebe zu tun, dass Frauen in Deutschland im Schnitt 22 Prozent weniger Lohn erhalten als ihre männlichen Kollegen. Deutschland ist mit diesem Gender Pay Gap Schlusslicht in Europa, was die berufliche Gleichberechtigung angeht. In keinem anderen europäischen Land ist das Lohngefälle zwischen Frauen und Männern so groß wie hier.[217]

Um deutlich zu machen, wie sich die sonst immer abstrakt wirkenden Prozentzahlen tatsächlich auf die Lohnzettel der Arbeiterinnen auswirken, haben mein Partner und ich vor einiger Zeit die Seite gleicherlohn.de gebastelt, die die amerikanische Seite narrowthegap.com zum Vorbild hatte. Hier kann man sich den Gender-Pay-Gap anhand einzelner Berufe anzeigen lassen. Ein paar Beispiele:

Steuerfachgehilfinnen verdienen 72 Cent für jeden Euro, den ihre männlichen Kollegen bekommen. Das sind 677 Euro weniger im Monat und 8124 Euro weniger im Jahr.

Diplom-Kauffrauen verdienen 88 Cent für jeden Euro, den ihre männlichen Kollegen bekommen. Das sind 414 Euro weniger im Monat und 4968 Euro weniger im Jahr.

Angestellte Rechtsanwältinnen verdienen 82 Cent für jeden Euro, den ihre männlichen Kollegen bekommen. Das sind 615 Euro weniger im Monat und 7380 Euro weniger im Jahr.

Versicherungskauffrauen verdienen 88 Cent für jeden Euro, den ihre männlichen Kollegen bekommen. Das sind 267 Euro weniger im Monat und 3204 Euro weniger im Jahr.[218]

Beim Gender Pay Gap wird gerne damit argumentiert, dass Frauen lediglich zu bescheiden in die Gehaltsverhandlungen gehen und dementsprechend selbstbewusster mehr Geld verlangen müssen. Hier gibt es allerdings einen Knackpunkt zu bedenken: Ich bin natürlich total dafür, dass Mädchen und Frauen dazu animiert werden, ihr Licht nicht unter den Scheffel zu stellen und zu erkennen, dass ihre Arbeitskraft eindeutig wertvoll ist und Arbeitgeber_innen entsprechend Kohle kosten darf. Auf der anderen Seite grätscht aber mal wieder der Sexismus dazwischen, wenn es um ebenjene Verhandlungen geht: Studien belegen, dass Männern eine harte Verhandlung ums Geld als Durchsetzungsvermögen ausgelegt wird – Frauen werden hingegen als »schwierig« empfunden.[219] Sich da voll ins Zeug zu legen, kann also wieder mal massive negative Konsequenzen haben; im Fall eines Bewerbungsgesprächs kann es sogar dazu führen, dass ein_e andere_r Kandidat_in den Job bekommt. Anders als es die »Bescheidenheitstheorie« verlangt, sollte es so sein, dass nicht nur Frauen das Lohngefälle auf die Tagesordnung setzen. Männer sollten den Gender Pay Gap genauso in ihrer Firma thematisieren und die dazu notwendige Diskussion in Gang setzen.

Die 22 Prozent Lohnunterschied werden als »unbereinigte Lohnlücke« bezeichnet, d. h., hier werden zwar Vollzeitgehälter verglichen, doch Beruf und Position ausgeklammert. Frauen arbeiten häufiger in schlechtbezahlten Berufen und seltener in Führungspositionen. Das erklärt zwei Drittel des Lohnunterschieds, es bleiben jedoch acht Prozent Unterschied aufgrund des Geschlechts – dieser wird als »bereinigte Lohnlücke« bezeichnet.[220]

Allerdings spielt bei der schlechteren Bezahlung nicht nur das Geschlecht eine Rolle: So sind Beschäftigte mit Migrationshintergrund vom Migration Pay Gap betroffen. Dies passiert unabhängig vom Geschlecht, wobei es Frauen mit Migrationshintergrund wieder mal am stärksten erwischt, weil hier eben der Migrationshintergrund und das Geschlecht als Auslöser zusammenkommen. Dieser Aspekt bekommt nur in der Diskussion um Lohngerechtigkeit keine Aufmerksamkeit, zumal er leider bisher weniger erforscht ist.[221]

Das Zentrum für Europäische Wirtschaftsforschung (ZEW) stellte aber 2008 für Deutschland fest, dass es eine »unbereinigte« Lohnlücke von ca. 16,5 Prozent zwischen Männern ohne Migrationshintergrund und Männern mit Migrationshintergrund gibt – bei Frauen betrug der Abstand zwischen den Löhnen 14,8 Prozent.[222] Wenn vom Gender Pay Gap gesprochen wird, sollte künftig also immer miteinbezogen werden, dass Frauen of Color nicht nur weniger verdienen als weiße Männer, sondern auch weniger im Portemonnaie haben als weiße Frauen.

So oder so sind die Begriffe »unbereinigt« und »bereinigt« nicht gerade hilfreich, um Mythen zu widerlegen, hinterlassen sie doch den Eindruck von »bereinigt« = »korrektes Ergebnis« und »unbereinigt« = »verfälschtes Ergebnis«. Schließlich handelt es sich auch bei der »unbereinigten« Lohnlücke um ein Problem, das vorwiegend durch strukturelle Bedingungen entsteht und weniger durch individuelle Entscheidungen von Frauen. Denn wenn Frauen immer noch verstärkt in Wirtschaftszweigen und Berufen mit niedrige(re)m Lohnniveau und häufiger in schlechter bezahlten Teilzeitarbeitsverhältnissen arbeiten, muss man sich schließlich auch anschauen, warum das passiert. Das beginnt bereits bei der Berufswahl, die von Geschlechterstereotypen geprägt ist und Kindern von klein auf durch Spielzeug, Werbung, Figuren in Film, Fernsehen, Games und Büchern eintrichtert, dass Mädchen z. B. ausschließlich Puppenmuttis sind, während Jungen vom Feuerwehrmann bis zum Programmierer quasi alles werden können, was wiederum nichts mit »Mädchenkram« zu tun hat. Dass erzieherische Berufe schlecht bezahlt werden, haben sich jedenfalls definitiv nicht die Erzieher_innen selbst ausgedacht – dass Männer weniger Interesse an solchen Berufen haben, hängt schließlich auch gerade damit zusammen, dass hier weniger Geld und Aufstiegschancen zu erwarten sind. Ob Erzieherin, Verkäuferin, Friseurin oder Altenpflegerin: Die schlechte Bezahlung von Berufen, die vorwiegend von Frauen ausgeübt werden, hat traurige Tradition. Mit den »Frauenberufen« kann man's ja machen – und mit den Frauen of Color sowieso …

Ein weiterer Grund, weshalb Frauen in solche schlechter bezahlten Beschäftigungsverhältnisse rutschen oder beruflich gar ganz aussteigen, ist das sogenannte Ehegattensplitting. Was hier eher nach Axtmord klingt, hat mit steuerlichen Vorteilen für Eheleute zu tun, die seit 2013 auch gleichgeschlechtliche Lebenspartner_innenschaften in Anspruch nehmen dürfen – wobei es keine Rolle spielt, ob Kinder da sind oder nicht. Allerdings ist das ein umstrittener Meilenstein der Gleichstellung zwischen Ehe und Lebenspartner_innenschaften: Bereits bei der Einführung des Splittings 1958 warnten Frauenverbände zu Recht davor, dass es nichts mit sozialer Gerechtigkeit zu tun habe und geradezu familienfeindlich sei.[223]

Was das Gesetz schon lange für heterosexuelle Ehen bedeutet: Sobald der Ehemann mehr auf dem Lohnzettel hat – was eben meistens der Fall ist –, sorgt das Ehegattensplitting dafür, dass sich für die Frau nur noch ein Teilzeit- oder Minijob lohnt, wenn sie arbeiten möchte. Steuerlich kommen Ehepaare also am besten weg, wenn sie ein Familienmodell fahren, das eigentlich in den 1950er Jahren vermutet werden würde: Der Mann arbeitet Vollzeit, ernährt die Familie und macht vielleicht noch Karriere, während die Frau daheim bleibt und ein bisschen was dazuverdient, »damit sie auch mal rauskommt«. Zwei Drittel der

7,4 Millionen Minijobber_innen in Deutschland sind Frauen, 84 Prozent von ihnen sind verheiratet.

Eine Studie des BMFSFJ bestätigt außerdem, dass Minijobs gewissermaßen direkt im Moment der Arbeitsaufnahme am Lebenslauf »kleben«. Je länger jemand in so einem Job arbeitet, desto geringer wird die eh schon kleine Chance auf eine Vollzeitbeschäftigung, geschweige denn eine Karriere. Dabei hat etwa die Hälfte der minijobbenden Frauen genau diesen Wechsel im Sinn, schließlich wurden Minijobs mal aus dem Grund eingeführt, dass sie als unkomplizierte Brücke in eine volle Stelle fungieren sollten. Die Realität sieht dann aber so aus, dass Minijobberinnen – meist auch noch überqualifiziert – in Jobs arbeiten, die wenig bis nichts mit ihrer Ausbildung zu tun haben, und sie immer weiter vom Arbeitsmarkt entfernen, weil zusätzlich das Stigma Minijob an ihnen haftet.[224]

Gleichzeitig steigt mit den Minijobs auch die Gefahr der Altersarmut, der sogenannte Gender Pension Gap: In Deutschland beziehen Frauen um 59,6 Prozent geringere eigene Alterssicherungseinkommen als Männer.[225] Dabei sind Unterbrechungen des Berufslebens der häufigste Grund für Altersarmut bei Frauen: Im Jahr 2009 waren 61,5 Prozent der Armen über 65-jährige Frauen.[226] Die Unterbrechungen entstehen meist aus familiären Gründen, wie eben Elternzeit oder die Pflege von Angehörigen. Durch Teilzeitarbeit, Minijob oder Komplettausstieg haben Frauen im Schnitt dann zehn Jahre weniger Versicherungszeiten als Männer und eine entsprechend kleinere Rente mit der sie (über)leben müssen.[227]

## ALLEIN UND ERZIEHEND

Es ist bereits als Paar schwierig, z.B. Kita-Öffnungszeiten und das eigene Arbeitspensum in Einklang zu bringen. Besonders hart trifft das Vereinbarkeitsproblem daher alleinerziehende Eltern, also auch größtenteils wieder Frauen: Neun von zehn Alleinerziehenden sind weiblich, 60 Prozent von ihnen gehen arbeiten.[228]

Da sie durch die Kinderbetreuungssituation nicht flexibel sind was Arbeitszeiten angeht, sind Alleinerziehende massiv von der Unterstützung durch ihre Arbeitgeber_innen abhängig. Spontane Überstunden gehen da genauso wenig wie einfach weiterarbeiten, wenn das Kind plötzlich krank wird. Gerade für alleinerziehende Frauen ist es damit schwerer, sich beruflich weiterentwickeln zu können, als es für sie ohnehin bereits ist. Denn wer schon immer 110 Prozent im Job gibt, um zu beweisen, dass sie_er all das Entgegenkommen bei der Arbeitszeit wert ist, muss am Ende noch mehr Energie aus dem letzten Winkel kratzen, um die Karriere voranzutreiben. Beförderungen und beruflicher Erfolg sind außerdem immer noch sehr stark mit der Anwesenheit am Arbeitsplatz verbunden: Nur wer sich Tag und Nacht für die Firma um die Ohren schlägt, verdient diese Form von Anerkennung. Wer den Job perfekt macht, aber um 15 Uhr losmuss, um den Nachwuchs von der Kita zu holen, ist außerdem mit hoher Wahrscheinlichkeit eben das nächste Mal auch nicht anwesend, um beim Bierchen nach Feierabend den Kontakt mit den Kolleg_innen zu pflegen, die für die nächste Beförderung hilfreich sind.

Hinzu kommt, dass Alleinerziehenden schlicht nicht so viel Verantwortung zugetraut wird. Das führt dazu, dass sie es bereits bei der Jobsuche besonders schwer haben – die meisten berichten von vielen frustrierenden Bewerbungsgesprächen sobald das Thema Familienstand aufkommt. Fast jede fünfte alleinerziehende Mutter ging 2009 einer Teilzeittätigkeit nach, weil sie keine Vollzeitstelle finden konnte.[229] Immerhin: Am 1. August 2013 trat der Rechtsanspruch auf einen Betreuungsplatz für Kinder unter drei Jahren in Kraft.[230] Für arbeitslose Alleinerziehende bleibt allerdings trotzdem die Schwierigkeit, dass kein Anspruch auf einen Ganztagsplatz besteht, was eine intensive Jobsuche wiederum erschwert.

Die Probleme von Alleinerziehenden sind noch mal viel enger ans Geld geknüpft, da sie alleine für die Ernährung ihrer Familie zuständig sind und eine Absicherung über Unterhaltszahlungen dabei nicht für alle zugänglich ist: Bei fast der Hälfte der Berechtigten werden diese nämlich gar nicht oder nur teilweise gezahlt.[231] Insgesamt geht die Hälfte des vorhandenen Geldes bei Alleinerziehenden für den Nachwuchs drauf, und das vor allem für Grundbedürfnisse.[232] Danach bleibt natürlich nicht mehr viel übrig, um sich auch mal einen Kino- oder Tierparkbesuch zu leisten.

Im Jahr 2012 waren laut Bundesagentur für Arbeit 39,4 Prozent der Hartz-IV-Beziehenden alleinerziehend mit einem minderjährigen Kind – bei Paaren mit Kind waren es dagegen nur 7,2 Prozent. Bei zwei und mehr minderjährigen Kindern erhöht sich die Quote der alleinerziehenden Hartz-IV-Beziehenden sogar auf 49,3 Prozent.[233] Alleinerziehende sind außerdem überdurchschnittlich häufig von Armut betroffen: Im Jahr 2011 waren es 38,8 Prozent.[234]

Wenn ich mir die krasse Lage von Alleinerziehenden anschaue, stelle ich mir zugleich die Frage: Wie hoch ist die Dunkelziffer der Frauen, die ihre Zähne zusammenbeißen und mit Partnern zusammenbleiben, obwohl sie sich am liebsten trennen würden? Wie oft halten sie durch, weil sie den finanziellen Einbruch weder verkraften noch abfedern können, da sie in eine Abhängigkeit manövriert wurden, die sich nicht so einfach auflösen lässt? Und: Wie oft trifft dies für Situationen zu, in denen Frauen geschlagen werden oder sexualisierte Gewalt erleben? Doch auch von staatlicher Unterstützung wie Kinder- oder

Betreuungsgeld ist in dieser Lage nicht viel Rettung zu erwarten, wie auch der Journalist Sebastian Dörfler in seinem Artikel »Die Care-Revolution: Was ist uns Fürsorge wert?« anmerkt:

> Die derzeitige Familienpolitik verschärft diese Schieflage zusätzlich: So erhalten Hartz-IV-Empfängerinnen faktisch kein Kindergeld, weil es mit den Hartz-IV-Leistungen verrechnet wird. Zugleich bekommen Gutverdiener über den Kinderfreibetrag, der die Steuerlast senkt, sogar noch mehr staatliche Zuwendung als Normalverdiener über das Kindergeld. Damit können sie es sich leisten, ihre Care-Arbeit von Haushälterinnen oder migrantischen Pflegekräften erledigen zu lassen – zumeist Frauen, die prekär oder irregulär beschäftigt sind.[235]

Eine jüngere Studie der Technischen Universität Dortmund und des Deutschen Jugendinstituts bestätigte die Bedenken, die vor Einführung des Betreuungsgeldes geäußert wurden: Vor allem Familien mit Migrationshintergrund und Eltern ohne bzw. mit niederem Schulabschluss beziehen Betreuungsgeld und behalten ihre Kinder daheim – was ihnen auch niemand zum Vorwurf machen kann.[236] Das Betreuungsgeld ist damit nicht nur eine »Herdprämie«, sondern auch ein »Chancengleichheits-Killer«.

Wenn wir über Vereinbarkeit reden, müssen wir nämlich immer im Auge behalten, wie ihr Fehlen nicht nur dafür sorgt, dass lediglich »ein paar Frauen weniger« im Chef_innensessel landen. Die Betriebswissenschaftlerin, Doktorandin und Bloggerin Yasmina Banaszczuk unterrichtet u. a. zum Thema Chancengleichheit und kritisiert daher zu Recht:

> Chancengleichheit, ein Mythos, der seit Jahrzehnten in Deutschland Beachtung findet, obwohl er doch so einfach widerlegt wer-

den könnte. Laut Bildungsbericht[237] 2012 bezeichnet Chancengleichheit »gleiche Startvoraussetzungen im Zugang zu und
Erwerb von Bildung für alle Gruppen unabhängig von ihrer sozialen und ethnischen Herkunft«. Nur wenige Seiten weiter kann man
dort und in ähnlichen Studien all die Fakten nachlesen, die in der
Öffentlichkeit, selbst wenn bekannt, so gerne ignoriert werden:
Jedes fünfte Kind lebt in Armut. Kinder, deren Eltern Hartz-IV-
Empfänger_innen oder Ausländer_innen sind, bekommen wesentlich seltener eine Gymnasialempfehlung nach der Grund-
schule als Kinder, deren Eltern aus der gehobenen Mittelschicht
kommen – selbst bei besseren Noten. Von 100 Abiturient_innen
aus nichtakademischen Familien werden nur 24 studieren, während von 100 Abiturient_innen aus akademischen Familien 71 ein
Studium anfangen.[238] Das geht dann weiter damit, dass Lehrer_in-
nen Kinder, die Kevin oder Chantal heißen, für dümmer halten,
sie weniger fördern, und diese dann auch schlechtere Noten
schreiben – eine selbsterfüllende Prophezeiung, die perfekt in
den Mythos der Leistungselite passt. Leistungselite? Ja, genau.
Das ist dieses tolle Konzept aus der neokapitalistischen Welt-
sicht Anfang der 2000er und der FDP/Union 2013: Wer gut leistet,
wird es schon nach oben schaffen. Wer es nicht nach oben
schafft, leistet eben nicht gut. Das ist natürlich vollkommener
Schwachsinn, und das nicht erst seit einem Jahrzehnt.[239]


## VISIONEN, DRINGEND GESUCHT
Bei der Familienpolitik braucht es also dringend grundlegende
Veränderungen – und das nicht in Babyschritten. Manuela
Schwesigs Vorschlag einer 32-Stunden-Woche für Familien mit
kleinen Kindern bot da Anfang des Jahres 2014 eine erste Vision,
wie solche Veränderungen aussehen könnten. Schwesig sagte
dazu:

Ich möchte, dass wir Vollzeit für Familien neu definieren. Dass die Vollzeit eben nicht die 40 Stunden plus Überstunden sind, sondern, dass die Vollzeit eine 32-Stunden-Woche ist, in der man eben auch Zeit für Familie hat. Gerade Frauen erleben, dass Teilzeit oft eine Sackgasse ist, wenn Frauen nach der Teilzeit zurück auf Vollzeit wollen, ist das heute nicht möglich. Deshalb geht es auch darum, einen Rechtsanspruch, ein Rückkehrrecht von Teilzeit auf Vollzeit einzuführen.[240]

Die Journalistin Barbara Vorsamer sieht in Schwesigs Idee ebenfalls eine willkommene Abwechslung und einen notwendigen Vorstoß auf dem Weg zur Gleichberechtigung:

Schwesigs Vision würde ArbeitgeberInnen dazu zwingen, diese ›große Teilzeit‹ häufiger zu ermöglichen. Die 80-Prozent-Stelle für Eltern kleiner Kinder könnte werden, was das eine Jahr Elternzeit nach der Geburt schon geworden ist: Standard.
Profitieren würden alle. Es würde sich für ArbeitgeberInnen mehr lohnen, Frauen auszubilden und einzustellen – weil sie nicht mehr mit gutem Recht davon ausgehen müssten, dass diese durch Kinder erst mal in der Familiensenke verschwinden –, und sie hätten einen größeren Pool an qualifizierten Fachkräften zur Verfügung. Insgesamt würde die Produktivität steigen. Alleinernährer und die wenigen Frauen, die bisher als Alleinernährerinnen [Anmerkung: Sie bezieht sich hier auf heterosexuelle Ehepaare, nicht auf Alleinerziehende] ihre Familie finanziell versorgten, hätten weniger Stress und dafür mehr Zeit. Für Frauen würde sich das Muttersein nicht mehr ausschließen mit einem Beruf, der ihnen nicht nur ein Einkommen bringt, sondern auch interessant, erfüllend und herausfordernd ist. Und die Gesellschaft hätte einen ganz entscheidenden Schritt Richtung Gleichberechtigung geschafft.[241]

Zu schade also, dass Schwesig nach der Äußerung ihrer Idee direkt von Merkel zurückgepfiffen und die Familienarbeitszeit als »persönlicher Debattenbeitrag«[242] abgeschmettert wurde. Umso wichtiger erscheint es mir jedoch, diese Vision am Leben zu erhalten und weiterhin als Reformschritt in die richtige Richtung zu benennen. Immerhin konnte Schwesig bereits das Elterngeld Plus auf den Weg bringen und somit den »Visionen« der schwarz-gelben Regierung, die sich bis zuletzt nur auf rückschrittliche Ideen wie das Betreuungsgeld beschränkten, etwas entgegensetzen. Noch schöner wäre allerdings gewesen, hätte die SPD ihr Wahlversprechen gehalten, das Betreuungsgeld ganz abgeschafft und würde das Geld stattdessen in Betreuungsplätze stecken.

Eine Umfrage des ARD-DeutschlandTrends wollte letztes Jahr wissen, ob eher Betreuungsgeld gezahlt oder in den Ausbau von Kitaplätzen investiert werden sollte. Dabei fiel die Antwort mehr als eindeutig aus: 77 Prozent sprachen sich für die Investition in Kitaplätze aus, insgesamt 69 Prozent der Befragten fanden das Betreuungsgeld komplett falsch.[243] Wenn Familien die Wahl haben dürften, würde sich die Mehrheit von ihnen für die Vereinbarkeit von Familie und Beruf entscheiden.

Der Punkt ist: Natürlich gibt es auch Frauen, die gerne zu Hause bleiben und sich ganz der Kindererziehung widmen möchten. Das sollen sie auch weiterhin tun dürfen, schließlich ist das genauso Teil der Wahlfreiheit. Darüber zu »diskutieren«, indem diese Lebensentwürfe immer wieder gegeneinander ausgespielt werden, bringt uns jedenfalls kein Stück weiter, sondern lenkt von den tatsächlichen Problemen ab. Diese Diskussion ignoriert außerdem, dass es auch verdammt viele Frauen gibt, die es sich im wahrsten Sinne des Wortes nicht leisten können, übers Zuhausebleiben nachzudenken.

Eine moderne Gesetzgebung sollte alle Lebensmodelle ermöglichen. Sie sollte endlich eine tatsächliche Auswahl an Möglichkeiten bieten und gleichzeitig die finanzielle Absicherung des eigenen Lebens erlauben.

## UNSICHTBARE ARBEIT

Das Problem der Vereinbarkeit ist eng damit verknüpft, dass Care-Arbeit als wertlos angesehen und Frauen als zweiter Job übergestülpt wird, den sie aus Liebe und Verantwortungsgefühl nicht ablehnen dürfen. Hier reichen sich Kapitalismus und Patriarchat freundlich die Hände und halten fest zusammen. Wenn Frauen vor diesen Problemen zurückschrecken und sich deswegen erst mal bewusst von der Familienplanung fernhalten, wird ihnen das allerdings zum Vorwurf gemacht. Sie wären schließlich nur zu feige und egoistisch, man müsse solche Arbeit nur aufteilen, dann ginge das schon. Klar, und 1 + 1 macht 3! Solche Unterstellungen ignorieren jedenfalls vollkommen, dass sich die meisten Eltern eher aufreiben müssen, um das »Projekt Familie« zu stemmen. Wenn Familie aber zu einer Baustelle wird, die dem neuen (haha!) Berliner Flughafen ähnelt, statt einfach ein leicht zu integrierender Bestandteil des Lebens zu sein, dann läuft eindeutig etwas schief.

Groteskerweise sind die Auswirkungen fehlender Wertschätzung für Care-Berufe momentan auch besonders an den massiven Problemen zu sehen, mit denen Hebammen zu kämpfen haben. Hebammen wurden schon immer schlecht bezahlt, obwohl sie eine wahnsinnig hohe Verantwortung tragen. Viele Hebammen arbeiten in Teilzeit, weil sie selbst Beruf und Familie vereinbaren müssen. Dabei müssen sie trotzdem 24 Stunden an jedem Tag des Jahres unter Rufbereitschaft stehen – natürlich unbezahlt. Von ihrer Arbeit leben zu können wird Hebammen durch die Entwicklungen der letzten Jahre nicht nur unmöglich gemacht, sondern diese bedrohen mittlerweile die Existenz des gesamten Berufsstands. Daran haben die extrem gestiegenen Kosten für die zu ihrer Arbeit notwendige Berufshaftpflichtversicherung einen großen Anteil, aber auch mal wieder eine Gesundheitspolitik, die ihre Hände in den Schoß legt.

Da hört man aus dem Gesundheitsministerium zwar viele besorgt klingende Lippenbekenntnisse, aber tatsächlich aktiv geworden sind hier bisher weder ein Jens Spahn noch ein Hermann Gröhe. Dabei tun diese vor allem gerne so, als handle es sich hier um ein kurzfristig entstandenes Problem, obwohl die Tendenz sich schon lange abzeichnete: Spätestens im Frühjahr 2010 wurde deutlich, dass die drastisch erhöhten Berufshaftpflichtprämien um mindestens 50 Prozent für Hebammen nicht mehr bezahlbar sind. Mehr als 20 Prozent der Hebammen haben aufgrund dieser schweren Bedingungen bereits aufgegeben und arbeiten nicht mehr in der Geburtshilfe.[244] Hinzu kommt, dass der Eindruck erweckt wird, es würde sich nur um einen kleinen Teil betroffener Hebammen handeln, jene nämlich, die Hausgeburten durchführen, dabei geht es tatsächlich um alle freiberuflichen Hebammen und alle Tätigkeiten auch außerhalb der Geburtshilfe. Geburtshäuser schließen, und es finden sich immer weniger Beleghebammen, die Krankenhausgeburten begleiten, weil sie es sich schlicht nicht leisten können, ihren Beruf auszuüben.

Hebammen machen allerdings verdammt viel mehr, als »nur mal eben« das Kind auf die Welt zu holen, wenn die Wehen eingesetzt haben. Sie kümmern sich auch um die individuelle Schwangerenvor- und -nachsorge. Hebammen begleiten Fehlgeburten, Kaiserschnitte und Abtreibungen. Sie betreuen dabei als Angestellte oder als freiberufliche Beleghebammen Klinikgeburten genauso wie Geburten zu Hause oder im Geburtshaus.

Hebammen, die freiberuflich in der Geburtshilfe arbeiten, müssen vom Sommer 2014 an jährlich 5090 Euro für ihre Haftpflichtversicherung zahlen – und das bei einem Beruf, in dem im Schnitt 8,50 Euro pro Stunde verdient wird.[245] Mit dem 1. Juli 2016 rückt allerdings der Tag näher, ab dem die Mehrheit der Hebammen sogar ohne Haftpflichtversicherung dasteht.[246] Die freie Wahl des Geburtsorts und eine grundlegende Versorgung ist für Schwangere damit ebenfalls in Gefahr.

Es ist also mehr als bizarr, dass uns von politischer Seite immer wieder signalisiert wird, dass wir fleißig Kinder machen sollen, und dann weder ordentlich für deren Versorgung nach der Geburt gesorgt ist noch für die Versorgung davor.

## VÄTER IM WANDEL

43 Prozent der berufstätigen Väter geben an, dass sie gerne mehr Zeit für die Familie hätten.[247] 60 Prozent der Eltern, die Kinder zwischen einem und drei Jahren haben, wünschen sich, dass beide Partner_innen im gleichen Umfang erwerbstätig sind und sich gemeinsam um Haushalt und Familie kümmern können. Tatsächlich umsetzen können das bislang aber nur 14 Prozent.[248] Vor Einführung des Elterngelds nahmen nicht mal vier Prozent aller Väter die Elternzeit in Anspruch, mittlerweile sind es rund 30 Prozent. Eine positive Entwicklung, allerdings auch mit Beigeschmack, denn ca. 80 Prozent aller Väter, die überhaupt in Elternzeit gehen, entscheiden sich bisher für zwei Monate – die kürzeste Dauer. Durchschnittlich gehen Väter für 3,2 Monate in Elternzeit[249] – oft auch zusammen mit der Partnerin. Dieser Status quo väterlicher Bereitschaft zur Arbeitsteilung wird auch gerne mal »verbale Aufgeschlossenheit bei gleichzeitiger Verhaltensstarre«[250] genannt: Man(n) würde gerne, hat aber keine Zeit dafür (weil sich diese bislang nicht selbst-

verständlich genommen wird). Da ist also noch ziemlich viel Luft nach oben, zumal 90 Prozent der Väter ebenso davon berichten, dass ihre Rückkehr in den Beruf vollkommen unproblematisch ist – obwohl das bei 41 Prozent als Grund angegeben wird, nur eine kurze Elternzeit durchzusetzen.[251] Aber wie oft werden eigentlich Väter gefragt, wie sie Familie und Beruf vereinbaren, wer sich während ihrer Arbeitszeit um den Nachwuchs kümmere? Wie oft wird ihnen ein schlechtes Gewissen gemacht, dass sie sich nicht genug kümmern würden? Wie oft wird ihnen zu verstehen gegeben, dass sie wegen des Kindes nicht mehr so belastbar seien wie früher und ihnen deswegen keine weitere Verantwortung gegeben werden sollte?

Mit der problemlosen Rückkehr haben Väter einen definitiven Vorteil gegenüber vielen Frauen, die immer noch ernüchternde Erfahrungen bei der Rückkehr in den Job machen müssen: Aus einer Umfrage des Bundesfamilienministeriums ging hervor, dass vier von zehn Frauen die Elternzeit wegen negativer Folgen für ihre berufliche Entwicklung bedauern.[252]

Glaubt man der Umfrage »Wunschväter in Deutschland«, wandelt sich allerdings das Bild vom notwendigen Alleinernährer hin zu einer gerechte(re)n Aufteilung der Familienaufgaben. Laut Umfrage würden dabei z. B. 82 Prozent der Männer einen Teilzeitjob übernehmen, damit die Partnerin wieder in ihren Beruf zurückkehren kann, sofern die Väter selbst ohne Probleme zurück in die Vollzeitstelle könnten.[253] Dies zeigt, wie wichtig es ist, dass die Politik weitere Anreize für solche Arbeitsmodelle schafft, wie z. B. durch die Familienarbeitszeit oder das Elterngeld Plus,[254] welches die Kombination von Teilzeitarbeit und Elterngeld vereinfacht.

Unternehmensberater Volker Baisch, der diese Umfrage durchführte, sieht hier bereits eine ganze Generation, die anders denkt – allerdings vor allem eine aus der Mittel- oder Oberschicht. Er ergänzt außerdem dazu in einem »ZEIT Online«-Interview:

> Ich habe auch lange Zeit gedacht: Es geht um die Flexibilisierung der Arbeitszeiten. Aber das reicht nicht aus. Sie werden damit niemandem gerecht – den Kindern nicht und dem Job auch nicht. Wir brauchen in den ersten Jahren, wo die Kinder klein sind, eine echte Reduzierung: Elternzeit, Teilzeit, Sabbaticals. Die Familie muss Raum bekommen. Sowohl Mitarbeiter als auch Führungskräfte müssen ihr Blackberry nach 16 Uhr ausschalten dürfen.[255]

Natürlich kann es auch Reibereien bedeuten, wenn man sich für bessere Bedingungen am Arbeitsplatz einsetzt, wozu das Thema Vereinbarkeit schließlich eindeutig gehört. Aber auch altmodische Chef_innen müssen erkennen, dass ihre Mitarbeiter keine Alleinernährer sind – und sein wollen. Das geht allerdings nur, wenn Väter sich auch dafür einsetzen und so selbst zur allgemeinen Normalisierung ihrer Entscheidung beitragen.

### WHO CARES?

Familienpolitik sollte sich nicht weiter an besserverdienenden Ehepaaren ausrichten, sondern vor allem am Wohl der Kinder. Wir alle wissen viel zu gut, dass Familien keineswegs nur aus Mann–Frau–Kind(ern) bestehen, insofern braucht die deutsche Familienpolitik dringend ein Update, wenn ihr das Kernstück ihres Namens tatsächlich am Herzen liegt. Dazu gehören die Abschaffung des Ehegattensplittings, ein höheres Kindergeld für alle und das Ende der Bevorteilung von Menschen mit höheren Löhnen.

Wenn unsere Gesellschaft tatsächlich mehr Kinder will, muss sie auch die passende Infrastruktur für ein Leben mit Kindern schaffen. Diese darf aber nicht Männer zu Alleinversorgern machen, die sich außer Haus den Hintern aufreißen, während frau daheim die Kinder hütet und, eingesperrt im Niedriglohnsektor, von »Selbstverwirklichung« höchstens träumen darf. Was als Wahlfreiheit bezeichnet wird, beschränkt sich aktuell auf die Modelle »Hausfrau in der BRD der 1950er-Jahre« (bleibt zu Hause und der Mann ernährt die Familie) und »Berufstätige in der DDR der 1970er-Jahre« (muss Vollzeitarbeit und die Familie in perfekten Einklang bringen). Das gilt politisch wie gesellschaftlich. Vereinbarkeit soll schließlich keine »Herausforderung« sein, sondern schlichte Normalität.

Die klaffende Lücke im Care-Bereich wird derzeit vor allem von Frauen überbrückt, die doppelt belastet sind. Allein zwei Drittel aller Pflegebedürftigen werden daheim versorgt, die Familien fangen den Pflegenotstand auf.[256] Hinzu kommt, dass Betreuung und Pflege emotional auslaugend sind. Mutterliebe und Familienmitglied hin oder her: Das ist emotionale Arbeit. Gerade Frauen leiden durch die doppelte Belastung von Arbeit auf der Arbeit und Arbeit zu Hause immer öfter an Burn-out.[257] Da hilft dann auch kein Yoga oder Spa zur Entspannung mehr – was zudem eh nur einer bestimmten Schicht zugänglich ist. Burn-out darf nicht als Standard hingenommen und den Betroffenen gleichzeitig vermittelt werden, dass sie einfach einmal öfter zur Massage gehen müssen, um ihn zu vermeiden. Auch diese Selbstfürsorge (Self-Care) ist Care-Arbeit, und dafür muss bei den meisten erst mal Platz im Terminkalender geschaffen werden – auch wenn es nur Zeit fürs Schmökern im neuen Buch ist.

Kindergartenerzieher_innen sind da schon ein geradezu klassisches Beispiel. Eine Umfrage der Berliner Alice-Salomon-

Hochschule ergab, dass von 3000 Erzieherinnen jede Zehnte von einem Burn-out, also einem Zustand kompletter Erschöpfung, in den letzten zwölf Monaten erzählte. Im Vergleich zu anderen Berufsgruppen leiden Erzieherinnen außerdem öfter an Muskel-, Skelett- und Atemwegserkrankungen.[258] Obwohl sie einen solch wichtigen Job machen, werden diese Aufgaben weder durch zusätzliches Personal erleichtert, noch wird die Bezahlung angepasst.

Die Diskussion rund um Care-Aufgaben muss endlich viel eingehender geführt werden und sich vor allem grundlegend ändern: Diese Tätigkeiten sind kein purer Akt der aufopfernden Liebe und auch kein natürliches (weibliches) Verhalten. Wenn Pflege- und Erziehungsberufe als minderwertig angesehen und schlechter bezahlt[259] werden, bedeutet das auch immer, dass die Arbeit mit Menschen weniger wert ist als die Arbeit mit Maschinen. Was für eine Gesellschaft sind wir, wenn wir das einfach so akzeptieren? Die Ausbeutung von Menschen, die für uns alle wichtige Tätigkeiten ausführen, hat in einer gerechten Gesellschaft keinen Platz. Care-Arbeit muss daher endlich die gesellschaftliche Wertschätzung erhalten, die ihr gebührt, und die dazugehörigen Arbeitsfelder müssen angemessene Bezahlung erfahren. Unter dem Stichwort »Care Revolution« rief die Sozialwissenschaftlerin Gabriele Winker bereits 2009 dazu auf, die Krise der Care-Arbeit als solche anzuerkennen und endlich Lösungen zu diskutieren:

Dazu ist erstens eine radikale Erwerbsarbeitszeitverkürzung mit Lohn- und Personalausgleich, die Realisierung eines Mindestlohns sowie ein bedingungsloses, die Existenz sicherndes Grundeinkommen notwendig. Zweitens ist der Ausbau öffentlicher Bereiche zur Unterstützung familiärer Reproduktionsarbeit unerlässlich. Es geht um den Ausbau staatlicher oder vergesellschafteter Dienstleistungen in Bildung, Gesundheit, Soziale Dienste und Pflege bei gleichzeitiger Demokratisierung dieser Bereiche und der finanziellen und normativen Aufwertung personennaher Dienstleistungen. […]

Im Rahmen konkreter Realpolitik geht es also zum einen darum, einen Ausbau von personennahen Dienstleistungen zu realisieren, die zeitliche Reduktionen von Erwerbsarbeit durchzusetzen und damit Arbeit im ganz umfassenden Sinne umzuverteilen bei gleichzeitiger sozialer Absicherung. Eine solche Politik würde es auch Personen mit hohen Sorgeverpflichtungen ermöglichen, Muße neu zu erleben und oft schon gar nicht mehr wahrgenommene Wünsche zu realisieren.[260]

## VOM BURN-OUT ZUR LEBENSFEINDLICHKEIT

Die Debatte, die wir in Deutschland zum Thema Vereinbarkeit von Familie und Beruf führen, ist eine sehr einseitige. Sie dreht sich fast ausschließlich um (weiße) Frauen, die in heterosexuellen Partner_innenschaften leben und trotz Familiengründung Karriere machen wollen. Dabei wird aber nicht geschaut, warum in diesem Satz überhaupt das Wörtchen »trotz« fällt, sondern vielmehr, was Frauen alles falsch machen, wenn sie nicht alles unter einen Hut bekommen (wer jetzt Ähnlichkeiten zur Geschlechterquotendiskussion entdeckt, darf sich einen Keks nehmen).

Zeitintensive Jobs, die sich kaum mit dem Privatleben vereinbaren lassen, sind allerdings für den Großteil der Menschen ein Problem, weshalb es beim Punkt Vereinbarkeit nun wahrhaftig nicht um ein »Frauenproblem« geht. Alles daran festzumachen, was Frauen angeblich nicht auf die Reihe kriegen, anstatt sich zu überlegen, warum das so ist, setzt einen falschen Schwerpunkt und vermittelt weiterhin, dass Männer sich damit nicht beschäftigen müssten. Dabei geht es auch hier wieder mal um ein gesamtgesellschaftliches Anliegen, das auch als ein solches wahrgenommen werden muss – denn es betrifft Mütter, Väter und einfach alle Arbeitenden, die neben dem Beruf auch ein Privatleben führen wollen.

Feminist_innen hinterfragen schon lange die Definition dessen, was als Erfolg gewertet wird, und wie ein Arbeitsleben abseits der 40(plus)-Stunden-Woche aussehen kann, besonders mit Pflegeaufgaben und Kosten, wie z.B. Kinder sie verursachen. Spätestens wenn ein Kind auf der Welt ist, sind auch Kosten da und diese können schließlich nicht eingespart werden. Dabei steht nicht mal zwingend im Vordergrund, Kind und Karriere zu vereinbaren, sondern die Frage, wie ein erfüllendes Berufsleben gemäß den eigenen Qualifikationen lebensfreundlich gestaltet werden kann. Arbeitsbedingungen sind schließlich keine Naturgewalt und können – ja, müssen sogar – verändert werden, wenn ersichtlich ist, dass sie den Arbeitenden schaden.

# 7:

# AKZEPTANZ STATT TOLERANZ – ZU LGBTQI

Als Thomas Hitzlsperger im Januar 2014 sein Coming-out in einem Interview für »Die Zeit« hatte, war da mal wieder so ein Moment der Hoffnung. Hoffnung, dass wir wirklich wieder ein gutes Stück weitergekommen sind, wenn es um Respekt und Anerkennung als Selbstverständlichkeit für Homosexuelle geht. Er war damit schließlich der erste Profifußballspieler, der öffentlich erklärte, homosexuell zu sein, und hatte damit auch ein direktes Anliegen: »Ich äußere mich zu meiner Homosexualität. Ich möchte gern eine öffentliche Diskussion voranbringen – die Diskussion über Homosexualität unter Profisportlern.«[261] Allerdings folgte sein Coming-out wohlweislich erst, nachdem er seine aktive Karriere bereits beendet und keine komischen Sprüche in der Kabine oder andere Probleme für seinen Beruf zu befürchten hatte. Was den tatsächlichen Stand von LGBTQI-Rechten in Deutschland angeht, sprachen die Reaktionen auf das Interview allerdings Bände.

Dazu zuerst ein kurzer Ausflug, um diese Abkürzung zu erklären: Unter LGBTQI werden **L**esbian – Lesben, **G**ay – Schwule, **B**isexual – Bisexuelle, **T**ransgender – Trans\*, **Q**ueer – Queere und **I**ntersexual – Intersexuelle verstanden. Die Abkürzung ist zwar im englischen Sprachraum entstanden, wird aber auch in Deutschland benutzt, wobei hier ebenfalls LSBTTIQ (transsexuell und transgender werden hier beide genannt), also die deutsche Variante der Abkürzung zu finden ist.

Manchmal werden auch Buchstaben weggelassen – wenn eben nur die jeweiligen Gruppen angesprochen werden sollen – oder noch ein Sternchen drangehängt: für alle, die sich selbst mit den einzelnen Kategorien nicht identifizieren können_wollen. Doch egal, wie die Schreibweise aussieht: Diese Zusammenfassung von Menschengruppen soll immer signalisieren, dass von Menschen die Rede ist, die sich von der Heteronormativität abheben, also der Vorstellung, dass es nur zwei Geschlechter, männlich und weiblich, gibt und vorausgesetzt wird, dass alle Menschen heterosexuell sind. Heteronormativität funktioniert gedanklich also in etwa so, wie wenn ich, weil ich in Berlin lebe und mich dort wohl fühle, annehmen würde, alle Menschen seien Berliner_innen, und mir beim besten Willen nicht vorstellen könnte, dass es natürlich Zillionen andere großartige Orte gibt, an denen Menschen wohnen und sich wohl fühlen. Der Unterschied: Wenn ich alleine so denke, finden das vielleicht höchstens ein paar Leute komisch von mir. Wenn aber eine ganze Gesellschaft diese Ansicht hat, wird es schwierig für die Leute, die woanders leben möchten oder es bereits tun. Unsere Gesellschaft sieht Paare aus Mann und Frau immer noch als Standardlebensform für alle, weshalb z. B. Gesetze in der Regel vor allem zum Vorteil heterosexueller Menschen ausfallen, besonders wenn sie verheiratet sind. Das ist nicht gerecht, und deswegen gehört es für die meisten Feminist_innen dazu, sich für mehr und bessere LGBTQI-Rechte einzusetzen – weil sie selbst LGBTQI sind oder weil sie sich als Verbündete sehen.

Doch zurück zum Hitzlsperger-Interview: Interessant war zunächst die Beobachtung, dass Spitzenfußballerinnen bislang nie solche Schlagzeilen mit ihren Coming-outs auslösten, obwohl z. B. die bisexuelle Nadine Angerer (Torhüterin des Nationalteams und Weltfußballerin des Jahres 2013) oder die lesbische

Ursula Holl (ehemalige Torhüterin im Nationalteam) ihren männlichen Kollegen da schon länger voraus waren. Ein Grund ist natürlich, dass Frauenfußball in der Berichterstattung immer noch keine Rolle spielt. Ein anderer wiederum, dass mit solchen Meldungen lediglich ein Bild bestätigt wird, das viele ohnehin schon von kickenden Frauen haben (»Die sind doch alle lesbisch!«). Nun ja, Fortschritt fühlt sich anders an. Aber selbst wenn allgemein in den Medien über Homosexualität geredet wird, setzt man diese fast immer mit »Schwulsein« gleich und nimmt Männer als Ausgangspunkt. Lesben verschwinden regelrecht:

Sitzen zwei Homosexuelle im Flugzeug. Sagt die eine zur anderen: ›Bestimmt haben sich jetzt alle zwei Schwule vorgestellt.‹[262]
(Tweet von @ojahnn)

Hitzlspergers Coming-out wurde jedenfalls groß in den Medien diskutiert, weil Männerfußball als eine der männlichsten Sportarten überhaupt gilt und Hitzlsperger somit nicht nur das Tabu brach, auf Männer zu stehen, sondern als tougher Fußballer zugleich das Klischee vom »überweiblichen« Schwulen widerlegte. Es zeigte mal wieder sehr deutlich, dass auch im Jahr 2014 immer noch nicht angekommen ist, dass Männer weitaus mehr Charakterzüge aufzuweisen haben als »harter Typ« und »weicher Typ« – und zwar unabhängig davon, wen sie begehren.

Jan Schnorrenberg, Kulturwissenschaftler, Blogger und in der Grünen Jugend aktiv, begrüßte den Schritt Hitzlspergers und merkte zu Recht an:

Das Coming-out an sich ist ein mutiger, bewundernswerter Akt. Aber es hat auch seine Schattenseiten. Denn wir bleiben trotz des Coming-outs fremd. Wir müssen […] unser Privatleben unverhältnismäßig in die Öffentlichkeit tragen. […] Solange wir uns outen müssen, sind wir nicht frei und selbstbestimmt. Aber, und dieser Widerspruch löst sich nur langsam auf, jedes Coming-out hält der Gesellschaft den Spiegel vor, in dem es sie mit ihren eigenen Vorannahmen und Vorurteilen konfrontiert. Jedes Coming-out fordert die Annahme, homosexuelle Menschen seien anders, heraus. Denn Sichtbarkeit, und eben auch nach außen getragenes Selbstbewusstsein gibt uns ein Stück Deutungshoheit über uns zurück.[263]

Neben sehr vielen Glückwünschen und erfreuten Artikeln ging allerdings auch gleich die »Ich habe ja nichts gegen Schwule, aber man wird ja wohl noch sagen dürfen …«-Fraktion auf die Barrikaden. Sie wies mal dezenter und mal genervter darauf hin, dass es in Russland ja viel schlimmer sei als hier und sie deswegen nicht verstünde, wieso ein Hitzlsperger so viel Aufmerksamkeit bekäme? Echte Akzeptanz läge schließlich darin, Homosexuelle einfach zu tolerieren und nicht immer hervorzuheben. Sollen die doch ruhig zu Hause ihr Ding machen – Hauptsache sie bleiben dann auch zu Hause und sind nur dort homosexuell. Strafrechtlich verfolgt werden sie ja nun nicht mehr, also wo ist bitte schön das Problem? Mehr Entgegenkommen wäre nun wirklich zu viel, und manch männlicher Kolumnist hatte sogar schon Angst, man könnte ihm die eigene sexuelle Orientierung abspenstig machen wollen: »Ich bin heterosexuell, und das ist auch gut so.«[264] Während ein anderer befand: »Ich bin wohl homophob. Und das ist auch gut so«.[265]

(Nur so am Rande, liebe Kolumnist_innen, die ihr damit auch noch Geld verdient, dass ihr LGBTQI vollen Respekt verweigert, diesen aber wiederum von LGBTQI für eure »Meinung« abverlangt: Diese obsessive Aneignung des Klaus-Wowereit-Zitats »Ich bin schwul, und das ist auch gut so« … lasst es einfach, okay?)

Wenn es nach der Beschreibung dieser Kommentator_innen geht, fahren LGBTQI jedenfalls täglich mit dem regenbogenfarbenen Partybus durch die Gegend, haben massenweise unverbindlichen Sex, wollen alle Heteros mit an Bord holen – davon natürlich besonders die kleinen Kinder – und Heterosexualität damit zur Minderheitenerscheinung machen. Das ist der große und, ähm, geheime Plan der vermeintlichen »Homo-Lobby«. Absurd? Allerdings. Aber manche scheinen fest davon überzeugt zu sein.

Es sind jedenfalls bei weitem nicht LGBTQI, die eine Agenda haben – abgesehen von der schlichten Tatsache, offen und problemlos ihr Leben leben zu können –, sondern Menschen mit einem christlich-konservativen Weltbild, das, wie im Fall eines Matthias Matussek, »die schwule Liebe selbstverständlich [als] eine defizitäre« ansieht, weil dabei ja gar keine Babys entstehen können. Als ob Liebe und Sex nur dafür gut wären, aber hey ... ich mein' ja nur. Das Fazit lautet nunmehr: Wir sterben alle aus! Mal wieder. (Ob Herr Matussek eigentlich auch jedem Hetero-Mann ganz betriebswissenschaftlich »defizitäre Liebe« bescheinigt, wenn der sich einen runterholt?)

In vielen dieser Kommentare wird jedenfalls auch so getan, als wäre Homosexualität (oder jede sexuelle Orientierung abseits vom Hetero-Sein) irgendwie »ansteckend«. Dabei ignoriert das völlig, wie Heteropaare um uns herum und rund um die Uhr präsent sind, weil sie als normal gelten und alle anderen eben als »die Anderen«. Aber was ist das eigentlich für ein Weltbild, in dem alles außer Heterosexualität wie ein Virus behandelt wird? Wenn sexuelle Orientierung wirklich etwas wäre, mit dem andere Menschen »angesteckt« werden könnten, dann wären außerdem alle LGBTQI schon längst vom »Hetero-Virus« erwischt worden. Unsere ganze Welt ist voller glücklich knutschender, Händchen haltender Mann-und-Frau-Pärchen: im Fernsehen, in

Filmen, Zeitschriften – schon kleine Kinder kriegen ständig zu hören, dass Jungs Mädchen mögen und andersrum, obwohl die sich noch in einer Phase befinden, wo ihnen Sex & Co. nun wirklich piepegal sind. Dabei muss man aber nicht mal den Blick in die Popkultur werfen, sondern einfach nur auf den nächstbesten Spielplatz gehen: Dort schieben Heteropärchen ihre Babys im Kinderwagen rum und reiben damit stolz allen den eindeutigen Beweis dafür unter die Nase, dass hier seeehr wahrscheinlich Hetero-Sex im Spiel war. Aber das ist dann natürlich nicht aufdringlich, sondern …? Tja …

Versteht mich nicht falsch, Menschen, die sich lieben und liebhaben, sollen das zeigen und ausleben können – auch die Hetero-Mamis und -Papis mit Babys im Kinderwagen. Das ist super! Wirklich! Und daher auch ein Grundanliegen für Feminist_innen. Aber warum um alles in der Welt sollte das nicht für alle gelten? Warum ist es bei Heteros Standard, den ganzen Kuchen zu bekommen, und alle anderen sollen sich mit ein paar Brotkrümeln begnügen, die sich Toleranz nennen?

Wie der amerikanische Comedian Hari Kondabolu so schön sagt:

Ich weiß echt nicht, warum wir überhaupt nur bei Toleranz ansetzen. Es ist schließlich 2014, da sollten wir längst bei Akzeptanz und Liebe angekommen sein. Worum geht es denn bei diesem Gerede über Toleranz? Was wird denn erduldet? Rückenschmerzen? So wie: ›Ich hab' diese Rückenschmerzen ertragen … und den schwulen Lateinamerikaner auf Arbeit.‹ Ich sag' mal, das legt die Latte für Menschlichkeit jetzt nicht gerade ziemlich hoch.[266]

Heterosexuell zu sein ist jedenfalls keineswegs »in Gefahr« und bringt vielmehr ein echt entspanntes Leben mit sich, wie auch diese kleine und sicher noch nicht vollständige Checkliste[267] zeigt – wenn du der jeweiligen Aussage zustimmen kannst, bist du gegenüber LGBTQI jedenfalls im Vorteil:

1. Wenn ich eine Zeitschrift lese, fernsehe, Filme gucke, Games spiele oder Musik höre, kann ich mir sicher sein, darin Menschen mit meiner sexuellen Orientierung zu entdecken.
2. Wenn ich über meine eigene Heterosexualität spreche (z.B. wenn ich über Beziehungen rede), wird mir nicht vorgeworfen, dass ich anderen Leuten meine sexuelle Orientierung aufzwinge. Wenn allgemein über Beziehungen und Sex gesprochen wird, kann ich sogar davon ausgehen, dass damit Heterosexuelle gemeint sind, und niemand fragt mich, ob ich beim Sex »der Mann« oder »die Frau« bin.
3. Ich brauche keine Angst davor zu haben, dass ich meine Unterkunft oder meine finanzielle Unterstützung verliere oder dass ich psychische Probleme bekomme, sobald meine Familie oder Freund_innen erfahren, dass ich heterosexuell bin.
4. Mir wird aufgrund meiner sexuellen Orientierung nicht vorgeworfen, irgendwie psychisch gestört oder gar eine Abart der Natur zu sein.
5. Ich werde nie darum gebeten, stellvertretend für alle heterosexuellen Menschen zu sprechen. Meine Persönlichkeit ist meine Persönlichkeit und kein Stereotyp, bloß weil ich hetero bin.
6. Ich werde nicht von anderen Menschen gefragt, warum ich mich dazu entschieden habe, heterosexuell zu sein, und muss meine Heterosexualität auch nicht verteidigen.
7. Meine Männlichkeit_Weiblichkeit wird nicht infrage gestellt, nur weil ich heterosexuell bin.
8. Wenn ich anderen Menschen vorgestellt werde, sagt keiner: »Das hier ist XY, er_sie ist heterosexuell«.

9. Niemand kann mich beschimpfen, indem er_sie mich als »heterosexuell« bezeichnet. Niemand sagt »Iiieh, das ist aber hetero!«, wenn er_sie etwas scheiße findet.

10. Wenn ich auf der Straße mit meinem_meiner Partner_in unterwegs bin und wir knutschen oder Händchen halten, muss ich mir keine Sorgen machen, angestarrt oder gar angegriffen zu werden. Generell muss ich keine Angst vor Beleidigungen oder Gewalt haben, wenn ich offen mit meiner Heterosexualität umgehe. Auch auf der Arbeit werde ich nicht dafür diskriminiert, hetero zu sein.

Die Realität von LGBTQI sieht jedenfalls ganz anders aus. Gerade wer nicht in einer Großstadt lebt, kann nämlich schnell das Gefühl bekommen, der einzige Mensch zu sein, der so denkt, so ist, so liebt. Dazu kommt die Verwirrung, warum das überhaupt passiert, wenn alle um dich herum hetero sind. Diese Einsamkeit, Scham und ständige Angst, dass jemand herausbekommen könnte, dass »etwas nicht stimmt«, führt zu starkem psychischem Stress und oft auch Selbstmordgedanken: Das Selbstmordrisiko von Lesben und Schwulen zwischen zwölf und 25 Jahren ist daher auch vier- bis siebenmal höher als das von Jugendlichen allgemein.[268]

In der Pubertät kommt hinzu, dass eigentlich alle möglichst cool und entspannt unter dem Radar fliegen oder wenigstens von vielen Mitschüler_innen gemocht werden möchten. Entsprechend unterdrücken LGBTQI ihr eigentliches Ich besonders in einer Phase, wo unverklemmte (na ja, soweit das in der Pubertät eben möglich ist) Selbstfindung an der Tagesordnung sein sollte und verdammt wichtig ist – »Bloß nicht auffallen« wird dagegen für sie zum Begleitspruch.

Dabei muss nicht mal ein Coming-out vorangegangen sein, um Ablehnungen zu spüren zu bekommen. Wer nicht aussieht oder sich verhält, »wie es sich für das eigene Geschlecht gehört«, wird auch schnell beleidigt, gemobbt und körperlich angegriffen: Über die Hälfte der homosexuellen Jugendlichen hat z.B. mit Mobbing zu kämpfen, sieben Prozent mussten schon Erfahrungen mit körperlicher Gewalt in der Schule machen. Nur etwa 18 Prozent der Lehrer_innen verteidigen Lesben_Schwule, über 27 Prozent lachen dagegen selbst bei homophoben Witzen mit oder haben mit solchen Äußerungen kein Problem, weil sie ihnen zustimmen.

Das Internet spielt daher mittlerweile eine wichtige Rolle, um dieser Situation etwas entgegenzusetzen, da es vielen LGBTQI überhaupt erst ermöglicht zu sehen, dass die Welt eben mitnichten nur hetero und cis (Cisgender ist das Gegenteil von Transgender, bezeichnet also Menschen, deren Geschlechtsidentität mit ihrem körperlichen Geschlecht übereinstimmt – es ist also keine sexuelle Orientierung).

So berichtet z.B. auch kleinerdrei-Autor Daniel Warwel über Angst vor dem »Anderssein«, Mobbing und wenige Freund_innen in der Schule – doch Freund_innen im Internet gaben ihm schließlich Mut für sein Coming-out:

> Es waren Menschen, die mich damals so akzeptierten, wie ich war. Ich habe mich auch zuerst online geoutet, und das positive Feedback, das ich bekam, ermutigte mich, das auch bei meiner Familie und in der Schule zu tun. Auch meine ersten Schritte in der schwulen Community tat ich nicht in einer Schwulenbar oder auf einer queeren Party – sondern online bei Gayromeo [Anmerkung: Die größte deutschsprachige Online-Community für Schwule, bisexuelle Männer und Transmänner]. [...] [Mir] hat [...] das Internet das Leben gerettet. Ich habe in meinem Kaff Menschen aus ganz Deutschland aus ganz verschiedenen Lebenswirklichkeiten getroffen, durch einen relativ kleinen Bild-

schirm hindurch. Sie standen mir bei und haben meinen Horizont erweitert, sie zeigten mir: Wenn du erst mal da raus bist, wartet so viel auf dich. Wenn du erst mal da raus bist, wird vieles besser.[269]

## HOMOPHOBIE IST KEINE MEINUNG

Das Internet ist aber auch ein Ort, an dem besonders sichtbar werden kann, dass es bis zu gleichem Respekt für alle noch ein weiter Weg ist – auch wenn wir bereits eine ganz gute Richtung eingeschlagen haben. Etwa zur gleichen Zeit wie über das Hitzlsperger-Coming-Out berichteten die Medien nämlich auch über eine Petition unter dem Titel »Zukunft – Verantwortung – Lernen: Kein Bildungsplan 2015 unter der Ideologie des Regenbogens«, die auf der Plattform OpenPetition eingestellt worden war.

Der Realschullehrer Gabriel Stängle aus Baden-Württemberg rief darin dazu auf, gegen einen Bildungsplan zu unterschreiben, der ab dem Jahr 2015 Toleranz und Akzeptanz gegenüber sexueller Vielfalt fächerübergreifend als Lernziel im Unterricht verankern sollte. Konkret steht in der Vorbemerkung zu den Leitprinzipien des Bildungsplans, es sei wichtig, »die Perspektiven anderer Personen und Kulturen übernehmen zu können, Differenzen zwischen Geschlechtern, sexuellen Identitäten und sexuellen Orientierungen wahrzunehmen und sich für Gleichheit und Gerechtigkeit einsetzen zu können«.[270] Richtig gute Punkte also, Daumen hoch dafür, BaWü!

Die Petition warf der rot-grünen Landesregierung allerdings »ideologische Umerziehung« vor und behauptete, dass LSBTTIQ-Gruppen »die Thematisierung verschiedener Sexualpraktiken in der Schule als neue Normalität [propagieren] und [damit] in einem krassen Gegensatz zur bisherigen Gesundheitserziehung [stehen würden]«.[271] Unterstützer_innen der

Petition wie z. B. die »Frau 2000plus«-Vorsitzende Birgit Kelle behaupteten daher auch gerne mal, dass baden-württembergische Schulen nun »Dildos, Potenzmittel oder Vaginalkugeln«[272] im Unterricht einsetzen würden – insofern könnte gerade auch eine Frau Kelle von einem solchen Unterricht profitieren und lernen, dass Sexualität und sexuelle Vielfalt nicht dasselbe sind.

LGBTQI wurde in diesem Zusammenhang übrigens mal wieder als »Lebensstil« bezeichnet, so als würde es sich dabei um ein fluffiges Jetset-Leben handeln (Ich sag's ja: der Partybus!), für das sich die Beteiligten mal eben entschieden hätten. Immerhin: Eine höheres Selbstmordrisiko bei homosexuellen Jugendlichen erkannte zwar auch der Petitionstext an, aber stellte nicht den Zusammenhang her, dass dieses vor allem durch Homophobie entsteht – Homophobie, wie sie diese Petition darstellte.

Die Medien berichteten erst im Januar 2014 über die Petition, allerdings wurde sie schon Mitte Dezember 2013 von der Bloggerin und Schriftstellerin Nele Tabler entdeckt. Sie wühlte sich unermüdlich durch die vielen Kommentare, die sich unter der Petition sammelten. Denn: Die Petition mit wachsender Unterschriftenanzahl war das eine, das andere war das ewig nicht moderierte Kommentarfeld auf OpenPetition, das ungebremsten Hass gegen LGBTQI abbildete und von Plattformbetreiber_innen wie Petitionsanhänger_innen immer wieder als Meinungsfreiheit gerechtfertigt wurde.

Tabler und die Twitter-Nutzerin @Dande_Lisbeth[273] entschlossen sich, diesen Hass sichtbar zu machen. In Anlehnung an den Petitionstitel wurde die Abkürzung #idpet als Hashtag geboren, unter dem fortan die Petitionskommentare getwittert wurden.

Die Spieleautorin Andrea Meyer fasste in ihrem Artikel »Hate speech ist keine freie Meinungsäußerung – Gedanken zur #id-pet«[274] ein paar typische Kommentare zusammen:

Heterosexuelle Sexualität dient dem Fortbestand der Menschheit. Homosexualität tut das nicht. Es gibt keinen triftigen Grund, sie im Lehrplan aufzunehmen. Genauso gut könnte man Sexualität unter Verwandten dort aufnehmen ...

Die aktive Werbung für Homosexualität stellt einen Verstoß gegen das Grundgesetz dar. Durch die aktive Werbung für Homosexualität wird Heterosexualität abgewertet und heterosexuelle Menschen diskriminiert.

Ich habe kein Problem mit Homosexualität, aber Kindern diese in der Schule schmackhaft zu machen, halte ich für schlicht überflüssig.

SIE [die Homosexuellen] SOLLEN SICH ABER NICHT ÜBER UNS »NORMALOS« ERHEBEN! ABARTEN ZU TOLERIEREN IST EINE SACHE. SIE ZU FÖRDERN JEDOCH IST EINE KATASTROPHE, DIE UNS ALLE ZERSTÖRT!

Ich bin GEGEN Homosexuelle Propaganda unter Kindern!!! Das sollte strafbar sein wie in Russland.

Trauriger Fakt: Das am 30. Juni 2013 von Präsident Wladimir Putin unterzeichnete Gesetz stellt jegliche positive Äußerung über Homosexualität in Anwesenheit von Minderjährigen oder über Medien wie das Internet unter Strafe – was die #idpet-Unterzeichner_innen fordern und behaupten, ist also wahrhaftig nicht weit davon entfernt.

Insgesamt kamen bei der Petition 192 448 Unterschriften zusammen, wobei diese Zahl durchaus mit Vorsicht zu genießen ist, da auch eindeutige Fakes darunter waren oder die Namen von Aktivist_innen, wie z.B. Nele Tabler, einfach so benutzt wurden, da es auf OpenPetition keinen angemessenen Verifizierungsprozess für Unterschriften gibt. Mein eigener Name wurde z. B. benutzt, um anderen Leuten die Petition zu empfehlen. Trotzdem fand diese Petition auch sehr viele echte Unterstützer_innen, die nicht nur aus Baden-Württemberg stammten.

Unter dem Titel »Demo für alle – Gegen Gender-Ideologie und Sexualisierung unserer Kinder« (den logischen Sinn in diesem Titel sucht ihr vergebens) formierte sich schließlich ein Aktionsbündnis, das in regelmäßigen Abständen in Stuttgart, aber auch in anderen Städten demonstriert. Dabei wäre der korrekte Name eigentlich: »Demo für alle – außer LGBTQI«.

Die mediale Debatte verlief mal wieder ziemlich an der Oberfläche, und einer der absurd-traurigen Höhepunkte dabei war definitiv eine Talk-Runde bei Sandra Maischberger, die bereits die Tendenz mit dem Sendungstitel »Homosexualität auf dem Lehrplan – droht die moralische Umerziehung?« vorgab. Aufklärung fand entsprechend nicht statt, Homosexualität wurde wieder nur als Synonym für Schwulsein benutzt, und immerhin erkannte die anwesende Birgit Kelle, dass Lesben Cunnilingus praktizieren.[275] Kleiner Tipp: Nicht nur die!

Wen die Auswirkungen der Petition aber wieder mal am stärksten treffen, betonte Nele Tabler in einem Interview mit dem Missy Magazine:

[…] die homophobe Stimmung auf der Plattform wird wieder in die Schulen getragen. Die Plattform ist allen zugänglich, auch den SchülerInnen. Nach Weihnachten sind die SchülerInnen in die Schule gekommen, haben geschaut, ob sie ihre LehrerInnen bei den Unterschriften finden, und sich dann die ganzen Kommentare durchgelesen. Seitdem ist hier an den Schulen was los! Eine Sozialarbeiterin hat mir gestern gesagt, dass die Kommentare 20 Jahre Arbeit für Schwule und Lesben im ländlichen Raum zunichtegemacht haben. Sie muss wieder von vorne anfangen. Im ländlichen Raum gibt es keinerlei AnsprechpartnerInnen, keine Beratungsstellen, die dagegen steuern können, gar nichts. Die SchülerInnen kommen nicht hier weg, weil es keinen öffentlichen Nahverkehr gibt, aber sie kommen ins Internet.[276]

Doch warum sind Menschen eigentlich homophob? Der Sozialpsychologe Ulrich Klocke schrieb darüber in einem Gastbeitrag für »ZEIT Online« – und siehe da! Die festgeschriebenen Geschlechterrollen sind natürlich wieder mit im Spiel:

> Menschen sind umso homophober, je stärker ihre Vorstellung davon ist, wie sich ›richtige Männer‹ und ›richtige Frauen‹ verhalten sollten […]. Jugendliche, die es nicht gut finden, wenn Mädchen Fußball spielen oder Jungen weinen, lehnen auch Lesben und Schwule stärker ab. Homosexualität widerspricht klassischen Geschlechterrollen: Plötzlich ist unklar, aber wichtig, wer hier Mann und wer Frau in der Beziehung ist. Manche denken womöglich daran, wer die passive (und vermeintlich ›unmännliche‹) Rolle während des Analverkehrs innehat.[277]

Auf Männer wirkt sich diese Unklarheit bedrohlicher aus, weil sie ihre Männlichkeit infrage stellt. In einer Gesellschaft, die Männlichkeit neben Heterosexualität in den Mittelpunkt stellt, müssen Männer entsprechend alles tun, damit ihre eigene Männlichkeit keinen Schaden davonträgt. Um sich von den »nicht männlichen« Schwulen eindeutig abzugrenzen, tun sie das also mit homophoben Sprüchen.

Das lässt sich auch schon daran erkennen, dass viele heterosexuelle Männer nur schwerlich entspannt über das Aussehen anderer Männer sprechen können. Während sie bei Frauen förmlich von morgens bis abends über Busen, Beine und Po reden können (Hallo, sexuelle Objektifizierung!), bleibt den meisten bei der Frage nach dem Aussehen eines Typen entweder die Sprache weg, oder es gibt etwas in die Richtung »Keine Ahnung, bin ja schließlich nicht schwul« zu hören. Als ob das die Frage gewesen wäre!

Klocke verweist auf Studien, die die These bestätigen, dass Homophobie besonders bei solchen Männern und Frauen stark ist, die sich eigentlich als heterosexuell identifizieren, aber sich durchaus auch vom gleichen Geschlecht angezogen fühlen. Der Soziologe betont außerdem, dass die Vorurteile und die Abneigung gegenüber LGBTQI ebenso mit Unwissen zu tun haben. Ist irgendwie auch kein Wunder, denn Unbekanntes verursacht erst mal Unbehagen, zumal sich Klischees wie z. B. das vom pädophilen Schwulen leider weiterhin hartnäckig halten. Insofern wäre ein Bildungsplan wie der aus Baden-Württemberg aber erst recht ein richtiger und wichtiger Schritt, um Vorurteile weiter abzubauen.

## FAMILIE UNTER DEM REGENBOGEN

Die Einführung des Lebenspartnerschaftsgesetzes ist – je nachdem, welche Fortschritte man sich angucken möchte – erst, oder bereits dreizehn Jahre her: Am 1. August 2001 wurden gleichgeschlechtliche Partner_innenschaften in Deutschland erstmals rechtlich anerkannt. Rund 63 000 gleichgeschlechtliche Paare lebten 2010 in einem gemeinsamen Haushalt in einer Lebensgemeinschaft, und im Jahr 2011 wurden bereits knapp 34 000 eingetragene Lebenspartner_innenschaften in Deutschland gezählt.[278]

Die »Eingetragene Lebenspartnerschaft« steht allerdings immer noch nicht auf derselben Stufe wie die heterosexuelle Ehe: Die Forderung nach einer »Ehe für alle« ist also längst nicht erfüllt. Trotzdem geht gerade in den Medien immer wieder der Begriff »Homo-Ehe« um und vermittelt den Eindruck, als hätten Homosexuelle da schon alles erreicht. Dabei haben verpartnerte Lesben und Schwule bisher lediglich bei den finanziellen Punkten die gleichen Rechte und Pflichten wie heterosexuelle Ehepaare.

Solange es keine »Ehe für alle« gibt, müssen sich verpartnerte Lesben und Schwule außerdem überall dort, wo der Familienstand anzugeben ist, zwangsouten. Ein aktuelles Problem ist dabei z.B. die Weiterleitung von Meldedaten an die katholische Kirche: Falls jemand für die Kirche arbeitet und sich als ledig anstatt als »in einer Eingetragenen Lebenspartnerschaft lebend« ausgegeben hat, muss derjenige_diejenige mit der Kündigung rechnen.[279]

Bis es so weit ist, dass die »Ehe für alle« Wirklichkeit ist, dauert es aber durchaus noch, denn – wie sollte es anders sein – die CDU/CSU hat mal wieder einiges dagegen, dass es so kommt. So hält der Vorsitzende der CDU/CSU-Bundestagsfraktion und ehemalige Generalsekretär der CDU Volker Kauder die »Ehe für alle« für eine »Fehlentwicklung« und lobpreist die heterosexuelle Ehe, »weil aus dieser Beziehung Kinder hervorgehen, steht sie unter dem besonderen Schutz. Das heißt, die Lebenspartnerschaft könnte jederzeit wieder abgeschafft werden, aber nicht die Ehe.«[280] Wirklich sehr elegant eingebaut, diese Drohung, Herr Kauder!

Alexander Dobrindt, der aktuelle Bundesminister für Verkehr und digitale Infrastruktur, nennt Homosexuelle eine »Schrille Minderheit«,[281] und in der Wahlarena 2013 hörten wir Angela Merkels Bauchgefühl einschreiten, als sie meinte: »Ich sage Ihnen ganz ehrlich, dass ich mich schwertue mit der kompletten Gleichstellung (…) Ich bin unsicher, was das Kindeswohl anbelangt.«[282] Sie bestätigte außerdem, dass die CDU gleichgeschlechtlichen Paaren erst die Ehe erlauben würde, wenn die Politik vom Bundesverfassungsgericht dazu gezwungen werde. »Die CDU wird das nicht von sich aus tun.« Derweil liegt die Scheidungsrate der schützenswerten Hetero-Ehe bei 46,23 Prozent.[283]

Neben der Gleichstellung als Eheleute ist der nächste große und notwendige Schritt, die Regenbogenfamilien zu stärken – so werden Familien genannt, bei denen Kinder z. B. zwei gleichgeschlechtliche Partnern_innen als Eltern haben. Diese Stärkung muss einerseits durch ein entsprechendes Update der Familienpolitik passieren und andererseits durch die Ermöglichung des vollen Adoptionsrechts.

## EHE FÜR ALLE IST NICHT ALLES

Auch wenn unter LGBTQI mehrere Menschengruppen zusammenfasst werden, haben diese natürlich nicht alle dieselben Bedürfnisse. Die »Ehe für alle« mag deshalb zwar die aktuelle Debatte bestimmen, sie bezieht sich aber nur auf Homosexuelle und hat auch längst nicht für alle von ihnen oberste Priorität, wie auch die Bloggerin Magda Albrecht anmerkt:

> »Fragen um eine ausreichende Krankenversicherung, ein Dach über dem Kopf oder Schutz im Falle von Gewalt_Diskriminierung sind für viele die viel dringlicheren politischen Fragen, so dass der Kampf um die Homo-Ehe automatisch einen untergeordneten Stellenwert haben muss.[284]

So gibt es für Trans*Menschen noch diverse bürokatische und diskriminierende Regelungen zu überwinden, die sich durch das deutsche Transsexuellengesetz (TSG) ergeben. Dieses gilt seit dem 1. Januar 1981 und regelt die Änderung des Vornamens oder dazu auch des Geschlechtseintrages im Geburtsregister und in der Geburtsurkunde. Das Bundesverfassungsgericht hat das Gesetz inzwischen in sechs Urteilen als in Teilen verfassungswidrig eingestuft, zuletzt im Januar 2011: Seither müssen sich Trans*Menschen nicht mehr einer Operation unterziehen, um ihr offizielles Geschlecht in Dokumenten ändern lassen zu können – davor war die OP verpflichtend, samt einer Zwangssterilisation bzw. -kastration.

Über 12 000 Menschen haben im Rahmen dieses Gesetzes bereits eine Änderung ihrer Vornamen beantragt.[285] In Deutschland gilt Transsexualität außerdem weiterhin als psychische Störung, das »Leiden am falschen Körper«.

Das Bild von Trans*Menschen in den Medien ist sehr stark davon bestimmt, dass ihre Geschlechtsangleichung auf Biegen und Brechen thematisiert werden muss, egal, was die Person vielleicht für Probleme hat oder welche Erfolge sie feiern kann. Auch wenn es in vielen Fällen für den Inhalt überhaupt nicht nötig ist, bleiben Interviewfragen z. B. darauf fixiert, ob die Person nun (noch) einen Penis oder eine Vagina hat und natürlich vor allem, ob sie als »echte« Ausgabe ihres Geschlechts rüberkommt, wofür dann z. B. gerne die Statur und Gesichtszüge beschrieben werden. Ansonsten besteht immer noch zu wenig Wissen darüber, was Trans*Menschen sind und wie über sie berichtet werden sollte.

Wenn Chelsea Manning, die Wikileaks mit Material aus dem US-Militär und -Außenministerium versorgte und dafür zu einer Gefängnisstrafe verurteilt wurde, als »sexuell verwirrter Obergefreiter mit dem früheren Namen Bradley« bezeichnet wird, wie in einem »FAZ«-Artikel geschehen, dann ist das transphob.[286] Wenn Manning in einem Artikel der Süddeutschen Zeitung aus dem Mai 2014 mit männlichen Personalpronomen und ihrem Geburtsnamen beschrieben wird, obwohl mit Mannings offiziellem

Statement am 22. August 2013 spätestens eindeutig klar war, dass sie Chelsea ist und heißt, fällt das ebenfalls unter Transphobie – und schlechte Recherche.[287]

Außerdem ist im Zusammenhang mit Trans*Menschen von »Geschlechtsumwandlung«, statt von »Geschlechtsangleichung/-anpassung« zu lesen. Der Verein TransInterQueer hat in einem Ratgeber für Journalist_innen zusammengefasst, was daran problematisch ist:

> Kein Zauberstab ist bei dem medizinischen Teil der Transition [Anmerkung: anderer Name für die Geschlechtsangleichung] im Spiel (so sie überhaupt erfolgt). Ein Trans*Mensch nähert körperliche Merkmale an seine Geschlechtsidentität z. B. mittels Hormonen oder geschlechtsangleichenden Operationen an – und wandelt nicht etwa etwas ›um‹.[288]

Mehr noch: Die ganze Fixierung der Diskussion beschränkt Trans*Menschen auf Geschlechtsteile, statt dass auf ihre Lebensrealitäten geschaut würde. So leiden viele z. B. unter dem psychischen Druck wegen eines möglichen ungewollten Outings durch Behörden, weil die Person den Vornamen geändert hat, aber den Personenstand (also z. B. die Geschlechtsangabe im Reisepass) noch nicht.

Um hervorzuheben, dass die Lebensrealitäten von Trans*Menschen oft zu kurz kommen, wenn sie denn überhaupt in den Medien auftauchen, führte die Autorin Janet Mock mit der Journalistin Alicia Menendez ein fiktives Interview, in dem sie Menendez Fragen stellte, die Mock als Transfrau immer wieder gestellt bekommt: »Hast du eine Vagina?«, »Fühlst du dich wie ein Mädchen?«, »Wann hast du das erste Mal gespürt, dass du Brüste bekommst?«, »Benutzt du Tampons?«, »Was ist die wichtigste Sache, die unsere Zuschauer_innen über Cis-Menschen wissen sollten?«[289] Die Journalistin Menendez war anfangs noch selbstbewusst, krümmte sich aber am Ende des Interviews förmlich, weil die Fragen so unangenehm und intim waren. Für Trans*Menschen werden sie dagegen als normal empfunden. Damit erfuhr Menendez am eigenen Leib, was es heißt, nicht als Mensch wahrgenommen und respektiert, sondern wie ein Ausstellungsstück behandelt zu werden und stellvertretend für alle sprechen zu müssen.

## TRANSPHOBIE TRIFFT SEXISMUS

Dabei sind gerade die Perspektiven von Transfrauen in feministischen Diskursen meiner Meinung nach nicht mehr wegzudenken. So veröffentlichte z. B. die Transgender-Aktivistin Julia Serano im Jahr 2007 ihr Buch »Whipping Girl: A Transsexual Woman on Sexism and the Scapegoating of Femininity« und argumentierte, dass Transphobie ebenfalls in Sexismus wurzelt und Transgender-Aktivismus damit auch eine feministische Bewegung ist. Dabei identifizierte sie auch eine besondere Form von Misogynie (starke Abneigung gegen Frauen bzw. »Frauenhass«) gegenüber Transfrauen:

> Wenn die Mehrheit der Witze, die auf Kosten von Trans*Menschen gehen, sich um »Männer in Kleidern« oder »Männer, die ihren Penis abschneiden wollen« dreht, dann ist das nicht Transphobie, sondern es handelt sich um Trans-Misogynie.[290]

Transfrauen rütteln besonders an herkömmlichen Geschlechtervorstellungen, weswegen sie auch verstärkt von Gewalt betroffen sind – umso mehr, wenn sie Frauen of Color sind und mit Rassismus zu tun haben. Ihnen wird verstärkt vorgeworfen, nicht »echt« zu sein, lediglich »Männer in Verkleidung«, weswegen sie ihre Weiblichkeit immer wieder aufs Neue beweisen müssen.

Serano führt dazu aus:

> In einer Geschlechter-Hierarchie, die Männer ins Zentrum rückt und voraussetzt, dass Männer besser als Frauen sind, dass Männliches dem Weiblichen überlegen ist, in dieser gibt es keine vermeintlich größere Bedrohung als die Existenz von Transfrauen, da diese, obwohl mit männlichen Privilegien und männlichem Geburtsgeschlecht auf die Welt gekommen, sich stattdessen für eine weibliche Identität ›entscheiden‹. Indem wir unsere eigene Weiblichkeit und unser Femininsein annehmen, erheben wir gewissermaßen Einspruch über diese angebliche Vormachtstellung von Männlichkeit und Maskulinität.

Und Janet Mock bringt dieses Problem ebenfalls bestens auf den Punkt:

> Ausgrenzung, Diskriminierung und Gewalt treffen fast ausnahmslos jene Menschen, deren Geschlechtsidentität und/oder sexuelle Orientierung die hetero- und cis-normativen Maßstäbe unserer Gesellschaft widerlegen. Ich wünsche mir, dass wir, statt diese Hierarchien aufrechtzuerhalten und uns damit zu befassen, was richtig und wer falsch ist, was echt ist und wer nicht, statt Menschen nach diesen strengen Maßstäben zu beurteilen, die die Vielfalt unserer Geschlechter und Sexualitäten außer Acht lassen; dass wir stattdessen Menschen die Freiheit und die Mittel geben, um selbst definieren, ermitteln und erklären zu können, wer sie sind.[291]

## UND DAS GESETZ?

Artikel 3 des Grundgesetzes lautet:

(1) Alle Menschen sind vor dem Gesetz gleich.

(2) Männer und Frauen sind gleichberechtigt. Der Staat fördert die tatsächliche Durchsetzung der Gleichberechtigung von Frauen und Männern und wirkt auf die Beseitigung bestehender Nachteile hin.

(3) Niemand darf wegen seines Geschlechtes, seiner Abstammung, seiner Rasse, seiner Sprache, seiner Heimat und Herkunft, seines Glaubens, seiner religiösen oder politischen Anschauungen benachteiligt oder bevorzugt werden. Niemand darf wegen seiner Behinderung benachteiligt werden.[292]

Bislang fehlt hier der Schutz vor Diskriminierung aufgrund der sexuellen Identität und sexuellen Orientierung. Besonders in Hinblick auf die #idpet-Unterstützer_innen, die sich immer wieder auf Artikel 6, also den besonderen Schutz von Ehe und Familie[293] berufen können, wäre die Anpassung des Grundgesetzes ein wichtiges Signal für LGBTQI.

Insgesamt sollte aber vor allem nicht immer so getan werden, als würden LGBTQI Gesetzesänderungen einfach so großzügig im Vorbeigehen in den Schoß gelegt. All diese Errungenschaften sind hart erkämpft, und das meistens über viel zu lange Zeiträume. Auch ein Christopher Street Day ist nicht immer eine Party mit Polithintergrund gewesen, sondern aus einem gewaltsamen Aufstand von Lesben, Schwulen und Trans*Menschen entsprungen.[294]

Der Bildungsplan wie er in Baden-Württemberg auf den Weg gebracht werden soll, ist genau der richtige Schritt in eine respektvolle Zukunft, wo Coming-outs nicht mehr nötig sein müssen. Schule ist ein Ort der Bildung und Aufklärung, wo ließe sich also besser ein solcher Schritt wagen als hier? Kinder müssen erfahren, dass Heterosexualität nicht alles ist, was unsere Welt ausmacht. Sie sollen in dem Bewusstsein aufwachsen, dass Leben und Lieben immer respektiert werden – egal, wie diese aussehen. LGBTQI leiden nicht an ihren Lebensentwürfen, sondern an den Umständen, die diese erschweren bis unmöglich machen.

Die Schauspielerin Ellen Page hatte ihr Coming-out als Lesbe im Februar 2014 bei der Human Rights Campaign Foundation Conference, als sie dort eine Rede hielt. Die Worte, die sie zu diesem Anlass fand, kann ich nicht besser wählen, deswegen überlasse ich ihr hier die Schlusszeilen:

Wenn wir uns doch einfach nur fünf Minuten nehmen würden, um unser aller Schönheit gegenseitig anzuerkennen, anstatt uns für unsere Unterschiede anzugreifen – das wäre nicht schwer und würde unser Leben viel einfacher und besser machen. Auf der anderen Seite kann es auch die schwerste Sache überhaupt sein, denn andere Menschen zu lieben beginnt schließlich damit, uns selbst liebzuhaben und uns zu akzeptieren. [...] Ich mag vielleicht jung sein, ja. Aber was ich gelernt habe, ist, dass Liebe und die Schönheit der Liebe, die Freude darüber und ja, sogar der Schmerz darin, dass sie das unglaublichste Geschenk von allen ist, das ein menschliches Wesen geben oder bekommen kann. Und wir alle verdienen es, vollkommen geliebt zu werden, in gleicher Weise, ohne Scham und ohne Kompromisse.[295]

# TEIL II

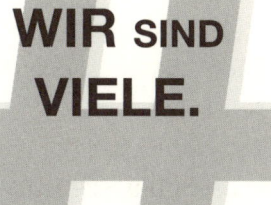

**WIR** SIND
**VIELE.**

**EIN** REKRUTIERUNGS-
**VERSUCH**

# 8:

# DER #AUFSCHREI UND SEIN ECHO

## WIE BEGANN #AUFSCHREI?

Es fühlt sich an, als hätte ich diese Geschichte schon millionenfach erzählt – aufgeschrieben habe ich sie aber tatsächlich noch nie.

Am 24. Januar 2013 veröffentlicht meine liebe Freundin Maike Hank ihren ersten Artikel auf kleinerdrei.org. kleinerdrei ist ein Gemeinschaftsblog, das ich zusammen mit ihr und vielen anderen tollen Menschen, die ich übers Netz kennenlernte, gegründet habe. Wir schreiben dort – ganz im Sinne des Internetherzens <3, für das unser Name steht – über Dinge, die uns am Herzen liegen, und das meist aus einer feministischen Perspektive. kleinerdrei ist gerade mal zarte zehn Tage alt, als Maike ihren Text »Normal ist das nicht!« postet.[296] Darin schreibt sie über ihre eigenen Erfahrungen mit sogenanntem Street Harassment, also sexuellen Belästigungen, die an öffentlichen Plätzen stattfinden.

Sie hatte die Doku »Femme de la Rue«[297] gesehen, in der die damalige Filmstudentin Sofie Peeters jene Belästigungen festgehalten hatte, denen sie täglich auf der Straße in Brüssel ausgesetzt war, und merkte, »dass mein Alltag zwar nicht in dieser extremen Form von Street Harassment durchzogen war, ich jedoch mindestens ein Mal am Tag übergriffig behandelt wurde – weil ich eine Frau bin. Es war mir bloß nicht mehr aufgefallen, weil es bereits so normal geworden war.«

Das Gaffen, die Aufforderungen zum Lächeln, die angedeuteten Küsse, die dummen Anmachsprüche und Anzüglichkeiten, wenn man einfach nur an jemandem vorbei und von A nach B laufen möchte. Auf der Straße, in der Bahn, im Bus, beim Fahrradfahren. Bei Tag und bei Nacht.

Sie erzählt, wie etwas, das eindeutig nicht in Ordnung ist, dennoch zu ihrem Alltag gehört, da es keine Möglichkeiten für sie gibt, sich den Belästigungen zu entziehen, und sie oft auch einfach zu müde ist, um sich zu wehren. Maike stellt fest,»dass den übergriffigen Männern oft gar nicht klar ist, was sie da tun, oder [sie] ihr Verhalten gar selbstverständlich finden«.

Sie verweist außerdem auf das Everyday Sexism Project[298], das im April 2012 von der britischen Autorin Laura Bates gegründet worden war, um eine Plattform zu bieten, die Erfahrungen mit Sexismus sammelt. Dort können Betroffene anonym oder auch namentlich ihre Geschichten posten und somit sichtbar machen.

Das Projekt war zudem auch von Anfang an unter @EverydaySexism auf Twitter vertreten, und ich erinnere mich noch sehr gut an meine Begeisterung, als ich davon erfuhr und sofort überlegte, wie toll es doch wäre, würde es eine deutsche (damals war die Seite noch auf englische Beiträge beschränkt) Version davon geben.

Maike bezieht sich in ihrem Artikel auch auf die Hashtag-Kampagne #shoutingback, die das Everyday Sexism Project Anfang 2013 auf Twitter gestartet hatte und bei der Frauen dazu aufgerufen waren, ihre Geschichten zu sexueller Belästigung auf der Straße zu twittern.[299]

Kein einziges Wort zu einem Rainer Brüderle[300] also, dafür umso mehr Beispiele von Aktivist_innen, die sich des Themas Street Harassment online und offline annehmen. Maikes Post wird sehr oft in sozialen Netzwerken geteilt und bekommt viele Rückmeldungen, besonders von Frauen, die von ähnliche Erlebnissen berichten und sehr dankbar dafür sind, dass Maike dazu Worte gefunden hat.

In einem der vielen Kommentare zum Text heißt es z. B.:

Vielen Dank für diesen Text! Mir war schon lange nicht mehr bewusst, wie sehr ich mich, inzwischen ganz automatisch, so kleide und verhalte, dass ich möglichst wenig auffalle. Mich irgendwie als kleine graue Maus durch diese Welt mogle, um mich zu schützen. Ich habe mich so daran gewöhnt, dass ich es mir momentan auch anders nicht vorstellen könnte. Aber wie furchtbar ist das eigentlich, wie sehr engt es uns ein, in dieser Angst zu leben. […]

Es verändert doch im Grunde unser ganzes Verständnis von uns selbst als Frauen, wenn wir uns irgendwann selbst nur noch als potentielle Opfer wahrnehmen und unser Leben danach planen und ausrichten, möglichst wenigen Belästigungen ausgesetzt zu sein.

In der Kommentarspalte dauert es allerdings nicht lange, bis relativierende Bemerkungen kommen. Maike hätte gewisse Situationen nur falsch verstanden, überhaupt wirke es schon sehr übertrieben, was sie hier schildert, und Alltag für Frauen könne das ja auch gleich gar nicht mal sein. Ich springe ihr zur Seite und mit mir viele andere Frauen, die mit ihren eigenen Erfahrungen immer wieder das bestätigen, was Maike beschrieben hat. In der Diskussion ist auch Nicole von Horst dabei. Ich kenne sie von Twitter und freue mich, dass sie offenbar auch kleinerdrei-Leserin ist und sich darüber hinaus mit Leidenschaft in eine doch sehr nervige Kommentardiskussion stürzt. Der Text wurde am Vormittag veröffentlicht, und die Diskussion bricht auch Stunden danach nicht ab. Mir zerrupft sie immer wieder die Tagesplanung, doch in Nicole arbeiten der Text und die Diskussion noch etwas weiter. Sie schreibt selbst dazu:

> [...] Es ist der späte Abend des 24. Januar. Ich sitze schluffig mit Netbook am Esstisch, mein Freund ist schon schlafen gegangen. Eigentlich will ich was zu der ganzen Sache bloggen, zu Victim Blaming, zu Glaubwürdigkeit und Vertrauen, zu Derailing und was hier kaputt ist. Ich will schreiben, welche übergriffigen Erfahrungen ich gemacht habe; Erfahrungen, die von außen nicht so eindeutig zu lesen sind, Erfahrungen, die unangenehm waren, die ich selbst in der Situation nicht ernst genommen habe, weil ich dachte, das gehört so, die trotzdem nicht weniger sexistisch oder belästigend waren. Ich will Erfahrungen ausführen, die ich noch nie erzählt habe, weil ich sie für eine Lappalie hielt oder annahm, man würde mir die Verantwortung dafür geben. Ich will meine eigenen Erfahrungen selbst nicht mehr infrage stellen.

## #PRATAOMDET, #SHOUTINGBACK, #AUFSCHREI

Vielleicht ist es rückblickend fast eine glückliche Fügung, dass Nicole in diesem Moment aber »zu faul [ist] den Aufwand auf [s]ich zu nehmen« und statt zu bloggen die einzelnen Erfahrungen in knappe Tweets verpackt.

Auf meiner Seite des Bildschirms möchte ich eigentlich die Schlafenszeit einläuten, und mindestens genauso schluffig wie Nicole sitze ich deswegen im Schlafanzug auf meinem Bett. Alles ist dunkel, und bloß der Bildschirm leuchtet noch. Nur noch einmal kurz[301] Twitter checken, bevor ich den Rechner für heute zuklappe. Das ist der Punkt, an dem ich durch meine Timeline scrolle und Folgendes lese:

Der Arzt, der meinen Po tätschelte, nachdem ich wegen eines Selbstmordversuchs im Krankenhaus lag.[302]

Der Tweet stammt von Nicole. Unter ihrem Account @vonhorst folge ich ihr schon recht lange. So lange zumindest, dass ich mich nicht mehr daran erinnern kann, wann ich überhaupt auf »Folgen« klickte. Uns eint ein schönes Gefühl der entfernten Verbundenheit. Ich mag ihre ehrliche und offene Art, mit der sie twittert. Vom Lachen bis zum traurigen Nachdenken ist da alles dabei. Sie berührt mich.

So auch in diesem Fall, und obwohl ich direkt einem kleinen Schock unterliege, lese ich mindestens genauso fasziniert ihre vorherigen Tweets und erkenne, was sie damit aussagen möchte – ohne, dass sie es irgendwie ausgesprochen hätte.

In mir überschlagen sich die Gefühle. Ich bin müde und zugleich hellwach. Da ist unendlich große Bewunderung für Nicoles Mut und das Bedürfnis, meine Erfahrungen ebenfalls zu teilen. Da ist aber auch Scham, eben genau das zu tun, und die Frage, ob ich überhaupt so mutig sein kann wie sie. Da sind auch Trauer und Wut ob der Erlebnisse, die Nicole bereits vertwittert hat. Und da ist aber auch die praktische Seite in mir, die sofort daran denkt, diese Tweets unter einem Hashtag zu sammeln.

Ich denke an #prataomdet[303] (übersetzt: #redenwirdarüber), ein schwedischer Hashtag, der 2010 entstand, als die Vergewaltigungsvorwürfe gegen Julian Assange aufkamen und die beiden Anklägerinnen immer wieder verunglimpft wurden, weil die meisten es nicht wahrhaben wollten, dass jemand, der so etwas Gutes wie Wikileaks betreibt, auch zu etwas Furchtbarem wie Vergewaltigung imstande sein könnte. Ich war fasziniert von der angestoßenen Diskussion um sexuelle Übergriffe und schlug auf Twitter vor, eine deutsche Variante von #prataomdet ins Leben zu rufen. Alles, was ich dafür erntete, waren empörte Tweets von Assange-Fanboys, »solange man die genauen Umstände nicht kennt, sollten alle gefälligst die Schnauze halten«. Dabei war auch hier die Debatte bereits viel größer, es ging nicht (nur) um einen Julian Assange. In Schweden wurde schließlich in sämtlichen Medien über sexualisierte Gewalt diskutiert,[304] in Deutschland kam diese Diskussion damals leider nicht auf.

Ich erinnere mich natürlich auch an Maikes Text, an die Erwähnung von #shoutingback, wie ich die Aktion ein paar Wochen zuvor verfolgt habe und selbst darauf hinwies.

Da sehe ich, dass eine andere Twitter-Nutzerin, @faserpiratin (Jasna Strick), Nicole auch schon darauf angesprochen hat.[305]

@faserpiratin: Erfindest du gerade ein Meme[306]? (Für sowas sollte es einen Twitteraccount geben … Wie »Ich habe nicht angezeigt[307])«

@vonhorst: Ich weiß es nicht. Es fehlt vielleicht ein Hashtag.

@faserpiratin: Hmm, ja. Ich nehme immer #StreetHarassment – aber das passt gerade nicht so.

Genau das denke ich auch. Zumal es mich persönlich nervt, dass wir keinen deutschen Hashtag haben, keinen eigenen Begriff, der für diese Geschichten steht.

Ich suche also nach einem vergleichbaren Begriff auf deutsch und bleibe gedanklich am »shouting« von #shoutingback hängen: #aufschrei ist, im wahrsten Sinne, das erstbeste Wort, das mir hierzu einfällt. Die Idee des Lautseins, das dem sonstigen Schweigen gegenübersteht und es aktiv bricht, empfinde ich als sehr kraftvoll. Es bietet Raum, um etwas Unterdrücktes herauszulassen und sich davon zu befreien.

Am 25. Januar 2013 um 00.26 Uhr schreibe ich also diesen

Tweet an Nicole ins Netz, von dem ich damals noch nicht ahne, was er auslösen wird:

@marthadear @vonhorst: wir sollten diese erfahrungen unter einem hashtag sammeln. ich schlage #aufschrei vor.[308]

Die anderen beiden finden den Hashtag auch gut und benutzen ihn von da an. Tiefes Durchatmen, zitterndes Tippen, auf »Tweet« klicken – dann steht auf einmal auch mein erster Tweet unter #aufschrei im Netz:

der prof, der wissen wollte, ob ich meinen referatspartner date. jede sprechstunde alleine bei ihm wurde zu purer anspannung. #aufschrei[309]

Es fühlt sich an, als hätte jemand den schweren Deckel von einer Kiste gezogen, die bis dahin fest verschlossen war. Klar hatte ich mich auch schon mal mit Freundinnen über dumme Anmachen von Typen ausgetauscht. Über die Erniedrigung durch sexistische Bemerkungen oder auch sexuelle Übergriffe sprachen wir trotzdem so gut wie nie. Erst recht nicht in der Öffentlichkeit. Warum auch? Wir wissen insgeheim, dass es diese Erniedrigungen, diese Gewaltformen gibt, dass wir damit leben müssen und es ist nun mal nicht schön, sich auch noch ständig daran zu erinnern.

Doch auch wenn es das Aufreißen alter Wunden bedeutet: #aufschrei ist ein Befreiungsschlag. Er schmerzt und tut gut zugleich.

Es dauert nicht lange, bis sich neben @vonhorst, @faserpiratin und mir noch mehr Frauen an #aufschrei beteiligen. Einen expliziten Aufruf gibt es nicht, die meisten wissen aufgrund der Tweets sehr schnell, worum es dabei geht, und lassen sich von dem Mut anstecken.[310]

Wir teilen nicht nur unsere Geschichten, sondern auch den Schmerz dahinter – genauso wie die Wut darüber, dass es uns immer wieder als »normal« eingeredet wird, solche Dinge durchmachen zu müssen. Für diesen Augenblick sind wir eine kleine Community, geben uns gegenseitig Halt und trösten uns. An Schlaf ist längst nicht mehr zu denken. #aufschrei reißt uns alle mit.

Ich schreibe weitere Tweets unter #aufschrei und verfolge meine eigene Timeline. Irgendwann klicke ich auf den Hashtag und sehe, wie er sich bereits verbreitet hat. Es ist nun mitten in der Nacht, und trotzdem kommen immer wieder neue Tweets von Betroffenen nach. Die #aufschrei-Timeline wächst und wächst. Ich versuche so viele Tweets wie möglich zu lesen, sie zu retweeten und dadurch sichtbarer zu machen. Ich merke aber auch, wie ich langsam überwältigt werde: von der Traurigkeit über die Geschichten, von der tiefen Dankbarkeit für diese Form der Gemeinschaft und der mutigen Offenheit aller, von den Erinnerungen an längst vergessen geglaubte Erlebnisse, von alten Schuld- und Schamgefühlen.

Wir schreiben von dummen Anmachsprüchen, Grabschereien, Nötigungen, Vergewaltigungen. Die vielen »kleinen« alltäglichen Herabwürdigungen, auch Mikro-Aggressionen genannt, sind genauso Thema wie konkrete Überschreitungen von körperlichen Grenzen. Von Beginn an zeigt sich unter #aufschrei das nahezu komplette Ausmaß von Sexismus und sexualisierter Gewalt. Mich schockieren besonders die zahllosen Geschichten, die sich zu Schulzeiten der Betroffenen ereigneten.

Von Bemerkungen wie »Mädchen können kein Mathe« bis hin zu sexuellen Übergriffen durch Lehrpersonal ist auch hier nahezu alles dabei, was sonst so gut wie nie thematisiert wird. Dieser Scheiß beginnt so verdammt früh:

@KhaosKobold: Der Mathelehrer, der mir sagte ich bräuchte das nicht verstehen, ich würde eh mal Mutti mit Abitur #aufschrei[311]

@totalreflexion: Der Schwimmlehrer, der alle Mädchen im Kurs zur Begrüßung auf den Mund küsste – die jeweils jüngste mit Zunge #aufschrei[312]

@Wendelherz: Der Lehrer, der auf der Abschlussfahrt die Schülerinnen befummelte und auf die Wange küsste. #aufschrei[313]

Sexismus und Übergriffe am Arbeitsplatz werden ebenso thematisiert:

@DieIngenieurin: Der Kunde, der frau für eine gemeinsame Dienstreise »bucht« und sich beim Chef für verweigerte »Dienstleistung« beschwert ... #aufschrei[314]

@digiom: Der Gastvortragende, dem ich während den anderen Vorträgen dolmetschen sollte und der dies nutzte, mein Bein zu tätscheln #aufschrei[315]

Und auch solche in der Familie:

@FlauschHanu: Mein Onkel, der der Meinung ist, Frauen müssen Haushalt und Kinder machen #aufschrei[316]

Nachts:

@akinofftz: Der Typ, der mit mir im Nachtbus fuhr, wartete, bis dieser um die Ecke war und mich dann an die Wand drängte und fummelte ... #aufschrei[317]

Mehrfachdiskriminierung wird ebenfalls sichtbar:

@KatrinaR47: Jungs, die mich und meine Ex anspuckten, als sie merkten, dass ich transsexuell und wir beide lesbisch sind #aufschrei[318]

@dasYuuji: Die Onlinekommentare unter meinem öffentlichen Outing in der Zeitung … #aufschrei[319]

@KatiKuersch: Der Typ, den ich abblitzen ließ und für den ich deswegen plötzlich eine »Fette Schlampe« war. #aufschrei[320]

Wir schreiben darüber, wie wir uns auch wehrten und es nichts brachte, wie ein »Nein« ignoriert wurde – oder das sogar alles nur noch schlimmer machte, nur noch mehr Gewalt nach sich zog.

@hanhaiwen: Der Typ der mir ein Veilchen verpasste, als ich mich gegen »blöde Schlampen« wehrte. Wir hatten auf »geile Ärsche« nicht reagiert. #aufschrei[321]

@ellebil: Die 6 Typen, die 4 Mädels »Ey, wir ficken euch gleich« hinterher riefen und gewalttätig wurden, als wir was dagegen sagten. #aufschrei[322]

Beim Ausgehen:

@colourfulzebra: Der Typ, der mir beim Metallicakonzert, wo ich mich keinen Millimeter bewegen konnte, an den Arsch fasste. #aufschrei[323]

Und immer wieder werden Scham- und Schuldgefühle thematisiert, die Betroffenen eingeredet werden:

@vonhorst: Bei allem das Gefühl, nichts sagen zu können, weil ich irgendwie beteiligt war, mich nicht abgrenzte. Schämen & selbst schuld sein. #aufschrei[324]

@frequenzen: Das stell dich nicht so an, die freund_innen, die das alles nicht hören wollen, nicht so schlimm finden, die Scham und Schuldgefühle #aufschrei[325]

@modern_dragon: Polizist_innen, die mir Mitschuld an Übergriffen unterstellen. #aufschrei[326]

Viele andere Frauen berichten ebenfalls, wie sie durch das Lesen der Tweets an eigene Erlebnisse erinnert werden und dass sie diese oft tief in sich begraben und verdrängt hatten.

In meinem Twitter-Umfeld reagieren Männer betroffen und sind geschockt über den Einblick, der sich ihnen durch #aufschrei eröffnet. Selbst wenn sie bereits wissen, dass Sexismus ein Problem ist, so haben die meisten von ihnen doch keine Vorstellung davon, wie das konkret aussieht. Viele empfehlen auch einfach nur, den Hashtag zu verfolgen. Wer unter diesem nachschaut, findet aber auch schnell diverse Männer, die Witze machen, die sich von den #aufschrei-Tweets angegriffen fühlen oder die Erlebnisse der Betroffenen relativieren. Binnen kürzester Zeit zeichnet sich ab, was Frauen immer wieder passiert, wenn sie Sexismus ansprechen und die alte Leier der Opfer-Täter-Umkehr angekurbelt wird.

Die hier vorherrschenden »Argumente« sind:

War doch nur 'n Witz!
(Wahlweise austauschbar mit: War doch nur nett gemeint!)

Jetzt übertreibst du aber!

Du musst dich halt besser wehren!

Selbst schuld, wenn du so aussiehst/rumläufst/xyz machst!

Trotzdem wird der Hashtag natürlich auch im ursprünglich verwendeten Sinne durch den Schneeballeffekt weitergetragen, und immer mehr Geschichten kommen zusammen. #aufschrei ist eine Ad-hoc-Kampagne geworden, weil sich so viele von den Inhalten darunter angesprochen fühlen. Ich wundere mich nicht, dass so viele Geschichten zu teilen haben, aber ich bin erstaunt, dass so viele den Mut aufbringen, es zu tun.

Ich weiß nicht mehr wann genau, aber irgendwann zwischen drei und vier Uhr gehe ich dann doch endlich schlafen. Ich möchte nicht, aber ich muss, denn ich bin emotional vollkommen erschöpft und kann einfach nicht mehr. Die letzten Stunden sind mehr als intensiv gewesen. Mich frustriert in dem Moment allerdings auch die Befürchtung, #aufschrei werde am nächsten Morgen mit hoher Wahrscheinlichkeit eingeschlafen sein. Und ich überlege bereits, wie es sich eventuell wiederbeleben lassen könnte. Über diese Gedanken schlafe ich endlich ein.

## VON 0 AUF 111

Als ich wenige Stunden später aufwache, blinzle ich in mein Telefon, um erst mal nachzuschauen, was so auf Twitter los ist. Für mich ist es normal, meinen Tag so zu beginnen, und der 25. Januar bildet da keine Ausnahme. Nachdem ich die App geöffnet habe, muss ich allerdings gleich noch mal blinzeln, weil ich meinen Augen zunächst nicht traue. Auf Twitter kommt es zwar häufiger vor, dass sämtliche Leute in der Timeline gefühlt nur über ein einziges Thema reden, aber das hier ist etwas anderes für mich. Plötzlich reden alle über #aufschrei! Wait, what?!? Dieser Hashtag, den ich letzte Nacht in die Welt setzte??

Und nicht nur meine Timeline beschäftigt sich damit! Meine Augen weiten sich direkt, als gehörten sie einem Koboldmaki. So schnell, wie ich aus dem Bett stürze, könnte man meinen, ich wäre wieder 17 und hätte gerade festgestellt, dass ich die erste Stunde Englisch Leistungskurs verpennt habe.

Von diesem Augenblick an bin ich förmlich an meinen Laptop getackert. Es gibt schon zwei Anfragen von Online-Journalist_innen, die Nicole, Maike und mich zu #aufschrei interviewen wollen, die »Süddeutsche Zeitung« hat bereits über den Hashtag berichtet. Die Anfragen werden den ganzen Tag nicht abreißen.

Den Moment, in dem ich erkannte, dass hier die gesamte Medienmaschinerie im Begriff war anzulaufen, vergleiche ich meist damit, an einem Strand zu stehen und eine riesige Welle auf dich zurollen zu sehen. Die Frage ist dann, ob du wegläufst oder ob du stehen bleibst und dich, im wahrsten Sinne des Wortes, mitreißen lässt – mit allen Konsequenzen.

Mir war außerdem klar, dass ich mich krassen Angriffen aussetzen würde, sobald ich in der Öffentlichkeit eine feministische Haltung vertrete. Jede Frau, die im Netz über feministische Themen schreibt, erfährt ziemlich schnell, was es heißt, auf diese Weise sichtbar zu sein. Oder wie die britische Journalistin Helen Lewis es formuliert: »The comments on any article about feminism justify feminism. That is Lewis's Law.«[327] (»Die Kommentare zu jedem Artikel über Feminismus rechtfertigen Feminismus. Das ist das Lewis'sche Gesetz.«) Helen Lewis spricht hier, genau genommen, von Artikeln, die von einem_einer Feminist_in verfasst wurden. In den meisten Fällen muss frau aber noch nicht mal explizit feministisch sein, um sich belästigende, abwertende Kommentare zu fangen – das ist im Netz wie auf der Straße, es reicht, dass sie eine Frau ist.

Mir war aber genauso klar, dass mir das Thema Antisexismus zu sehr am Herzen liegt, als dass ich mich nun zurückziehen würde. Nicht jetzt, wo #aufschrei auch außerhalb von Twitter gehört wurde und ich ehrlich gesagt zu große Angst hatte, dass die Medien sich sonst ihre eigene Story basteln würden, die nicht den Tatsachen entspricht. In vielen Fällen taten sie es dann natürlich trotzdem und sponnen die Mär von wegen »#aufschrei war eine Reaktion auf Brüderles Dirndl-Äußerungen« fleißig weiter, anstatt den zeitlichen Zufall zwischen dem »Stern«-Artikel von Laura Himmelreich, Maikes Blogpost und Nicoles darauffolgenden Tweets zu erkennen. Klar, Brüderle fungierte hier medial als Katalysator, und ich bezweifle, dass das journalistische Interesse für #aufschrei ohne die Diskussion um ihn überhaupt da gewesen wäre. Doch während die Medien anhand von Brüderle noch einen möglichen Einzelfall von Sexismus zwischen Politikern und Journalistinnen besprachen, hatte #aufschrei das Thema längst auf das ausgeweitet, worum es hierbei wirklich geht: Alltagssexismus.

Das war auch die Botschaft, die ich unermüdlich in all den Interviews wiederholte. Ich hatte dabei nicht einmal Zeit, meinem Partner oder meiner Familie Bescheid zu geben, was da vor sich ging (als ob ich Worte dafür gefunden hätte, haha!). Dafür bekam ich irgendwann eine überschwängliche Gratulations-SMS von meinem Vater, der mich gerade auf der Startseite von »Spiegel Online« entdeckt hatte.

Am Abend saß ich mit Maike zusammen, und sie witzelte noch, dass sie aber auch bitte schön im Publikum sitzen möchte, »wenn Markus Lanz anruft«. Kurz darauf sah ich, dass ich eine neue Mitteilung auf meiner Mailbox hatte. Statt Markus Lanz hatte sich darauf allerdings ein Redakteur von »Günther Jauch« verewigt. Sie würden das eigentliche Thema für die Sendung am Sonntag gerade umschmeißen, stattdessen über Brüderle und Sexismus reden und wollten wissen, ob ich dafür ein Interview gebe. »Wärst du auch mit einem Besuch bei Günther Jauch einverstanden?«, fragte ich Maike, und sie guckte mich mit großen Augen an.

Ich rief den Redakteur sofort zurück, und er war merklich dankbar, da er sich gerade erst ins Thema einfuchsen musste, was sich unter anderem dadurch bemerkbar machte, dass er mich bat, ich solle doch etwas über diese Aktion erzählen, die ich da »auf Facebook« gestartet hätte. »Ääähm …« Wir einigten uns schließlich darauf, dass ich am folgenden Tag ein Einspielerfilmchen für die Sendung drehe, das vor allem beschreiben sollte, was da gerade auf Twitter passierte. Außerdem könne ich natürlich auch im Publikum sitzen, Nicole von Horst sei auch schon eingeladen.

## #OCCUPYJAUCH

Als ich mich am Samstagabend auf dem Weg zu einem Radiointerview befand und gerade ein Interview mit der »Tagesschau« hinter mir hatte, rief mich der Redakteur von Günther Jauch wieder an. Sie hätten das Material aus dem Einspieler so gut gefunden, dass sie mich nun gerne in der Gesprächsrunde hätten. Ob ich mir das vorstellen könne? »Uff, eigentlich nicht«, sagte ich einigermaßen überrumpelt. Neben der nun feststehenden Gästeliste erbat ich mir erst mal Bedenkzeit. Eine Stunde konnte ich immerhin herausschlagen.

Ich schaue die Sendung selbst nie, weil ich sowieso kaum noch fernsehe (1. Ja, das gibt es. 2. Nein, ich gucke auch kein ARTE), und bekomme lediglich über Twitter die kritischen Kommentare dazu mit. So gut wie jedes Mal ärgern sich viele darüber, weil zu wenige Frauen eingeladen werden – der Durchschnitt liegt bei einem weiblichen Gast pro Sendung.[328] Die Sendung vom 27. 1. 2013 war mit vier Frauen eine Ausnahme, allerdings wohl auch eher, weil Sexismus medial als »Frauenthema« verstanden wird. Nun bekam ich die Chance, selbst das Wort zu ergreifen – ohne zu wissen, ob ich überhaupt eines herausbekommen würde, schließlich würde es meine erste Live-Fernsehsendung sein. »Fuck it! Ich mach's.« Es beginnt: #occupyjauch.[329]

Die Redaktion freut sich und versichert mir, dass alles gut laufen wird. Ich schreibe trotzdem sofort meiner Freundin Deanna Zandt in New York und bitte sie in CAPS LOCK um Hilfe. Sie hat schon einige Erfahrung mit Fernsehauftritten und weiß, worauf es ankommt. Zusammen mit Jaclyn Friedman organisiert sie einen Google Hangout, um mich für den Fernsehauftritt zu briefen. In New York und Boston ist es gerade früher Vormittag, als wir uns zusammensetzen. Für mich bleiben nur noch wenige Stunden zur Vorbereitung. Wir gehen die verschiedenen Meinungspositionen der Gäste durch, formulieren Statements und identifizieren Fangfragen. Als Jaclyn die Rolle der kritischen Moderation mimt (»Why you acting like such victims, unhappy ladys?«), kann ich nicht mehr vor Lachen. Es ist so schön, die Aufregung wenigstens kurz vergessen zu können.

Kurze Zeit später kommt Kathy Meßmer bei mir vorbei. Sie gehört auch zu den ersten Frauen, die unter #aufschrei twitterten, und hat die Entwicklung des Hashtags eindeutig mitgeprägt. Wenn man so möchte, haben wir uns durch #aufschrei erst so richtig kennengelernt. Sie gehört zu den Leuten, die ich für die Sendung einladen konnte. Das war meine Bedingung: Meine Support Group muss mitkommen dürfen. Während ich nervös durch meinen Kleiderschrank wusele, versorgt Kathy mich noch mit Statistiken, die ich für die Diskussionsrunde gebrauchen kann.

Später werden wir mit einem Auto abgeholt, das auch Nicole einsammelt, und ich weiß noch genau, wie wir beide uns das erste Mal in die Augen gucken, lächeln müssen und kaum wissen, was wir sagen sollen. Wie auch? Was ist schon eine passende Reaktion dafür, mitten in der Nacht gemeinsam Sachen ins Netz zu schreiben und sich deswegen zwei Tage später aufgrund einer Fernsehsendung offline zu treffen?

Am liebsten würde ich Nicole umarmen, aber sie sitzt vorne

und ich auf dem Rücksitz. Nachdem wir im Studio angekommen sind und die Garderobe geentert haben, können wir damit aber auch nicht mehr an uns halten. Bald kommt auch der Rest der Support Group, und abgesehen davon, dass ich zwischendurch in die Maske muss und Günther Jauch kurz hallo sage, kann ich meine Aufregung fast vergessen, weil all diese tollen Freund_innen da sind, mitfiebern und Witze machen – so wie es sich für Twitter-Nutzer_innen eben gehört.

Als die Aufnahmeleiterin die Tür zur Garderobe öffnet, zuckt sie kurz lachend zurück. So viele Leute hatte sie da nun auch noch nicht gesehen. »Und sie kennen sich jetzt alle aus dem Internet?«, fragt sie neugierig, als wir Richtung Studio gehen.

Die Sendung selbst ist gefühlt so schnell vorbeigerauscht wie ein Tweet. Den Reaktionen nach habe ich aber tatsächlich Worte herausbekommen und sogar sinnvolle. Maike sagt, sie hätte sich zum ersten Mal in einer solchen Runde von jemandem repräsentiert gefühlt. Ich soll ins Gästebuch schreiben und weiß nicht, was, deswegen wird daraus spontan ein »Bis zum nächsten Mal!«

## #AUFSCHREI IN DEN MEDIEN

Die Jauch-Sendung bleibt in den folgenden Wochen nicht nur bestimmend für die nun erst recht aufbrandende Sexismus-Debatte in den Medien. Mit ihrer Fragestellung »Herrenwitz mit Folgen – Hat Deutschland ein Sexismus-Problem?« ist sie auch besonders bezeichnend dafür: Sexismus wird als Problem nicht anerkannt, sondern dessen Existenz erst mal diskutiert. Diese lässt sich natürlich leichter leugnen, wenn man sich ausschließlich auf Brüderles Dirndl-Äußerungen bezieht und das Ganze als harmlosen Einzelfall abtut (was selbst bei ihm eigentlich nicht möglich ist, da sein Verhalten gerade unter Journalistinnen hinreichend bekannt ist[330]), anstatt sie als das Puzzlestück im Gesamtbild von Alltagssexismus zu erkennen, das sie ist. Darüber hinaus wird Brüderle immer wieder zum Auslöser für #aufschrei erklärt, auch wenn ich und andere zig Mal die Entstehung von #aufschrei beschreiben. Aber nein. Als hätten wir uns an dem Abend hingesetzt, einzig und allein, um dem Rainer eins auszuwischen. Ich glaube, ich spreche für uns alle, wenn ich sage: Wir haben eindeutig Besseres zu tun. #aufschrei entstand aus der Situation und aus einem Redebedürfnis heraus – nicht wegen eines Dirndl-Spruchs. Das Interesse der Mainstream-Medien basierte dagegen auf der Brüderle-Geschichte, weil sie somit gut daran anknüpfen konnte.

Die Tweets unter #aufschrei werden schnell ausgeblendet, und dass allein in den ersten zwei Wochen rund 60 000 Beiträge unter dem Hashtag getwittert wurden, wird gerne kleingeredet.[331] Auch die Namenswahl von #aufschrei wird kritisiert. »Zu hysterisch!«, natürlich. (Dabei bin ich ziemlich überzeugt, dass ein Hashtag à la #findichnichtsogut oder #lassdasmalbitte diesen blanken Nerv kaum so hätte treffen können.)

Stattdessen wird mit Leichtigkeit von falsch verstandenen Flirtsignalen gesprochen. Sexismus hat doch schließlich auch mit Sex zu tun, oder? Oder? Die Lesart der konservativen und meist auch männlichen Medienstimmen hierzu: Bislang war doch alles gut so, wie es ist, jetzt blasen verkrampfte Frauen plötzlich zum Angriff und wollen einen Kampf der Geschlechter provozieren, wo gar keiner ist.[332] Natürlich verfassen sie diese Texte nicht, ohne dabei überhaupt selbst erst jenes Schlachtfeld herbeizuschreiben. Auf diesem sind Männer ausschließlich von einem natürlichen Sexualtrieb gesteuert, und Frauen müssen das eben aushalten. Frauen haben in der Debatte keinen Trieb, und Männer sind ausschließlich Getriebene – wobei es als Aufgabe von Frauen beschrieben wird, die männliche Seite nicht unnötig zu reizen. Liegt schließlich alles in der Natur der Menschen!

Außerdem inszenierten Frauen sich ständig als Opfer und Männer würden dämonisiert. Dass auch weibliche Kommentatorinnen dieses Sexismus-ABC fließend beherrschen, wird ebenso sichtbar[333], und natürlich werden sie stets als Beweis dafür genommen, dass doch »alles nicht so schlimm« ist. Tausende Frauen berichten unter #aufschrei von sexuellen Übergriffen? Egal! Wir haben hier diese eine, die uns beweist, dass die anderen nur übertreiben. Die sich nicht zum Opfer machen lässt. Als ob die Opferrolle etwas wie eine Bluse wäre, die jemand sich an- und wieder ausziehen könne. Die Juristin Ulrike Lembke merkt hierzu an:

So nachvollziehbar diese Wunschvorstellung zunächst zu sein scheint, so realitätsfern ist sie. Könnte die zugeteilte Position jederzeit verlassen werden, wäre es ein Spiel und kein Machtverhältnis. Die Aufforderung, den Opferstatus abzustreifen, ist aber auch beschämend, weil sie die Lösung eines gesellschaftlichen Problems individualisiert: Sexualisierte Gewalt ist Teil unserer Kultur. Sie wird ausgeübt, und ihre Repräsentation ist allgegenwärtig in jeder Art von Medium. Die Welt ist voller Bilder von Männern, die Frauen etwas nachdrücklicher zu ihrem Glück verhelfen.[334]

Der Begriff »Amerikanische Verhältnisse« fällt in der Debatte oft als Code-Wort für die Angst vor starker gesetzlicher Regulierung im Zusammenhang mit Sexismus. In diesem Szenario wird jeder Mann bis auf die letzte Boxershorts verklagt, sobald er eine Frau auch nur falsch anguckt. Warum auch immer, aber besonders drastisch fällt es aus, wenn sie zusammen im Aufzug fahren. Der Aufzug, das unbekannte Wesen. »Amerikanische

Verhältnisse« wird jedenfalls das »Der Himmel wird uns auf den Kopf fallen!«[335] der Sexismus-Debatte. Destruktiv ist diese Argumentationsweise vor allem, weil sie von neuem das leider immer noch allzu beliebte mediale Bild der rachsüchtigen Frau aufruft, die quasi nur mit dem Finger zu schnippen braucht, um Männer wie die Fliegen zu Fall zu bringen. Dabei sprechen allein Verurteilungsstatistiken zu sexualisierter Gewalt eine ganze andere Sprache.[336] Um konkrete Forschungsergebnisse zum Thema Sexismus und sexualisierte Gewalt kümmern sich in dieser Debatte sowieso die wenigsten. Warum auch Fakten recherchieren, wenn es hier um große Gefühle geht? Die viel zu große Emotionalität der Debatte wird trotzdem immer wieder den Frauen angelastet, denn wir wissen ja, dass die nicht mehr ganz klar denken können, sobald ihre Gefühle ins Spiel kommen. Knickknack!

Auf der anderen Seite der Femme fatale steht in den Debatten bis heute immer wieder George Clooney. Der Arme muss wirklich erstaunlich oft dafür herhalten, um die Argumentation zu legitimieren, dass Frauen sexuelle Belästigungen irgendwie toller fänden, wenn er sie ausübte. Dass auch gutaussehende Menschen sich scheiße verhalten, dass sie belästigen und Gewalt ausüben können, kommt in diesem realitätsfernen Konzept schlicht nicht vor. Stattdessen liegen in diesem Bild alle Frauen (sogar solche, die gar nicht auf Männer stehen) George zu Füßen und lassen sich liebend gerne von ihm herabwürdigen.

Unter dem Stichwort »Sexismus am Arbeitsplatz« kommen dann immerhin auch mal wissenschaftliche Forschungsergebnisse und Studien[337] ins Spiel. Chefs und Sekretärinnen, Abteilungsleiter und Auszubildende, Klienten und Dienstleisterinnen – hier ist der Machtmissbrauch, der Sexismus ausmacht, deutlicher nachzuzeichnen. Diese Beiträge sind in der Regel auch wesentlich differenzierter. Dennoch schafft es die Debatte in den ersten Wochen nur selten, einen ebensolchen Blick aufs Thema Sexismus zu lenken und das eigentlich strukturelle Problem dahinter sichtbar zu machen. Und auch nahezu alle meine Versuche, die Verschränkung mit anderen Diskriminierungsformen anzusprechen, fallen in den Interviews in der Regel als Allererstes der Schnittschere zum Opfer.

Mehrfachdiskriminierung ist zu komplex, um in das mediale Bild des Geschlechterkampfes gepresst zu werden, und so drehen sich auch die dort erzählten Geschichten belästigter Frauen nahezu ausnahmslos um junge, normschöne, weiße, heterosexuelle Cis-Frauen. Obwohl dies nicht der Realität entspricht und obwohl gerade auch #aufschrei das wiedergab, gehen Transfeindlichkeit, Homophobie- und Rassismuserfahrungen, Dickenfeindlichkeit etc. in der medialen Übersetzung ebenfalls verloren.[338]

Dennoch: Es ist wichtig, dass die Debatte auf so breiter Ebene geführt wird, und natürlich gibt es auch Mainstream-Beiträge, die ohne den »Jetzt habt euch mal nicht so!« oder »Wehrt euch doch besser!«-Tenor auskommen. Solche, die Betroffenen das Wort geben statt einer Schuld an ihren Erlebnissen.

Besonders freue ich mich auch über die männlichen Stimmen, die sich nicht auf das inszenierte Geschlechterschlachtfeld einlassen, sondern Machtverhältnisse analysieren und daran hängende gesellschaftliche Rituale hinterfragen.

Nachdem sie die Geschichten unter #aufschrei gelesen und sich teils auch an #aufschrei beteiligt haben, tragen insbesondere Blogger_innen die Debatte weiter. Ich bin sehr dankbar für die vielen klugen und differenzierten Texte zum Thema, die da aus der Blogosphäre sprudeln. Es sind auch vor allem Blogs, in denen ich lese, wie Männer ernsthaft reflektieren, wie sie eigene Grenzüberschreitungen als ebenjene benennen, anstatt sie zu entschuldigen, und wie sie Sexismus sowie das daran geknüpfte Männerbild offen verurteilen.

Die internationale Berichterstattung zur #aufschrei-Debatte ist gegenüber der deutschen angenehm unaufgeregt, kriegt aber auch nicht immer den Bogen hin, dass #aufschrei keine Reaktion auf Brüderle war.[339] Dafür wird spürbar, dass Deutschlands Image nach draußen als sehr progressiv gilt, wir hätten doch schließlich eine Frau als Kanzlerin? Tja …

Auf Twitter wird #aufschrei – passenderweise dank des @EverydaySexism Accounts[340] – aber auch ziemlich schnell international, indem der Hashtag in andere Sprachen übernommen wird: von #outcry, über #assez zu #gridala und weiteren internationalen Varianten.

## ZWISCHEN FAN MAIL UND HATE SPEECH

Was ich im Zuge von #aufschrei und der Berichterstattung darüber an Rückmeldungen bekomme, stellt alles bisherige noch mal in den Schatten. Wenn ich vorher dachte, mein Posteingang würde geschwemmt, so wird er nun geflutet (ich sollte erst wieder im Frühsommer 2013 Herrin darüber werden). Ich richte einen eigenen Ordner ein, in dem ich nun »Fan Mail« sammle.

Es befinden sich unendlich viele liebe, dankbare und unterstützende Worten von Frauen und Männern, von jüngeren und älteren Menschen darunter. Manche bedanken sich, weil sie durch #aufschrei zum ersten Mal aussprechen konnten, was ihnen widerfahren war, andere freuen sich, dass das Thema nach so langer Zeit wieder eines ist, und erzählen, wie sie sich ihr Leben lang schon gegen Sexismus wehren und trotzdem oft unterlegen sind. Die Zuschriften von Männern zeigen, dass auch sie schon lange keinen Bock mehr auf das Männerbild haben, an dem unsere Gesellschaft so verzweifelt festhält. Sie schreiben, dass sie nun auch wieder mehr Mut gefasst haben, um sich offen gegen Sexismus auszusprechen, anstatt nur innerlich mit den Augen zu rollen. Dazu kommen unzählige Tweets, und sogar der obskure »Sonstiges«-Ordner auf Facebook enthält nahezu ausschließlich aufbauende Nachrichten. (An dieser Stelle möchte ich daher gerne noch mal festhalten: Ich habe euch alle gelesen, mich wahnsinnig gefreut und wünschte, ich hätte damals die Zeit für eine Antwort gehabt. Ohne eure Worte hätte ich das alles jedenfalls nicht so gut überstanden! Danke!)

Wo gute Nachrichten sind, sind schlechte allerdings oft auch nicht weit. Neben all dem positiven Feedback bekomme ich nämlich nun noch verstärkter das zu spüren, was als Hate Speech bezeichnet wird, und muss ebenso einen Ordner einrichten, der sich »Hate Mail« nennt. Ich bin allerdings mitnichten die einzige Person, die durch #aufschrei und die mediale Aufmerksamkeit für den Hashtag ins Visier von Hasskommentator_innen gerät. Gerade Frauen, die unter dem Hashtag ihre Sexismus-Erfahrungen getwittert hatten, werden verstärkt angegriffen.

Diese Angriffe finden so gut wie nie auf einer inhaltlichen Ebene statt, sondern sind eindeutig persönlich gegen mich gerichtet. Meist geht es um mein Äußeres (O hai, Sexismus!) oder meine vermeintlich fehlende Intelligenz. Solchen Äußerungen nach bin ich also zu hässlich und zu dumm, um mich überhaupt öffentlich äußern zu dürfen. Außerdem würde ich ja nur irgendeinen Grund suchen, um mich aufregen zu können, und insgeheim will ich damit ja auch nur verzweifelt Aufmerksamkeit gewinnen, weswegen ich dann oft als aufmerksamkeitsgeil (»attention whore«) bezeichnet werde. Manchmal wird deswegen auch meine gesamte geistige Gesundheit infrage gestellt, und ich werde zur Projektionsfläche für unerbetene »psychologische Analysen«. Da ich Feministin bin, wird regelmäßig auf mein Sexualleben angespielt und dass ich nicht genügend Sex hätte, mal wieder »ordentlichen« bräuchte etc. – dies vermischt sich dann meist mit impliziten Vergewaltigungsdrohungen oder anderen Gewaltandrohungen, die sich auch immer wieder auf mich als Frau beziehen. Nicht zuletzt wird meine feministische Haltung als »Gehirnwäsche« bezeichnet und durch rechtspopulistische Bezeichnungen diffamiert.

Wenn ich von diesen Begleiterscheinungen berichte, werde ich oft gefragt, wie ich überhaupt damit umgehe. Tatsache ist: Es gibt kein eindeutiges Rezept dafür. Ein Problem ist definitiv, dass dich solche Kommentare per Twitter, E-Mail und Facebook meistens treffen, wenn du gedanklich gerade ganz woanders bist. Es gibt keine wirkliche Präventionsstrategie. Einzig bei Interviewbeiträgen und Texten von mir im Netz, die nicht auf meinen eigenen Blogs stattfinden, halte ich mich an die eiserne Regel: »Don't read the comments.« Ich lese wirklich keinen einzigen Kommentar unter diesen Texten, um mich selbst zu schützen – was in ihnen steht, ahne ich natürlich trotzdem und wird auch wieder an mich herangetragen, wenn Familie und Freund_innen sich Sorgen machen.[341]

Wichtig ist jedoch, im Hinterkopf zu behalten, worum es hierbei geht, denn solche Attacken sollen die Betreffenden zum Schweigen bringen. Ziel ist, sie mit so viel Hass zu überschütten und dermaßen zu verunsichern, dass sie es am Ende bereuen, sich öffentlich (und in diesem Fall: im Sinne feministischer Positionen) geäußert zu haben, und schließlich aus Angst gänzlich verstummen. Es handelt sich hierbei um eine politische Agenda[342], und diese wird gerade auf Plattformen wie Twitter deutlich sichtbar, wenn z. B. Accounts nur dazu angelegt werden, um einzelne Personen zu verleumden, zu beschimpfen und sie zu bedrohen.

Das Internet ist kein traumhaftes »Klimperklunkerland«, in

dem Machtstrukturen plötzlich verschwinden oder Sexismus, Homophobie, Rassismus und Transfeindlichkeit nicht existieren. Menschen, die offline diskriminiert werden, erfahren dies auch online. Das Netz ist dabei nicht der Auslöser für diese Diskriminierungen, sondern macht sie lediglich in größerem Ausmaß sichtbar – es fungiert zudem als enormer Katalysator für solche Angriffe, da sie nicht mehr auf einen physischen Raum beschränkt sind. Jaclyn Friedman bezeichnet das Internet sogar als Benzin: Egal, was du dranhältst, es wird dadurch noch schneller und noch stärker brennen. Das gilt für die guten wie für die schlechten Dinge.[343]

Ich möchte daher aber auch noch einmal betonen, dass ich hiermit keineswegs einen Kulturpessimismus à la »das Internet lässt uns alle verdummen und zu schlechten Menschen verkommen!« unterstreiche, sondern auf einen offensichtlichen Konflikt verweise, der im allgemeinen Diskurs oft entweder ignoriert oder verdreht wird: Das Netz kann immer nur so gut sein wie die Menschen, die es benutzen. Es ist verlogen, einerseits vom Ausmaß der Online-Drohungen, die (sexualisierte) Gewalt gegenüber Frauen beschreiben, »überrascht« zu sein, wenn die Zahlen für Offline-Gewalttaten dies mehr als eindeutig bestätigen.[344] Technologie ist nicht der Grund für diskriminierendes und gewaltvolles Verhalten, sondern die Plattform. Die Rolle von Technologie liegt darin, dass sie das Ausleben eines solchen Verhaltens leichter möglich macht und somit auch deren Verbreitung begünstigt – wenn sich Aktivist_innen über Social Media vernetzen können, können das Hater natürlich auch. Das Internet stützt als Infrastruktur lediglich bereits bestehende gesellschaftliche Auffassungen und Haltungen: Dies beweist umso mehr, wie wichtig es ist, insgesamt einen gesellschaftlichen Wandel einzuleiten.

Es darf keine Unterscheidung zwischen Real life und Online-

Lebensraum geben, wenn dieser eindeutig Teil des ersten ist – und andersherum. Diese Trennung ist nicht nur für die Generationen, die mit dem Internet aufwachsen, bereits mehr als hinfällig.

Die tatsächlichen juristischen Möglichkeiten zur Handhabe gegen Hate Speech im Internet vorzugehen sind sehr beschränkt und meistens aussichtslos. Unserem Rechtssystem fehlt dringend ein Update, um die Realität des Internets einzubeziehen und die Konsequenzen dortiger Drohungen ernst zu nehmen, denn: Sie sind nicht weniger echt, nur weil sie im Netz passieren. Das Recht muss auch hier auf der Seite der Betroffenen stehen und Polizeibeamt_innen müssen dafür sensibilisiert werden, welche technischen Möglichkeiten es heutzutage gibt und welche Risiken diese mit sich bringen können. Warum gibt es z. B. ausführliche Debatten zum Thema Urheberrecht im Internet und keine zu Online-Misogynie?

Das Perfide an solchen Hate-Speech-Kommentaren ist, dass du sie weiterhin aufnimmst, selbst wenn du zwangsweise schon eher abgehärtet bist. Ein Kommentar ist da vielleicht noch zu verarbeiten, ein zweiter auch, aber je mehr auftauchen – und das tun sie oft auch schwallweise –, desto weniger kannst du dich davon befreien. Der Hass arbeitet in dir weiter, verunsichert dich und beeinträchtigt dich darin, wie du dich sonst im Netz bewegst. Solche Kommentare haben eindeutige Auswirkungen auf die geistige und damit auch physische Gesundheit: Schlafstörungen, Essstörungen, Depressionen, Panikattacken und Angstzustände bezüglich der Sicherheit im öffentlichen Raum sind keine seltenen Konsequenzen. Wer das Netz außerdem als Arbeitsort nutzt, kann sich zum eigenen Schutz nicht aus der Online-Sphäre zurückziehen, ohne – zusätzlich zu den gesundheitlichen Problemen – auch noch existentielle Einbußen befürchten zu müssen.

Ratschläge wie »Schreibt halt nichts mehr ins Netz rein!«, die derselben Logik folgen wie ein »Zieh keinen kurzen Rock an, wenn du nicht vergewaltigt werden willst«, oder auch das im Netz vorherrschende Gesetz von »Don't feed the trolls!« (was etwa heißt, sich nicht von herablassenden und böshaften Kommentaren im Netz provozieren zu lassen), helfen hierbei nicht weiter, denn vom Ignorieren sind Probleme schließlich noch nie weggegangen. Auf diese Weise wird Menschen, die diskriminiert werden, lediglich abermals vermittelt: »Du musst das abkönnen, sonst hast du hier nichts zu suchen!« Wir sollten uns daher vielmehr fragen, was es für unsere Meinungsfreiheit bedeutet, wenn Leute auf diese Weise mundtot gemacht und verdrängt werden und ihnen am Ende sogar noch die Schuld dafür gegeben wird.[345]

Allgemein wird angenommen, dass Hate-Speech-Kommentare immer anonym erfolgen bzw. erst dadurch entstehen, dass im Internet ein anonymes Auftreten möglich ist. Das trifft freilich auf einen gewissen Anteil zu: Dass ich die bislang krassesten Drohungen per Mail und sorgfältig anonymisiert bekam, zeigt, dass die jeweiligen Personen sehr genau wussten, was sie da tun.

Aber auch meine Erfahrungen, die anderer Betroffener und Studien zeigen, dass der Großteil nicht anonym stattfindet. Die Annahme, dass Klarnamen zu einem »zivilisierteren« Netz-Verhalten führten, ist schlichtweg falsch[346] – das wurde schon allein durch die Einführung von Facebook Connect[347] widerlegt.

Fakt ist: Diese Leute fühlen sich gar nicht erst im Unrecht. Sie glauben vielmehr, dass sie so lediglich von ihrem Recht der Meinungsfreiheit Gebrauch machen. Wer jedoch öffentlich auf sie hinweist, bekommt den Vorwurf, ihnen damit zu viel Aufmerksamkeit zu schenken oder sie würden die Kommentator_innen an den Pranger stellen.[348] Betroffene können dabei in der Regel nicht gewinnen.

Eine schnelle Reparaturlösung gibt es also auch hier nicht, doch als temporäre auf dem Weg dorthin kann u. a. die sorgfältige Moderation von Community-Seiten und Kommentarfeldern helfen. Mit klaren Regeln sowie angemessen bezahlten und nicht unterbesetzten Moderationsteams, die diese Regeln konsequent umsetzen. Wer selbst keine Hate-Speech-Kommentare erhält, kann ansonsten Solidarität mit Betroffenen zeigen und sich Prangervorwürfe oder Kommentare dergleichen verkneifen.

Auf das Problem der Hate Speech im Netz hinzuweisen ist mittlerweile fester Bestandteil meines Aktivismus geworden. Ich versuche vor allem Institutionen, die diesbezüglich Entscheidungsgewalt haben oder aufklären können, für das Thema zu sensibilisieren und muss dabei auch erkennen, dass wir in Deutschland noch ganz am Anfang stehen. Lediglich im Bereich des »Cyber-Mobbings« bei Kindern bzw. im Schulalltag scheint hier schon ein größeres Problembewusstsein zu herrschen.

### #AUFSCHREI – UND JETZT?

#aufschrei hat schonungslos offengelegt, dass Geschlechtergerechtigkeit in Deutschland keine Realität und »Wir sind doch schon viel weiter!« eine bloße Behauptung ist. Zehntausende Menschen sammelten unter #aufschrei ihre Erfahrungen mit Sexismus und sexualisierter Gewalt. Die hierunter angestoßene und breit geführte gesellschaftliche Debatte über Sexismus ist damit bereits ein großer Erfolg. Galt Sexismus zuvor als überkommen und somit als nicht (mehr) diskussionswürdig, so brachte #aufschrei ein notwendiges Update. Ein wichtiger Schritt: Ein Problem muss schließlich erst als solches sichtbar sein, um darüber reden zu können. Nur so kann auch dessen Lösung angegangen werden.

#aufschrei wurde eindeutig von online nach offline getragen und prägte die Sexismus-Debatte maßgeblich, indem es diese auf das Thema Alltagssexismus ausweitete. Bislang hatte das keine Debatte im Netz so erfolgreich geschafft – erst recht kein Hashtag. So würdigte auch die Jury des Grimme Online Awards »eine gesamtgesellschaftlich in aller Breite geführte Diskussion, die im Web mit gezündet wurde, bei Twitter unter dem Hashtag #aufschrei an Dynamik gewann, sämtliche Mediengrenzen übersprang. Und bis heute Menschen in ganz Deutschland (und darüber hinaus) bewegt.«[349]

Die bisherigen Ergebnisse der #aufschrei-Debatte sind nicht immer für alle sichtbar. Relevant sind sie trotzdem und in vielen Fällen sogar lebensverändernd:

*Du bist nicht schuld.*

Betroffene haben erkannt, dass sie, entgegen dem, was ihnen von der Gesellschaft vermittelt wird, keine Schuld an dem haben, was ihnen widerfahren ist und widerfährt.

Christine Lüders, Leiterin der Antidiskriminierungsstelle des Bundes, bestätigt diesen Effekt in einem Interview, das sie ein Jahr nach dem Beginn von #aufschrei gab:

> Dank der #aufschrei-Debatte wurden viele Frauen ermutigt, offener über das Thema sexuelle Belästigung am Arbeitsplatz zu sprechen und sich zu wehren. Bei uns ist im vergangenen Jahr die Zahl der Frauen, die sich gemeldet haben, im Vergleich zu den Vorjahren um ein Drittel gestiegen.[350]

*Du bist nicht allein.*

Ebenso haben sie gesehen, dass sie nicht allein sind und somit auch nicht weiter als »Einzelfall« abgetan werden können. Im gemeinsamen Austausch zeigte sich, was Statistiken schon lange belegen, aber in Zahlenform trotzdem noch zu schwer greifbar ist. Die Perspektiven sind dabei vielfältig: unter #aufschrei sprachen lesbische und heterosexuelle Frauen, Frauen of Color und weiße, Trans- und Cis-Frauen oder Frauen mit und ohne Behinderung.

### Du kannst darüber reden.

#aufschrei gab Menschen eine Stimme, die von Sexismus betroffen sind und lange keine Möglichkeit hatten, darüber zu sprechen. Viele nutzten den Hashtag, um zum ersten Mal über ihre Erfahrungen mit sexuellen Übergriffen und Diskriminierungen zu reden. Der Hashtag ist darüber zum Label für Alltagssexismus geworden und ermöglicht Gespräche über ein Problem, das als längst bewältigt und damit auch als verstaubt galt. Es wurde wieder über Sexismus geredet, und das überall: auf der Arbeit, in der Familie, in der Kneipe.

Auch Lehrer_innen berichteten, wie sie #aufschrei in den Unterricht trugen:

Den im Schnitt 18-Jährigen ging es ähnlich wie mir: Sie haben durch die öffentliche Diskussion Worte gefunden für das, was ihnen selbst passiert ist und wie sie sich danach gefühlt haben. Sie haben nicht von extremen Gewalterfahrungen erzählt, sondern eben über das Po-Grabschen auf der Party oder von Übergriffen durch Worte. […] Die meisten männlichen Schüler haben eher schockiert reagiert: So habe ich das nie wahrgenommen. Keiner von ihnen hat zugegeben: Das hab ich auch schon gemacht. Die älteren Schülerinnen konnten dann auch abstrahieren, dass nicht alles, was ihnen geschieht, an ihnen selbst liegt.[351]

### Feminismus, fuck yeah!
Noch mehr Menschen haben durch #aufschrei verstanden, wofür Feminismus steht. Noch mehr bekennen sich (wieder) offen dazu, Feminist_innen zu sein, und engagieren sich. Untereinander konnten sie sich durch die Debatte auch wieder besser vernetzen.

### Der Bullshit-Detektor
Durch die #aufschrei-Debatte fielen viele Masken. Nun war sehr schnell zu erkennen, wer Sexismus lediglich für einen Scherz hält und sexualisierte Gewalt verharmlost.

### Der Reality-Check
Besonders Männer wurden durch die Diskussion unter #aufschrei für eine Realität sensibilisiert, die von ihrer eigenen abweicht und die ihnen daher kaum oder auch gar nicht bewusst war. Sie verstanden, dass Sexismus nicht etwas ist, das »die Anderen« betrifft, sondern ihre Partnerin, Tochter, Mutter, Kollegin etc.

Laut einer Umfrage,[352] die untersuchte, wie die #aufschrei-Debatte Menschen beeinflusst hat, gaben 24 Prozent der Befragten an, dass sie die diese zum Anlass nahmen, um das eigene Verhalten gegenüber dem anderen Geschlecht zu überdenken. In der Altersgruppe der 18- bis 24-Jährigen sagten sogar 36 Prozent, sie hätten über eigene Verhaltensmuster nachgedacht.


## DIE MOTIVATION
Diese Sensibilisierung führte auch zur Erkenntnis, dass verstärkt Aufklärung und Zivilcourage notwendig ist, wenn wir Sexismus und sexualisierte Gewalt bekämpfen wollen. Dass wir den sexistischen Witz eben nicht durchgehen lassen, dass wir

übergriffiges Verhalten nicht mit »Jungs sind halt so« entschuldigen oder dass wir als Zeug_innen einer übergriffigen Situation Hilfe anbieten können. Genauso wurde aber auch deutlich, dass wir Politik und Medien verstärkt in die Verantwortung nehmen müssen, was ihre Rolle im Kampf für Geschlechtergerechtigkeit angeht. #aufschrei politisierte Menschen aller Geschlechter.

Schließlich stellt sich die Frage, was es über unsere Gesellschaft aussagt, wenn sie von Frauen stets erwartet, dass sie sich anpassen, sich zurückziehen oder zurückschlagen. Eine Gesellschaft, die »Opfer« als Schimpfwort benutzt und diskriminierten Menschen damit bereitwillig den Stigma-Stempel aufdrückt.

»Eine Gesellschaft, in der eine Frau ständig zum Rückschlag bereit sein muss, ist eine Arschlochgesellschaft«, befand Margarete Stokowski[353] daher auch passenderweise in ihrem Kommentar, der ein Jahr nach dem Beginn von #aufschrei erschien. Das Reden über Sexismus und sexualisierte Gewalt unter #aufschrei ist definitiv ein Akt der Gegenwehr. Es bricht ein Tabu und legt den Finger in die Wunde – nicht nur die eigene, sondern besonders die unseres Status quo, in dem Geschlechtergerechtigkeit unerreicht ist.

#aufschrei bietet die Möglichkeit zu verstehen, was wir wirklich wollen bzw. was nicht. Es geht ums Zuhören, Verstehen und schließlich reflektiertes Handeln. Wie schon gesagt: Weg von einer Kultur des »Du willst es doch auch!« und hin zu einer Kultur des »Willst du auch?«.

Die Sexismus-Debatte machte deutlich, wie sehr es an Aufklärung mangelt, was Sexismus ist und wie er unsere Gesellschaft durchdringt. Wie sehr Sexismus mit sexualisierter Gewalt verknüpft ist und wie diese Probleme sich durch die Gesellschaft ziehen – unabhängig von Alter, Herkunft, Beruf, sozialem Status oder sexueller Orientierung und Identität. Wie Sexismus für Machtmissbrauch steht und dass Opfersein nichts ist, was Menschen sich aussuchen oder an- und ausknipsen können.

Es handelt sich eben mitnichten nur um ein paar übriggebliebene »Herrenwitze«, sondern um strukturelle Diskriminierung. Die Abwertung von Fürsorgearbeit und »Frauenberufen«, die immer noch vorherrschende Lohnungleichheit zwischen Mann und Frau, die noch größere Rentenlücke, eingeschränkte körperliche Selbstbestimmung für Frauen, die nicht umzusetzende Vereinbarkeit von Familie und Beruf, schlechtere Karrierechancen für Frauen insgesamt, grassierende sexualisierte Gewalt: Sie alle sind Symptome dieses Sexismus mit System.

Wissenschaftliche Belege werden jedoch ignoriert, stattdessen Biologismen gewälzt, Gefühle hochgekocht und ein Schreckgespenst namens Tugendterror erfunden. Und der Feminismus™ ist natürlich eh an allem schuld! Auf diesem Nährboden wachsen zugleich auch andere Diskriminierungsformen wie Homophobie, Transphobie, Rassismus oder Klassismus weiter. Deren enge Verzahnung wurde ebenfalls unter #aufschrei sichtbar.

Es ist Zeit, Konsequenzen aus der Debatte zu ziehen und daraus, wie sie geführt wird – denn abgeschlossen ist sie noch längst nicht. Dabei geht es nicht um eine »Frauenfrage« oder »Frauen vs. Männer«, sondern einen Kulturwandel, den wir nur gemeinsam erreichen können.

Es kann nicht unser Ziel sein, alle zehn Jahre mit nachfolgenden und vorangegangenen Generationen dieselben Debatten zu führen, ohne dass sich etwas ändert.

Wir müssen endlich vorwärtskommen, anstatt auf der Stelle zu trampeln oder uns sogar rückwärts zu bewegen. Das durch #aufschrei geweckte Bewusstsein darf nicht einschlafen, sondern muss nun erst recht geschärft werden. Und es müssen Taten folgen, um systemische Diskriminierung und strukturell ungleiche Machtverhältnisse aufzulösen.

# 9:

## FEMINISTISCHE FUSSSTAPFEN.
## ÜBER VORBILDER UND
## MITSTREITER_INNEN

»Wie kommt man denn in ihrem Alter dazu, Feministin zu sein?« – »Ääähm, durchs Internet?«

Ich war ganz einfach mit einer Verkäuferin ins Gespräch gekommen, darüber, was ich gerade so mache (»Ein Buch schreiben!«), und natürlich kam dann auch die obligatorische Frage, wovon es denn handle. Innerlich schnallte ich mich schon mal an, denn die Reaktionen, die heutzutage auf das Thema Feminismus folgen, schwanken von wohlwollend interessiert bis sagen wir mal: anstrengend. Die Verkäuferin hatte allerdings selbst eine feministische Mutter und über deren Erzählungen sehr viel mitbekommen (»So richtig mit früher auf die Straße gehen und so«). Ihr eigener Weg zum Feminismus lag also nahe. Trotzdem war sie verwirrt, wie ich denn nun, wesentlich jünger als sie, dazu gekommen bin. Meine spontane Antwort darauf (siehe oben) ließ mich selbst schmunzeln, zusammengefasst ist das Internet aber genau der Ort, an dem ich nicht nur lernte, worum es Feminist_innen geht, sondern auch erkannte, dass ich selbst eine bin.

Ja, ich gestehe, ich habe mich nicht immer Feministin genannt. Ich fand die Bezeichnung lange sogar eher doof. Ich gehörte zu der Sorte Mensch, die gerne mal Sätze mit »Ich bin keine Feministin, *aber* ...« begann, um dann eine eindeutig feministische Aussage zu bringen. Der Rückblick auf diese Zeit lässt mich gleich wieder schmunzeln, aber ich verstehe auch, wieso das so war.

Ich konnte mich z. B. lange Zeit nicht für andere Frauen freuen. Sofern sie nicht meine engsten Freundinnen waren, standen wir irgendwie immer im Wettbewerb miteinander. Es war ein nagendes Gefühl, wenn andere Frauen Aufmerksamkeit bekamen, könnte für mich nicht mehr genug übrig bleiben. Der Erfolg anderer zeigte mir immer nur, dass ich selbst nicht gut genug war – egal, ob dieser Erfolg sich nun in einer guten Note oder in einem schickeren Kleid ausdrückte. Ich war neidisch auf die Mädchen in der Schule, die problemlos als hübsch galten und die deswegen genauso problemlos von einem Boyfriend zum nächsten flatterten wie ein Schmetterling von Blume zu Blume. Ich lästerte mit anderen über die Mädchen, von denen wir gehört hatten, dass sie Blowjobs gaben, und stempelte sie als Schlampen ab, die es ja echt nötig haben müssten. Woher das Gerücht kam? Egal! Ob es überhaupt mehr als ein Gerücht war? Egal! Wir hatten schon längst einen hässlichen Spitznamen in die Welt gesetzt. Als eine Bekannte online belästigt wurde, tat sie mir leid. Gleichzeitig sagte ich ihr, dass sie ja selbst schuld wäre, wenn sie Fotos mit ihrem Gesicht auf ihr Blog stellte. Es gibt unzählige Beispiele dafür, wie ich mich sexistisch verhielt, Victim Blaming betrieb oder mitspielte, wo ich doch mindestens mit einem lauten »Was soll der Scheiß eigentlich?!« auf den Tisch hätte hauen müssen. Rückblickend schlage ich mir bei manchen Dingen einfach nur mit der flachen Hand vor die Stirn, andere machen mich wiederum direkt traurig. Feminismus entdeckt zu haben und Feministin zu sein bedeutet natürlich nicht, dass ich plötzlich unfehlbar geworden wäre. Feminismus gibt mir aber die notwendigen Werkzeuge, um meine Fehler zu erkennen und etwas dagegen zu tun. Feminismus lässt mich die Ursprünge dieser Fehler sehen und erkennen, wie sie in unserer patriarchalischen Gesellschaft verankert sind.

Wenn ich gefragt werde, wie ich zum Feminismus kam, erwähne ich meistens, dass ich eben schon immer ein ausgeprägtes Gerechtigkeitsbewusstsein hatte. Es gab aber keinen Schalter, der umgelegt wurde und wonach über mir das Leuchtschild mit dem Schriftzug »Feministin« prangte, um mit einem blinkenden Pfeil auf mich zu zeigen.

Es geht ums große Ganze. Feminist_in zu sein ist für mich die Summe der einzelnen Teile und ein fortwährender Lernprozess. Niemand kommt so auf die Welt, was allein schon daran liegt, dass wir in einer sexistischen und generell diskriminierenden Gesellschaft leben und dementsprechend geprägt aufwachsen. Trotzdem fangen die ersten feministischen Erkenntnisse natürlich vor allem im Kleinen, bei dir selbst an – und werden dabei keineswegs als solche benannt. Als ich schon längst feministische Blogs las, in Blogs über feministische Themen und aus einer Perspektive schrieb, die eindeutig feministisch war, scheute ich mich nach wie vor, die Bezeichnung Feministin für mich anzunehmen. Auch wenn ich Feminismus nie als solchen ablehnte (der hatte damals™ schon Gutes erreicht), hielt ich die Selbstbezeichnung doch stets auf Sicherheitsabstand wie ein kleines Stinktier. Bloß nicht als zu radikal angesehen werden! Immer schön als nett wahrgenommen werden! Und vielleicht war der Begriff ja auch gar nicht notwendig? Vielleicht war ich einfach was anderes? Etwas, das darauf aufbaute, was früher als Feminismus verstanden wurde? Ich mag doch schließlich Männer! Vielleicht müssen wir es einfach nur anders nennen?

Heute denke ich: die üblichen Stadien der feministischen Selbstverleugnung. Ich habe sie alle durchlaufen, aber heute weiß ich auch, dass diese Phasen absolut notwendig waren, um da anzukommen, wo ich nun bin. Bis zur selbstbewussten Aussage »Natürlich bin ich Feministin!« habe ich einfach ein bisschen gebraucht. Und dass ich mich schon Jahre davor

auf diesem Weg befand, ist rückblickend gesehen ganz folge-
richtig.

Ob es jetzt der beste Freund war, für den ich mich im Kindergarten mit dem größten – körperlich sowie charakterlich – Fies-
ling der gesamten Kindergartengruppe prügelte – nur, um mich
danach auch noch über das empörte »Mädchen machen so
etwas doch nicht!« der Kindergärtnerin zu ärgern, als sie unsere Kabbelei auflöste. Oder mein Unverständnis über Ver-
wandte, die mir erklärten, dass ich nicht so rumtoben dürfe,
während das bei meinem Bruder absolut erwünscht war. Oder
der Kurzhaarschnitt, den ich meiner für teures Westgeld ge-
kauften Barbie verpasste, weil schließlich alle Frauen in meinem Umfeld mit schicken Kurzhaarfrisuren durchs Leben gingen und das »viel realistischer« war. (Dass das für den Rest der
Puppe nicht zutraf, klammerte ich in meiner achtjährigen Logik erst mal aus.) Solche und unendlich viele andere Szenen
sehe ich heute als erste noch ganz naive Auseinandersetzungen
auf meinem Weg, mich für Geschlechtergerechtigkeit einzusetzen.

Feminismus schlich sich eher mit leisen Schritten, aber dafür
in Begleitung umso eindrucksstärkerer Vorbilder in mein Leben.
Nur hießen diese nicht Beauvoir, Butler oder Schwarzer.

## AUF VORBILDSUCHE

Beginnen muss ich meine Ahninnengalerie ganz standesgemäß
mit meiner Mama. Sie war diejenige, die mir beibrachte, dass
ich auf Pfiffe auf der Straße nicht reagieren sollte, ich sei ja
schließlich kein Hund. Unermüdlich gab sie mir mit ihren Ku-
chendiagrammen Nachhilfe in Mathe und Physik, ohne mir auch
nur ein einziges Mal zu vermitteln, dass ich das nicht lernen
könnte. Ich fragte mich immer, ob ich jemals so gut darin wer-

den könnte wie sie (Spoiler: Wurde ich nicht. Dafür empfinde ich weiterhin sehr viel Liebe für Kuchendiagramme). Sie war und ist meine Naturwissenschaftsheldin. Sie erzählte mir von Büchern wie »Franziska Linkerhand« und »Die verlorene Ehre der Katharina Blum«, und nebenbei lernte ich durch Walentina Tereschkowa, dass ich sogar Kosmonautin werden konnte, wenn ich wollte. Ich kenne meine Mama außerdem nur mit Job (aber auch mit der Belastung durch den Haushalt) und war ziemlich irritiert, als wir nach dem Fall der Mauer unsere Verwandtschaft im Westen besuchten und das Konzept Hausfrau dort nicht nur auf Rentnerinnen beschränkt war. Vor dem Fall der Mauer und auch lange danach hatte ich schlicht keine Vorstellung davon, was Feminismus ist oder die Frauenbewegung, obwohl es ja auch in der DDR Aktivistinnen gab. In der Schule behandelten wir das Thema später eigentlich nur am Rande, als es um die Einführung des Frauenwahlrechts ging. Dass es danach noch offene Baustellen und Kämpfe um die Gleichstellung gab, wurde überhaupt nicht thematisiert. Wann der Begriff Feminismus mir zum ersten Mal bewusst begegnete, kann ich allerdings gar nicht genau sagen, dass z. B. »Emanze« eher als spöttische Bezeichnung für unbequeme Frauen gemeint war, wusste ich dagegen schon recht früh.

Außerhalb der Familie war das mit den Vorbildern zunächst schon schwieriger. Am ehesten ist da aber die SPD-Politikerin Regine Hildebrandt zu nennen, deren unverblümte große Klappe ich ziemlich super fand. Sie zeigte mir ein Bild von politischen Frauen, das ich bisher so nicht kannte. Von Feminist_innen selber hatte ich trotzdem jahrelang ein eher schräges Bild. Wenn ich das Wort hörte, schwangen unterbewusst immer diese Bilder von wütenden Männerhasserinnen mit, obwohl ich nicht mal genau wusste, woher sie stammten. Woran das liegt? Zum einen sicher daran, dass Feminist_innen in den Medien 1. nicht sehr oft vertreten sind und 2. dabei auch meistens nicht gut wegkommen. Darüber hinaus sind deutsche Medien nicht gerade für eine abwechslungsreiche Auswahl bekannt, und es entsteht schnell der Eindruck, dass es quasi nur eine Person gibt, die feministisch aktiv ist.

Feminismus in Deutschland, das war für mich auch lange dieses seltsame Streitgespräch zwischen Alice Schwarzer und Verona Feldbusch, als beide bei Johannes B. Kerner zu Gast waren. Falls sich, vollkommen zu Recht, niemand mehr erinnert: Das war 2001, und einige Zeitungen titelten dazu »Brain trifft Body« (bitte hier Augenrollen einfügen). Mich selbst sprach das alles höchstens auf dem Fremdschäm-Level an. Und vor allem war da die große Frage: Was soll das eigentlich? 2003 tobte dann der sogenannte Kopftuchstreit durch die Medien, und auch wenn ich den Standpunkt aus dem Emma-Lager, dass das Kopftuch ein Symbol für die Unterdrückung der Frau sei, damals noch nicht direkt als rassistisch benennen konnte, hinterließ das alles doch ein sehr merkwürdiges Gefühl in der Magengegend. Als Schwarzer dann noch Teil einer Image-Kampagne für die BILD wurde, war ich endgültig irritiert, was ich von »diesem Feminismus« überhaupt halten sollte. Es wirkte so, als wäre ihre Position die einzig berichtenswerte. Es war bizarr, dass es sich um eine Frauenbewegung handelte und doch nur eine Person sichtbar war. Mir fehlten eindeutig Feminist_innen, mit denen ich mich auch identifizieren konnte, und deswegen interessierte ich mich schlicht auch erst mal nicht weiter für das Thema.

Das war möglich, weil ich meine Uni-Zeit in einer relativ geschützten Blase verbrachte. Gender Studies kamen darin nicht vor, aber dafür jede Menge Literaturwissenschaft. Und trotzdem hatte auch diese Blase schon eindeutige Risse. Sie zogen sich durch diese Zeit wie diese fiesen kleinen Schnittwunden, die man sich an Papier holen kann: Sie sind meistens eher winzig und nerven doch ungemein.

Da waren übergriffige Profs und Kommilitonen, und es gab die als Kompliment gemeinten »Für ein Mädchen haste aber 'nen guten Musikgeschmack«-Sprüche beim Auflegen im Club. Dort waren auch die Typen, die mir erst ungefragt Drinks ausgaben und dann angepisst waren, wenn ich diese höflich ablehnte, weil ich Angst hatte, dass mir jemand was ins Getränk mischen könnte. Da war das ständige Gefühl immer nur als »Freundin von X« wahrgenommen zu werden und keine eigenständige Person zu sein, wenn ich mit meinem damaligen Freund unterwegs war. Da war die Sorge, als Groupie gesehen zu werden, weil ich mit jemandem zusammen war, der in einer Band spielte. Es war die Angst zuzunehmen und damit nicht mehr als hübsch zu gelten oder überhaupt die Schwierigkeit, mich einfach so schön finden zu können. Es waren die Seminare, in denen ich begeistert mitdiskutierte, meine Meinung aber übergangen wurde, nur um kurze Zeit später mitzubekommen, dass dieselben Thesen plötzlich total gut waren, sobald ein Typ sie als seine ausgab.

So drückte Sexismus meinen Kopf immer wieder unter Wasser, aber ich hatte noch keine Möglichkeit, mein komisches Gefühl deswegen in Worte zu fassen.


## EINSTIEGSDROGE POPKULTUR
Und davor: In den 1990-er Jahren tummelten sich erst mal die Girlies in den Medien und um mich herum. Auch wenn ich als 1A-Zielgruppe von Girl Power galt, fühlte ich mich, ganz teenager-gerecht, bei der »Mir doch egal, was du davon hältst«-Attitüde von Oasis am wohlsten – »I'm freeeeee to say whatever I, whatever I like if it's wrong or right it's alright«! »Wannabe« von den Spice Girls sang ich natürlich trotzdem mit (Zig-a-zig-ah!),

aber wenn ich Anfang der 1990er-Jahre schon das Leben in »diesem Internet« so hätte inhalieren können, wie es ein paar Jahre später möglich war, wäre ich vermutlich eher von Riot Grrrl[354] eingesogen worden. Diese im Punkrock verwurzelte Bewegung schaffte es ja leider nie in so großem Stil wie in den USA nach Deutschland, dafür bekamen wir aber die »verdaulichere« Variante der Girlies umso stärker ab.

Als Musiknerd (ich danke an dieser Stelle meinen Eltern ausdrücklich für ihren guten Einfluss) war ich aber nicht nur Fan des eher männlich geprägten Britpop, sondern war fasziniert von der Fülle weiblicher Künstlerinnen, die eindeutig ihr Ding durchzogen und feministische Botschaften in ihre Musik einfließen ließen, auch wenn sie diese nicht immer direkt als solche benannten. Ob das jetzt die smarte Coolness in Person der Garbage-Sängerin Shirley Manson war, TLC mit ihren offenen Lyrics über selbstbestimmten Sex oder die Cranberries-Sängerin Dolores O'Riordan, die gleichermaßen leidenschaftlich politische Kritik üben konnte wie herzzerreißende Balladen singen. Ohne sie bewusst so wahrzunehmen, waren sie alle Vorbilder und zeigten mir mögliche Facetten von Frauen, die beim besten Willen in keine Schubladen passten. Außerdem machten sie alle ihre Leidenschaft zum Beruf und standen dort komplett im Mittelpunkt.

Deswegen macht es mich natürlich auch sehr glücklich, wenn ich heute sehe, dass Künstlerinnen wie Beyoncé oder Lorde das Thema Feminismus offen umarmen. Nicht nur, weil ich dann mehr gutes Kopfhörerfutter bekomme, sondern auch, weil ich weiß, dass sie vielen Menschen, die sich bisher nicht damit beschäftigten oder sich sogar distanzieren, über Musik einen neuen Einblick verschaffen können.

Aber nicht nur Musik spielte eine Rolle, sondern auch die Tatsache, dass das Fernsehen mir, neben meinen alltäglichen, auch neue Heldinnen verschaffte. Starke, schlaue Frauen mit ihren ganz eigenen Charakterzügen. Meine Emma war keine Zeitschrift, sondern hieß Peel mit Nachnamen und trat in »Mit Schirm, Charme und Melone« regelmäßig in Bösewichtsärsche, anstatt gerettet werden zu müssen. Das alles natürlich bei gleichzeitiger Witzigkeit und großartiger Klamottenauswahl. Die Serie »Willkommen im Leben« hatte dagegen eine 15-Jährige als Protagonistin und war für mich Liebe auf den ersten Blick, weil ich mich nahtlos mit Angela Chase, gespielt von Claire Danes, identifizieren konnte. Stress mit den Eltern, alte Freund_innen verlieren, neue finden, für die wirklich coolen Sachen immer noch einen Tick zu jung sein, Make-up-Experimente, Haarfärbe-Experimente, überhaupt: Experimente! Und natürlich höchst dramatisches Verknalltsein. Dabei legt die Serie behutsam offen, dass Erwachsene mitnichten von allem einen Plan haben, bloß weil sie älter sind und Erwachsensein mindestens noch halb so viel an Unsicherheiten birgt wie das Teenager_innen-Leben. Ich jedenfalls habe diese Serie nicht einfach nur geschaut, ich habe sie zelebriert. Am meisten geprägt hat mich allerdings »Buffy – Im Bann der Dämonen«. Ich bin – Achtung, Pathos! – quasi mit ihr großgeworden. Und klar, es ging auch um Dates und gutaussehende Typen und Mädels, Sex und die große Liebe – bei »Buffy« lautete die Botschaft trotzdem, dass kein Junge es jemals wert ist, dass ein Mädchen darüber ihr Leben aufgeben sollte. Der eigentliche Mittelpunkt der Serie war außerdem immer Freund_innenschaft. Keiner der Hauptcharaktere der Serie ist nur gut oder nur böse. Sie alle haben Ängste, besondere Fähigkeiten, bauen Mist, helfen einander, verletzen sich, überschreiten Grenzen, leiden zusammen und versuchen Wunden heilen zu lassen. Es geht um Unsicherheiten, Fehler machen und die eigenen Superkräfte (manchmal im wahrsten Sinne des Wortes) entdecken. Mit der Figur Willow sah ich zum ersten Mal bewusst eine weibliche Computer-Nerd. Aber ich sah in dieser Serie auch zum ersten Mal eine lesbische Liebesgeschichte im Fernsehen und dazu eine, die nicht dafür geschrieben wurde, um die männliche Phantasie zu »beflügeln«. Die Serie konnte außerdem total pathetisch sein, um dann auf einen Schlag herrlich selbstironisch zu werden – so etwas hatte ich noch nicht gesehen.

Auch wenn sie es manchmal nur zu gern wollte: Buffy lief nicht weg, sie wehrte sich. Sie machte die Welt zu einem besseren Ort und rettete sie sogar, und das gleich mehrere Male. Die Dämonen des Alltags erwischten sie manchmal trotzdem, denn am Ende war sie auch nur ein Mensch. Sie wartete aber nicht, bis ein Prinz auf dem weißen Ross oder im schnellen Porsche zur Rettung vorbeikam, sondern nahm diese ganz selbstverständlich selbst in die Hand. Nicht umsonst ist ihr Spruch »If the apocalypse comes, beep me«[355] (»Wenn die Apokalypse kommt, piep mich einfach an«) heute noch einer meiner Leitsprüche.

Was damals Buffy Summers war, sind heute für mich Katniss Everdeen (»The Hunger Games«) oder Leslie Knope (»Parks and Recreation«): Die Möglichkeit, mich in Popkultur wiederzufinden, mich über sie zu entdecken und mit ihr zu identifizieren, war und ist ein wahnsinnig großes Geschenk. Musik, Serien, Filme und dergleichen können uns gerade als Jugendliche in einer Art formen und Trost spenden, wie es meist kein »Erwachsenengespräch« kann. Über diese Form des Storytellings können wir neue Lebenswelten erfahren und unsere eigene besser verstehen. Es ist schade, dass Fan von etwas zu sein trotzdem immer noch diesen latenten Beigeschmack des »Bekloppt-seins« hat, anstatt das tatsächliche Potential darin zu sehen. Fandom erlaubt es uns, tiefer in Geschichten einzutauchen, uns von ihnen inspirieren zu lassen und zu erkennen, wozu wir fähig sind. Daher ist es wichtig, zu sehen, dass es hier auch um

Visionen geht, die Vorbild für so viele Menschen sein können, und es deshalb ebenso von Bedeutung ist, wessen Geschichten überhaupt erzählt werden. Die immer gleiche »Mann zieht in die Welt hinaus, rettet Frau, und sie leben danach glücklich bis an ihr Lebensende«-Story mit den immer gleichen Gesichtern ist nicht nur langweilig, sondern auch faules Geschichtenerzählen. Weil es weder die Realität noch mutige Visionen in sich birgt.

## XOXO, INTERNET

Meine feministischen Fußstapfen sind eng mit meinen Pfaden im Netz verknüpft. Ich wuchs zwischen AOL-CDs, Modems und Chatrooms in diese großartige Wunderwelt namens Internet hinein. 1996. Damals war das »Sie haben Post!« bei jeder neuen E-Mail ein aufregender Wohlklang in meinen Ohren und die Sehnsucht nach Inbox Zero nicht vorstellbar. Damals wie heute finde ich am wunderbarsten, dass es das Netz auf einen Klick möglich macht, Gleichgesinnte zu finden. Sie sind der magische Kleber, der alles zusammenhält. Für mich war dies damals jedenfalls neben den technischen Möglichkeiten eine ganz neue Freiheitserfahrung.

Am Anfang lernte ich schnell die Abkürzungen von brb bis ROFL. Gerade in den Chatrooms blieb die wichtigste Frage aber a/s/l (age, sex, location): Wie alt bist du? Männlich oder weiblich? Wo kommst du her? Das war nicht immer nur bloßer Informationsaustausch: Ich merkte bald, dass, je nachdem welcher Kategorie ich angehörte, diese den weiteren Umgang mit mir bestimmte. Wenn ich nämlich ab und zu mit meiner Online-Identität experimentierte (nichts Wildes, höchstens mal ein anderes Alter oder auch eine andere Haarfarbe), konnte diese noch mal ganz andere Reaktionen hervorrufen. Während ich als blonde

Teenagerin zwar auch schon den ein oder anderen hartnäckigen doofen Flirt abwehren musste, wurde das schon eindeutiger, wenn ich z. B. 25 Jahre alt und rothaarig war. »Die sind ja besonders scharf und horny«, bekam ich da von mehreren Typen zu hören. Ich fragte meinen Bruder, ob er solche komischen Reaktionen auch ab und zu in seinen Chats lesen müsse? »Haha, nee!«

Bis spät in die Nacht konnte ich mich manchmal in Gesprächen verlieren, die einzig über die Tastatur geführt wurden. Sehr zum Leidwesen meiner Eltern, die von der hohen Telefonrechnung überrascht wurden, da an Flatrates & Co. noch nicht zu denken war. Einige dieser Chat-Freund_innen wohnten in Berlin oder Umgebung, und ich traf mich mit ihnen auch schon mal »draußen«, damals noch IRL (in real life) genannt, um gemeinsam CDs zu kaufen, ins Kino zu gehen oder die online begonnenen Gespräche einfach nur weiterzuführen. Heute muss ich zwar keine Übernachtungen bei der besten Freundin mehr als Deckungsmanöver zum heimlichen Besuch (Sorry, Mama!) des IRC-Channel-Treffens benutzen, aber jemanden zum ersten Mal offline zu treffen, den_die du bisher nur online kennst, ist tatsächlich immer noch so herrlich aufregend wie damals, und man freut sich, wenn das Bauchgefühl erneut positiv bestätigt wird.

## ZWISCHEN MUTTI-BLOGS UND FEMINISTING

Als ich anfing, mich für Blogs zu interessieren, und diese sich immer weiter verbreiteten, las ich auch viele sogenannte Mutti-Blogs. Eine leider meist eher abwertend gemeinte Bezeichnung für Blogs, die von Frauen geschrieben werden, die eben auch gleichzeitig Mütter sind und das thematisieren, weil sie über ihren Alltag schreiben und da halt Kinder & Co. vorkommen. Mich faszinierte vor allem die wirklich enge Vernetzung unter den Bloggerinnen und wie sie sich gegenseitig unterstützten, obwohl viele von ihnen sich ausschließlich online kannten. Sie hießen Das Nuf[356], Zwilobit[357] oder Frau Antonmann[358] und diskutierten freimütig über Themen wie Vereinbarkeit von Familie und Beruf, die Veränderung von Körpern nach der Schwangerschaft und Stolpersteine in der Kindererziehung, ganz ohne das Label »Feminismus« draufzukleben. Sie erzählten halt einfach aus ihrem Leben. Die auch schon damals im Feuilleton immer wieder in regelmäßigem Abstand verhandelten Feminismus-Debatten (»Brauchen wir ihn noch? Was macht der Feminismus™ alles falsch?«) fanden eher im toten Winkel statt – da wo ich mich im Netz bewegte, spielten sie einfach keine Rolle.

Die wenigen deutschen Blogs, die sich zu dieser Zeit eindeutig als feministisch einordneten, griffen vor allem amerikanische Debatten auf, und mir fehlte dort der tatsächliche Einblick in das Leben anderer Menschen, den ich an Blogs schon immer so sehr liebte. Natürlich sind Weblogs, also »Web-Tagebücher«, trotz ihres Namens nicht auf tagebuchartigen Stil beschränkt – und für diese Vielfalt mag ich sie umso mehr –, aber über ihre meist bewusst persönliche Blickrichtung erschließe ich mir Themen bis heute am liebsten.

Das erste und bekannteste deutsche feministische Blog, die Mädchenmannschaft,[359] war damals aus dem Buch »Wir Alphamädchen« entstanden und bezog sich konkret auf das amerikanische Vorbild Feministing.com. Es war natürlich spannend zu sehen, dass es wohl doch noch ein paar mehr deutsche Feministinnen gab und sie altersmäßig auch nicht zur zweiten Welle der Frauenbewegung gehörten. Da ich aber eh gerne englische Texte lese, ging ich einfach direkt zur amerikanischen Quelle. Der Ton war eher unakademisch, ohne banal zu sein, und doch war es auch hier nicht immer ganz einfach, in die Diskussionen einzusteigen, weil sie teils schon länger liefen und sich natürlich auch von den deutschen unterschieden – waren es nun Gesetze zum Schwangerschaftsabbruch, zur Pille danach oder zum Gender Pay Gap.

So richtig gepackt hat es mich dann aber, als ich eine persönliche Geschichte der Feministing-Gründerin Jessica Valenti las. Sie hatte gerade eine Tochter bekommen und schrieb über die leider sehr traumatische Geburt.[360] Valenti litt nämlich unter dem HELLP-Syndrom,[361] einer schweren Erkrankung während der Schwangerschaft, die insbesondere für das Kind, aber auch für die Schwangere lebensgefährlich sein kann. Ihre Tochter musste daher in der 29. Schwangerschaftswoche per Notkaiserschnitt geholt werden, damit beide überhaupt eine Überlebenschance hatten. Ich war beeindruckt davon, dass sie diese schmerzhafte Geschichte so offen teilte und klarmachte: Es ist vollkommen okay, erst mal durch den Wind zu sein, statt ausschließlich im Mutterglück zu schwelgen. Gerade Risikogeburten sind durch moderne medizinische Mittel zwar heutzutage besser handhabbar, ein Spaziergang sind sie trotzdem immer noch nicht, und es hängt selbst bei Durchschnittsgeburten ein großes Tabu-Tuch darüber, was diese eigentlich so mit dem Körper anstellen. Valenti schrieb in späteren Artikeln auch noch über ihre posttraumatische Belastungsstörung, die sich aus der Geburtssituation ergeben hatte[362] und die ihr lange danach noch Panikattacken und Flashbacks bescherte. Und sie sprach offen darüber, dass sie aufgrund der Geburt lange Probleme hatte, eine Beziehung zu ihrer Tochter aufzubauen, weil immer die Angst mitschwang, dass sie Layla wieder verlieren könnte.[363] Sie liebte sie, aber es war einfach schwer, diese Liebe zuzulassen. Und auch ohne selbst Mutter zu sein, war ich Valenti dankbar dafür, dass sie die Mythen rund ums Kinderkriegen damit wieder ein Stück auseinandernahm. Angst und Bedenken darf frau nämlich bei diesem Thema meist nicht offen äußern: Schließlich ist Kinderkriegen doch »die natürlichste Sache der Welt«, nicht wahr?

## ICH BIN KEINE FEMINISTIN, ABER ...

Dass ich schließlich selbst mit dem Bloggen anfing, begann eigentlich aus ganz pragmatischen und keineswegs feministischen Gründen: Ich ging für ein Semester zum Studium ins wunderschöne Bergen in Norwegen und wollte alle Daheimgebliebenen darüber auf dem Laufenden halten, was mir dort so widerfuhr. Zu der Zeit waren nämlich nicht nur Auslandssemester angesagt, sondern auch episch lange Massenmails, von denen ich nicht wirklich ein Fan war.

Ich suchte mir also ein Blogspot Design und einen Namen aus, und los ging es mit Beschreibungen meines norwegischen Alltags: Von Brunost (blergh) bis Zimtschnecken (hmmm), über Fjord-Fahrten, hin zu Erkenntnissen aus dem Norwegisch-Unterricht und bis zu meinem ehrenamtlichen Job beim örtlichen Filmverein. Dazu erwarb ich ein paar grundlegende HTML-Kenntnisse und sogar schon ein bisschen CSS, um Kleinigkeiten an meinem Blog selbst reparieren zu können – das Internet-Freiheitsgefühl wuchs ein bedeutendes Stückchen weiter.

Als ich wieder zu Hause war, hatte mich das Bloggen aber ähnlich angefixt wie damals das Chatten. Ich hatte etwas zu sagen, und mir war tatsächlich auch erst mal egal, ob das zwei Leute lasen oder zwanzig. Ich wollte einfach nur schreiben, meine Eindrücke festhalten, das feiern, was mir das Netz an wunderbaren Fundstücken bescherte, und diese natürlich auch teilen. Die deutsche Blogosphäre war damals das, was sich mit überschaubar bezeichnen lässt, und ich lebte mich schnell darin ein.

Mit feministischen Themen beschäftigte ich mich damals

eher zwischen den Zeilen, z.B., wenn es um den eher beklagenswerten Frauenanteil auf der re:publica ging. Ich selbst besuche die Konferenz rund um Blogs und Netzkultur seit sie mit rund 700 Teilnehmenden und Klassenfahrtcharakter im Jahr 2007 das erste Mal stattfand. Doch obwohl ich genau in die Zielgruppe passte – Bloggerin und überhaupt rundum internetbegeistert –, fragte ich mich auch damals, natürlich in meinem Blog, ob ich denn überhaupt dorthin gehören würde. Ich entschied mich für ein Ticket, aber gerade in den Anfangsjahren war das Geschlechterverhältnis sehr männerlastig, auf der Bühne und auch unter den Teilnehmenden.

In den folgenden Jahren änderte sich das zwar, aber wenn Frauen auftauchten, dann meist zur Frage, warum sie als Bloggerinnen so wenig im Netz sichtbar waren, obwohl sie das Internet gleichermaßen stark nutzen. Dabei entstand dann auch erst mal wieder der Eindruck, Frauen hätten nur ihr Geschlecht als Lieblingsthema und Hobby. In Wirklichkeit ist es schlicht so, dass Frauen auf die Geschlechterschieflage aufmerksam machen müssen, weil die im Normalfall eben nicht von alleine auffällt.

So zeigte sich auch bei der re:publica ein klassisches Problem. Die Konferenz kümmerte sich zum damaligen Zeitpunkt noch nicht aktiv darum, ihr Geschlechterverhältnis zu verbessern, sondern hoffte, ein offener Aufruf zur Teilnahme würde ausreichen. Insofern ist es schön, zu sehen, dass dieser Punkt von den Veranstalter_innen mittlerweile sehr ernst genommen wird.

Der Knackpunkt war ja auch hier: Jungs werden dazu erzogen, ihre Fähigkeiten niemals anzuzweifeln und sich selbstbewusst ins Getümmel zu schmeißen. Das führt dazu, dass offene Aufrufe in erster Linie Männer anziehen, die keine Sekunde daran zweifeln, ob sie überhaupt die notwendigen Skills für eine Teilnahme haben. Mädchen wird zwar mittlerweile auch gesagt, dass sie alles werden können, aber: Sie müssen immer mindestens so gut sein wie die angstfreien Jungs, um mitspielen zu dürfen. Das wird auch als Frau nicht unbedingt anders. Ich weiß selbst noch, wie viel Mut ich gebraucht habe, bis ich meinen ersten Vorschlag für einen Vortrag bei der re:publica einreichte. Ideen dafür hatte ich jedenfalls schon lange.

Bis ich selber den Mut entwickelte, konkret zu feministischen Themen zu bloggen, verging sogar noch mehr Zeit. Viel zu lange hatte ich noch dieses komische Gefühl in der Magengegend, ich müsse erst mal einen bestimmten Kanon an feministischer Basisliteratur auswendig hersagen können, bevor ich wirklichwirklichwirklich mitreden kann (und darf). Ich las zwar immer noch keinen der europäischen Klassiker, aber tauchte dafür umso tiefer in die feministische Blogosphäre der USA ein. Es war, als wäre mir nicht nur die Tür zu einer riesigen und tollen Bibliothek geöffnet worden, sondern als säßen darin auch noch großartige Menschen, die sich zu allem austauschen wollten, was mich interessierte.

Es tat sehr gut, zu merken, dass ich mit meinen Überlegungen nicht alleine war und endlich Worte dafür finden konnte, auch wenn sich nicht alle meine Fragen in Luft auflösten. Die meisten Texte waren zwar in verständlicher Sprache geschrieben, aber manchmal stieß ich doch wieder auf Begriffe oder Diskussionen, die ich bisher nicht kannte. Das war allerdings auch gar kein Problem, schließlich hatte ich das Internet direkt vor mir und konnte einfach nachschlagen. So sprang ich (und springe heute noch) oft mit Genuss und Faszination in mir neue Themengebiete, als wäre es ein heißer Sommertag und das Netz mein Swimmingpool. Klar kann da auch manchmal noch Wasser in die Ohren kommen und die Informationsflut etwas überwältigend wirken – aber das ist eben wie bei jeder anderen Sache, die im Netz recherchiert werden kann. Auf Twitter begann ich feministischen Autorinnen wie Jessica Valenti zu folgen und blieb so immer auf dem neuesten Stand. Sie navigieren mich auch heute noch mit ihren Leseempfehlungen durch die Informationsflut und schubsen mich immer wieder über den eigenen Tellerrand, öffnen mir neue Perspektiven oder bauen bereits bestehende aus. So ist es in der amerikanischen Blogosphäre von Anfang an vollkommen normal, dass auch Feministinnen of Color Teil davon sind oder dass z. B. über die Arbeit von bell hooks oder Audre Lorde gesprochen wird – etwas, das ich in Deutschland eher nicht sah.

Insofern erlebte ich also genau das, was die Videobloggerin Kat Lazo, die auf ihrem YouTube-Channel Thee Kats Meoww Videos zu feministischen Themen veröffentlicht, in ihrem TED-Talk »Feminism is not dead, it's gone viral«[364] beschreibt. Sie erzählt darin, wie sie zuerst die Arbeit von Feministinnen wie Anita Sarkeesian,[365] Laci Green[366] oder Francesca »Chescaleigh« Ramsey[367] verfolgte und damit auf Leute traf, die wie sie keine Lust auf Status quo, sondern auf Veränderung hatten:

> Diese Online-Publikationen und die Leute dahinter übersetzten nicht nur alles, was ich an dieser Welt als falsch empfand, auf wortgewandte Weise in eine Sprache, mit der ich mich identifizieren konnte, sondern indem sie das taten, zeigten sie mir auch, dass ich mit meiner Stimme nicht alleine war, dass ich Geschlechterungerechtigkeit nicht einfach so hinnehmen musste, weil das Leben nun mal so ist. Das Internet war mein ›Feminine mystique‹ [Anmerkung: Die Autorin Betty Friedan wird damit als maßgebliche Auslöserin der zweiten feministischen Welle gesehen], und das hier war mein feministischer Aha-Moment: Wenn ich die Welt verändern wollte, musste ich selbst damit anfangen.

## MY FEMINISM, MYSELF

Ich erwähnte zwar schon, dass es für mich keinen feministischen Erleuchtungsmoment gab, sondern meine Einstellung und Aktivitäten vielmehr das Ergebnis mehrerer Faktoren sind. Trotzdem gab es durchaus einen Punkt, an dem ich mich dazu entschloss, mich fortan nicht nur zögernd, sondern selbstbewusst Feministin zu nennen.

Dass ich meine Meinung änderte, hängt mit der amerikanischen Aktivistin Jaclyn Friedman zusammen. Sie war das Zünglein an einer Waage, die sich eh schon seeehr weit in Richtung »Feminismus, fuck yeah!« bewegte. Das amerikanische Blog Feministe.us verfolgte ich schon ein Weilchen, als ich im Juli 2010 auf einen Artikel von Friedman stieß, die ich bis dahin noch nicht kannte. Der Titel ihres Posts sprang mir allerdings direkt ins Auge: »My sluthood, myself«.[368]

Ich hatte nie so richtig verstanden, weshalb Frauen sich freiwillig als Schlampen bezeichnen, das doch meist auch eher mit Achselzucken kommentiert. Sollen sie halt. Selbst zu meinen Gymnasiumszeiten gab es eine Phase, in der sich meine Freundinnen und Klassenkameradinnen gegenseitig als Schlampen bezeichneten und das absolut liebevoll meinten. Vielleicht war das einfach nur eine unbewusste Art, den Begriff mit etwas Schönem zu besetzen und diesem abwertenden Stempel seine Macht zu nehmen?

Dabei steht »slut« im Englischen, im Vergleich zum Deutschen, sogar noch viel stärker für sexuell freizügige Frauen, die 1. oft und 2. mit vielen verschiedenen Menschen schlafen. Sluts haben in unserer Gesellschaft keinen Anspruch auf Respekt und sind damit auch selbst schuld, wenn ihnen etwas zustößt – schließlich hätten sie es sich durch ihre Lebensweise ja so ausgesucht! Eine positive Aneignung dieser Bezeichnung ist also nicht so einfach, aber bei »My sluthood, myself« wurde bereits im Titel selbstbewusst (sexuelle) Schlampigkeit mit der eigenen Persönlichkeit verknüpft. Kurz gesagt: Friedman hatte schon mit der Überschrift meine Aufmerksamkeit gewonnen. Doch was danach folgte, war ganz ohne Übertreibung eine Offenbarung für mich.

In ihrem Text beschreibt Friedman, wie sie viel zu oft in einer Beziehung gelandet war, nur weil sie mal mit jemandem rumgemacht hatte. Abends ordentlich geknutscht und morgens direkt in einer wackligen Beziehung aufgewacht. Schöne Wurst! Sie war so verbissen auf der Suche nach der einen Person, mit der sie ihr Leben bis ans Ende verbringen wollte, dass sie sich immer kopfüber in dieses Szenario stürzte, ohne die Beziehung wachsen zu lassen oder Libido einfach mal Libido sein zu lassen.

Sie schrieb, wie sie nach langen Beziehungen wieder in die Welt des Datings zurückkehrte. Das war zwar schön, weil sich jemand spürbar für sie interessierte, doch auch hier steigerte sie sich wieder von 0 auf 100, von einem einzigen Date zu »Bist du die Liebe meines Lebens?« Als sich dieser Wunsch nicht erfüllte, wurde sie wieder mit voller Wucht auf den Boden der Tatsachen geworfen und litt wie ein Hund, weil sie ja noch nicht mal als schrullige Katzenlady alt werden könne (sie ist allergisch), sondern eben einsam sterben müsse. (Liebe Romantische Komödien: Vielen Dank für nichts!)

Sie entschied sich für eine Anzeige bei Craigslist, einer Plattform für Kleinanzeigen aller Art, wo es auch die Kategorie »Casual Encounters« gab, unter der sich Menschen für unverbindliche Treffen (lies: unverbindlichen Sex) verabreden konnten. Dabei ging es ihr erst mal gar nicht um ein konkretes Treffen, sondern vielmehr darum, wieder das Gefühl zu bekommen, begehrt zu werden – obwohl sie gerade ungeduscht und in schluffigen Jogginghosen vor dem Laptop saß.

Unter vielen absurden bis furchtbaren Reaktionen auf ihre Anzeige war auch eine, die ihr Interesse weckte. Also chatteten die beiden, amüsierten sich, und schließlich kam die Frage, ob sie sich treffen sollten. Am gleichen Abend noch. Sie sagte zu. Dabei schrie ihr Bauchgefühl mit jeder Faser »JAAA!«, und zugleich war sie vollkommen verunsichert darüber, ob sie gerade das Richtige tat (»Ich werde einem Axtmörder zum Opfer fallen!«). Sie gab zu: Sluthood war auch furchteinflößend. Wenn dir dein ganzes Leben über erzählt wird, dass du dich sexuell nicht austoben darfst (oder maximal mit einem einzigen Mann und am besten noch verheiratet), braucht es eben großen Mut, sich vollkommen anders zu verhalten.

Glücklicherweise endete sie aber nicht als zerhackte Leiche, sondern hatte stattdessen fantastischen unverbindlichen Sex. Ein Erlebnis, das ihr die Augen öffnete und fortan dafür sorgte, dass sie Begehren und Zuneigung nicht nur besser einordnen, sondern dabei trotzdem ihre Bedürfnisse erfüllen konnte. Sie erkannte, dass es zwischen Zölibat und Heirat–Kind–Haus noch ganz andere Optionen gab. Man muss schließlich nicht dauerhaft ein Bett teilen, um darin Spaß haben zu können. Diese Einstellung, sagt Friedman, habe ihr wiederum erlaubt, entspannter auf Leute zuzugehen, mit denen sich vielleicht auch etwas Ernsthafteres entwickeln könnte.

Ihre Chance auf die echte große Liebe wurde dadurch nicht geschmälert, sondern vielmehr verbessert, da sie nun in der Lage war, offen über Herzangelegenheiten und solche der Libido zu sprechen und beide auch nicht zu verwechseln. Beste Voraussetzungen also, um tatsächlich in einer gesunden Beziehung zu landen, die auch auf lange Sicht (und mehreren Leveln) befriedigend ist.

Was soll ich sagen? Es tat einfach so unfassbar gut, diese Zeilen von Jaclyn zu lesen, ihre Offenheit und aber auch Verletzbarkeit zu spüren. Sie sprach darüber, mit wie vielen Menschen sie seit ihrer letzten Trennung geschlafen hatte, und sagte, dass wir endlich mal aufhören sollten, über Zahlen zu sprechen, denn die sind sowieso immer zu klein (»frigide«) oder zu groß (»Schlampe«), weil frau in diesem Spiel einfach nicht gewinnen kann. Friedman berichtete aber auch, wie sie Angst davor hatte, ihren Freund_innen von ihrem Casual Encounter zu erzählen, und wie erleichtert sie war, als diese sie nur noch mehr anfeuerten (und natürlich alle Details wissen wollten). Ihre Geschichte war die einer Selbstbefreiung, und sie hatte sie aufgeschrieben, um andere Menschen auch auf diesen Weg aufmerksam zu machen.

Ich war jedenfalls vollkommen geflasht von ihren Zeilen. Nicht nur, weil sie mich in Teilen an meine eigene Situation erinnerten, sondern weil Friedman ziemlich beherzt ein Tabuthema anpackte. Sie machte sich über die mit der Moralkeule eingehämmerten Botschaften lustig, wonach Frauen, die durch verschiedene und zahlreiche Betten hüpfen, ihre Chancen auf wahre Liebe zerstörten. Dass solche Frauen lediglich unter einem zu geringen Selbstbewusstsein litten und eh nie nie nie von einem anderen Menschen geliebt werden könnten. Dass sie sich laut dieser moralischen Auffassung billig hergeben, obwohl »die schönste Sache der Welt« doch eigentlich nur für einen einzigen Mann bestimmt ist.

Ich war selbst gerade frisch getrennt und musste erst wieder lernen, mit mir allein zu leben und mich damit auch wohl zu fühlen. Dabei kämpfte ich mich zuerst durch die ungläubige »Aber ihr wart doch sooo ein schönes Paar!«-Welle, die meine bewusste Entscheidung für eine Trennung dann auch gleich mal indirekt infrage stellte und meiner alten Beziehung einen Heiligenschein verlieh. Dann kamen die vermeintlich aufbauenden »Du findest bestimmt ganz schnell wieder jemanden!« und »So jemand wie du wird doch eh nicht lange alleine sein!«-Sprüche. Sie waren natürlich nett gemeint, hallten aber auf düstere Weise in meinem Kopf nach und bauten lediglich unendlichen Druck auf. Was ich jetzt brauchte, war kein neuer Partner, sondern Zeit für mich und mit mir selbst. Ich musste erst mal wieder klarkommen, anstatt irgendwelchen imaginären Heirat-Kind-Haus-Plänen nachzuhängen. Aber an allen Ecken und Enden wurde mir mal mehr und mal weniger subtil vermittelt, dass ich als Single-Frau nichts wert war. Mir fehlte schließlich mein »Deckel auf dem Topf«, solange ich diesen nicht hatte, war ich eben nicht komplett. Außerdem käme ich ja jetzt langsam in das Alter, wo ich mir auch das mit dem Nachwuchs überlegen müsse. Die biologische Uhr! Tick-tack! Single-Männer toben sich aus, genießen ihre Freiheit, sind einfach charmante Lebemänner, die sich nicht so leicht festlegen. Single-Frauen sind dagegen vermeintlich verzweifelt auf der Suche nach einem Typen, werden dabei minütlich unattraktiver und: WARUM BIST DU EIGENTLICH NOCH NICHT IN PANIK VERFALLEN?!?! PAAANIIIK!

Ich hatte jedenfalls null Bock auf diesen doppelmoralischen Bullshit, aber eben trotzdem Bedürfnisse. Und Friedmans Text öffnete mir die Augen, dass ich nicht erst in eine »Sex and the City«-Schublade passen musste, um diese erfüllen zu können. Ich konnte einfach ich bleiben, mit allen Ängsten, Erwartungen und Wünschen. Noch am selben Abend legte ich mir ein Online-Dating-Profil zu und, sagen wir mal: Es erfüllte seinen Zweck. Knick-knack!

Vor allem aber hatte der Artikel von Jaclyn Friedman einen nachhaltigen Einfluss auf mein politisches Engagement. Ich googelte mich durch ihre gesamte Arbeit und verknallte mich förmlich. Ich fand heraus, dass sie den Band »Yes Means Yes: Visions of Female Sexual Power and a World Without Rape« mitherausgegeben hatte, las ihren Text »Drinking and Rape: Let's Wise Up

About It«[369] und das Interview »Fucking while feminist«[370], welches die Inspiration für »My sluthood, myself« gewesen war. Sie schrieb Kolumnen, hielt Vorträge und stellte sich als Aktivistin vor. Friedman war außerdem gerade dabei, »Women Action and the Media« aufzubauen, eine Organisation, die sich für Geschlechtergerechtigkeit in den Medien einsetzt. Ich mochte, wie ihren Worten anzumerken war, dass diese Themen Herzensangelegenheiten waren und sie trotzdem locker darüber schreiben konnte. Und ich dachte: Das möchte ich auch. Nun war ich zwar weit davon entfernt, dies irgendwie zu (m)einem Beruf machen zu können, aber ich konnte immerhin endlich die Bezeichnung »Feministin« ohne Hemmungen annehmen. Wenn so eine coole Sau wie Jaclyn das kann, kann ich das auch!

Ein besonderer Bonus folgte im Jahr 2011, als ich bei der re:publica auch hinter den Kulissen mitwirkte und die Veranstaltung mitorganisieren durfte. Dabei konnte ich auch selbst Speaker_innen vorschlagen. Ganz oben auf meinem Wunschzettel stand natürlich Jaclyn Friedman. Als sie auf meine Anfrage ein begeistertes »YES!« schickte, war ich das sprichwörtliche Honigkuchenpferd. Kurze Zeit später schickte sie mir ihren Talk-Titel zu und fragte, ob dieser zu krass für das re:publica-Publikum sei: »How Feminist Digital Activism Is Like the Clitoris«[371]. Ich johlte laut im Büro und antwortete nur: Im Gegenteil, er ist perfekt! Sie wurde die erste feministische Speakerin, die auf der großen re:publica-Bühne vortrug.


## FEMINISMUS? FUCK YEAH!

Nachdem mich Jaclyns Artikel so umgehauen hatte, traute ich mich also erst so richtig, Sexismus offen zu kritisieren und explizit über feministische Themen zu bloggen. Da ich damals bereits als freie Autorin für spreeblick.com schrieb, konnte ich damit auch gleich ein ganz anderes (und größeres) Publikum erreichen, als es mit meinem eigenen Blog gelungen wäre. So schrieb ich z. B. nach einem Besuch der Spielemesse gamescom, wie bescheuert ich das dort vorherrschende Frauenbild fand, denn die Gamerinnen, die ich vor Ort kennengelernt hatte, zeigten eine ganz andere Zielgruppe:

Mein Besuch auf der gamescom brachte noch vor allen ausprobierten Spielen und interviewten Spielemachern vor allem eine ernüchternde Erkenntnis: Wenn sie überhaupt darin stattfinden, sind weibliche Wesen in der Welt der Games in erster Linie lediglich dekoratives Beiwerk. Eine der größten Industrien überhaupt propagiert fröhlich sexistische Rollenmodelle und findet sich dabei kein bisschen schlimm. Im Gegenteil. In den vergangenen Jahrzehnten hat sich hier ein Bild etabliert, das jede auch nur halbwegs emanzipierte Frau schaudern lässt. Und das alles nur, weil Jungs als Konsumenten gelten und Mädchen ja sowieso nicht zocken. Okay, Klischeefall abgeschlossen. Die Wahrheit ist also, dass ein Markt, der uns oft die Zukunft in den tollsten Farben und Pixeln ausmalt, ziemlich von gestern ist.[372]

Feministisch bloggender Frischling, die ich war, forderte ich deshalb auch gleich mal eine Debatte zu Sexismus in Videogames. Damals gab es zwar schon Ansätze davon, aber so intensiv, wie sie heute geführt wird, war sie bei weitem noch nicht. Der Kommentarfeld explodierte damit quasi wie auf Bestellung – ein Phänomen, das beim Thema Videogames übrigens immer noch zu beobachten ist. Heute finde ich meine Naivität schon lustig, andererseits: Warum klein anfangen?

Es folgten Artikel über die Vergewaltigungsvorwürfe zu Julian Assange,[373] über die bizarre Einstellung Kristina Schröders zum Thema Feminismus[374] oder meine Zusammenfassung des Status quo zum 100. Frauentag.[375] Auch sie boten immer wieder ein ordentliches Kommentarschlachtfeld, und ich lernte dadurch schnell die klassischen Netz-Reaktionen auf feministische Texte kennen. Kleine Auswahl:

Was ist mit den Männern:»Warum schreibst du nicht über Männer? Die haben auch Probleme!«

Ich-habe-keine-deiner-verlinkten-Quellen-angeschaut:»Solange du mir nicht noch mehr Beweise lieferst, glaube ich dir kein Wort.«

Du bist bloß ein Sensibelchen:»LOL, ist doch alles nicht so schlimm, was hast du dich denn so?«

In [Land X] geht es [Y] viel schlechter:»Es gibt genug andere Probleme, also hör sofort auf hier über so etwas zu schreiben!«

Emotionen schaden»der Sache«:»Also, wenn Feministinnen nicht so wütend wären, würde ich ihnen ja zuhören.«

Äpfel sind Birnen:»Hier ist mein komplett unangemessener und unlogischer Vergleich, um deine Argumentation zu widerlegen.«

Im Nachhinein betrachtet, war das sicher eine sehr gute Schule, denn bestimmte Argumentationsmuster tauchen einfach immer wieder auf. Besonders auffällig war allerdings auch, dass die meisten kritischen Kommentator_innen sich kaum mit den Texten und meinen Argumentationen beschäftigt hatten, sondern einfach blind auf die Themen reagierten. Ich merkte aber auch, dass mehr Frauen kommentierten, die Artikel teilten und sich auch außerhalb des Kommentarfelds bei mir meldeten, um danke zu sagen, weil ich diese Themen aufgriff.

Was mich allerdings noch mehr irritierte als die aufgeregten Kommentare im Internet, waren die Reaktionen einiger

Freund_innen, wenn sie erfuhren, dass ich mich als Feministin verstand. Da bist du schon ein gutes Weilchen mit einer Person befreundet, und wenn aus irgendeinem passenden Anlass zutage kommt, dass du dem großen F nicht abgeneigt bist, ja es sogar als unerlässlich betrachtest, aus einer feministischen Perspektive an Dinge heranzugehen, dann wirst du trotzdem oft noch angeguckt, als würdest du gerade in einem übergroßen Hasenkostüm mit brennenden Reifen jonglieren. Es war dann förmlich an den Gesichtern abzulesen, wie die klassischen Stereotype (»Feministinnen sind doch lesbisch, haarig, hassen Männer und sind immer wütend?!«) mit mir als Person kollidierten (»Aber Anne ist doch hetero, hat rasierte Beine, 'nen Freund und so viel Humor?!«). Dabei war ich ja eben nicht plötzlich jemand anderes geworden, sondern gab meinen politischen und gesellschaftlichen Wünschen nach Veränderung lediglich den Namen, für den sie standen. Mittlerweile habe ich mich daran gewöhnt, dass solche Scheuklappen auch bei Menschen auftauchen, die mich privat kennen. Ich persönlich nehme es sportlich und mache mir eher einen Spaß daraus, Stereotype zu widerlegen, indem ich einfach weiterhin so bin, wie ich bin. (Zumal hier nicht meine politische Einstellung fragwürdig ist, sondern die Annahme, dass Lesben mit Beinbehaarung per Definition nervige Menschen seien.)

Was ich mit alldem sagen möchte, ist: Es braucht nicht erst einen Master in Gender Studies, um Feminist_in zu werden (auch wenn der Master nicht schadet). Die Erfahrung, andere Frauen zu finden, die Feministinnen sind und mit denen ich mich identifizieren kann, weil sie mit denselben Konflikten ringen, und durch sie zu erkennen, dass meine Probleme keine individuellen sind. Weil diese Frauen in meinem Alter sind (oder zumindest ansatzweise in dessen Nähe, statt Generationen entfernt), weil sie aus einer persönlichen Perspektive dort schrieben, wo ich mich auch aufhielt, dass sie nicht von mir verlangten, einen kompletten akademischen Kanon im Hinterkopf zu haben: Diese Erfahrung war für mich notwendig, um zu erkennen, was Feminismus sein kann – und dass ich im Grunde schon längst eine Feministin war. Ich musste auch nicht in der Lage sein, Simone de Beauvoir und Judith Butler auswendig zu zitieren, um meine eigene Stimme erheben, um mich einbringen zu dürfen. Ich konnte einfach anfangen und meine Sicht schildern.

Natürlich interessiert es mich trotzdem, was diese anderen Autor_innen zu sagen haben, und wer sich erst mal in bestimmte Debatten eingefuchst hat, fängt unweigerlich auch an, weitere Literatur (alt wie neu) dazu zu lesen. Aber die Botschaft bleibt: Du kannst und musst nicht alles wissen, um mit dem Feminismus anfangen zu können. Es gibt kein feministisches Abitur, das du ablegen musst, um dich einzubringen – aber gerade im Netz gibt es viele großartige Ressourcen, um zumindest die wichtigsten grundlegenden Fragen schon mal vorab zu klären.[376] Feminismus ist für mich jedoch vor allem Learning by doing. Wenn ich Fehler mache und darauf hingewiesen werde, sehe ich zu, dass ich sie beim nächsten Mal nicht mehr mache. Und wenn es spannende und wichtige Lektüre erst noch zu entdecken gibt – wunderbar, immer her damit. Zum Weiterdenken, nicht um irgendwann dann mal mit dem Feminismus anfangen zu können.

Als Feminist_in wirst du nicht geboren, aber die Summe deiner Erfahrungen und der Wunsch nach einer gerechten Welt können dich dazu machen. Ich konnte mit Mitte zwanzig dank des Internets meine feministische Position endlich als eine solche benennen und fand schließlich meine eigene Stimme dazu, online wie offline. Und ich konnte sie nun vor allem aktiv dazu verwenden, um selbst Dinge auf die Beine zu stellen. Das brachte mich dazu, öffentlich über feministische Themen zu bloggen, Aktionen wie den SlutWalk mitzuorganisieren, #aufschrei ins Rollen zu bringen oder auch kleinerdrei.org zu gründen. Feministin zu sein prägt meinen Blick auf die Dinge und ermöglicht es mir, eine andere, bessere Zukunft zu sehen. Eine Zukunft, die ich direkt mitgestalte.

## 10:

# KLEINE GESCHICHTE DES FEMINISMUS – IN DEUTSCHLAND UND ANDERSWO

First things first: DEN Feminismus gibt es nicht, sondern verschiedene Strömungen, die sich unter diesem Begriff vereinen. Insofern müsste eigentlich von Feminismen gesprochen werden, aber da es sehr mühselig ist, ständig Strömungen zu erklären, wird vom kleinsten gemeinsamen Nenner ausgegangen.

Der kleinste gemeinsame Nenner, der auch im 21. Jahrhundert noch ganz schön Großes will: Gleichberechtigung, Selbstbestimmung von Frauen und das Ende von Sexismus.

In Deutschland verwendeten bis Mitte des 20. Jahrhunderts die meisten Frauenrechtlerinnen die Bezeichnung »Frauenemanzipation«. Erst mit der Zweiten Frauenbewegung, die in den siebziger Jahren begann, bezeichneten sich die Anhänger_innen auch als Feminist_innen – obwohl die Begriffe »féministe« und »féminisme« bereits im Frankreich des späten 19. Jahrhunderts erstmals auftraten. In Großbritannien tauchte das Wort Feminismus erstmals um 1894/95 auf, und in den USA ist der Begriff seit 1910 geläufig.

Die weltweite historische Entwicklung des Feminismus wird oft in einem Wellenmodell dargestellt, das im Großen und Ganzen aus drei Abschnitten besteht. Auf Deutschland ist es zwar nicht konsequent anwendbar, aber trotzdem eine ganz gute Richtschnur, um den Verlauf feministischer Kämpfe und Debatten zu verfolgen.

Die erste Feminismuswelle bezieht sich dabei auf feministische Aktivitäten während des 19. und frühen 20. Jahrhunderts. Sie konzentrierte sich vor allem auf Probleme wie das damals noch nicht vorhandene Frauenwahlrecht oder dass Frauen keine eigenen Besitztümer führen durften.

Die erste Welle der Frauenrechtsbewegung forderte die politische und gesellschaftliche Gleichberechtigung von Frauen und Männern (etwa das Recht für Frauen auf politische Mitbestimmung, Recht auf Bildung, Recht auf Arbeit, Recht auf eigenen Besitz etc.).

Die zweite Welle zahlreicher und großer feministischer Aktivitäten startete in den frühen 1960er Jahren in den USA und verbreitete sich von dort aus in der westlichen Welt, wo sie bis einschließlich der 1980er Jahre anhielt. Inhaltlich erweiterte sie das Themenspektrum um Punkte wie Sexualität und sexuelle Selbstbestimmung, Familie und Beruf, Ehe und entsprechende gesetzliche Ungleichheiten.

Der Beginn der dritten Feminismuswelle wird in den frühen 1990er Jahren angesiedelt. Allerdings ist diese schon schwerer auf Länder außerhalb der USA zu übertragen. Bei der dritten Welle kommen u. a. Queer-Theorie und antirassistisches Engagement ins Spiel. Sexarbeit wird verstärkter zum Thema sowie feministische Popkultur, und es wird hervorgehoben, dass Frauen mitnichten nur weiß sondern vor allem durch diverse kulturelle wie religiöse Hintergründe geprägt sind. Überhaupt ist Vielfalt ein großes Stichwort, was an Entwicklungen der 1980er Jahre anschließt.

Manche sagen, diese dritte Welle halte noch an, andere rufen bereits die vierte aus, welche z. B. durch den Einsatz von Online-Tools geprägt ist, und wieder andere haben eh schon die Faxen dicke, was solche Kategorisierungen angeht. Davon abgesehen, ist es natürlich auch etwas seltsam, wenn der Eindruck erweckt wird, als wären zwischen den Wellen stets alle Feminist_innen in einen Dornröschenschlaf gefallen oder hätten plötzlich nichts mehr zu tun gehabt.

Doch ob nun Wellen herangezogen werden oder nicht: An diesen geschichtlichen Abschnitten lässt sich bereits sehr gut erkennen, wie Feminismus sich insgesamt immer weiter entwickelt und work in progress ist. Feminist_innen setzen sich dabei jeweils kritisch mit den Vorgänger_innengenerationen auseinander, bauen aber auch auf bestehende Diskussionen und Errungenschaften auf.

Seit Aufkommen des Feminismus gibt es jedenfalls unendlich viele Themenbereiche, mit denen sich Feminist_innen beschäftigen: von politischer Teilhabe über sexuelle Selbstbestimmung bis hin zur Sichtbarmachung dessen, was Frauen alles leisten. Dabei ändern sich zentrale Debatten, manche sind jedoch die gleichen geblieben, seit Ende des 19. Jahrhunderts die ersten Feminist_innen aktiv wurden. Sexismus gehört dabei freilich zum »Dauerbrenner«.

Was die deutsche Geschichtsschreibung rund um Feminismus angeht, finde ich persönlich sehr schade, dass es oft so dargestellt wird, als hätte sich in der DDR da überhaupt nichts getan. Dabei gibt es die auf vielen Ebenen fortschrittlichere Gleichstellungspolitik und ebenso die vielen Frauen, die sich in der Opposition engagierten – erst recht vor und nach der Wende. Das auszuklammern, ist schließlich nicht nur historisch gesehen ein Fehler: Mir ist bewusstgeworden, dass ich sicher schon viel eher »Feminismus-Luft« geschnuppert hätte, wäre mir einfach mal früher davon erzählt worden, was diesbezüglich so in der DDR los war.

Ich bin zu großen Teilen, wie ich bin, eben weil ich in der DDR aufwuchs und andere Lebensmodelle vorgelebt bekam – dass immer noch vieles trotzdem nicht 100 Prozent supidupi lief, ist mir natürlich klar. Aber es nervt, dass meine Sozialisation auch in feministischen Kontexten oft noch unsichtbar gemacht wird. Genauso wie die Kämpfe, von denen ich erst so spät erfuhr, weil sie im Gegensatz zur westdeutschen Frauenbewegung nicht zum Allgemeinwissen zählen. Dabei liefen diese vielleicht nicht immer unter dem Stichwort »feministisch«, inhaltlich waren sie es aber auf jeden Fall.

Die folgende Timeline soll einen kleinen Einblick in die Geschichte feministischer Kämpfe und Debatten geben, verschiedene Meilensteine auf dem Weg zur Geschlechtergerechtigkeit abbilden, und vor allem zeigen: Vieles ist eigentlich echt noch nicht so lange her …

Vollständigkeit wäre hier natürlich eine Utopie, aber zur weiteren Lektüre gibt es viele tolle dünne bis dicke Bücher und wie immer das Internet (yay!).

# TIMELINE

**1791** Olympe de Gouges verfasst die »Déclaration des droits de la femme et de la citoyenne« (Erklärung der Rechte der Frau und Bürgerin). Die Formulierungen von Menschen- und Bürgerrechten der Französischen Revolution gelten bis dahin nur für Männer. Ergänzend formuliert de Gouges einen »Gesellschaftsvertrag zwischen Mann und Frau«, in dem sie die Ehe durch einen auf Gleichberechtigung basierenden Vertrag ersetzen möchte. Mit diesen revolutionären Ideen provoziert sie den Widerspruch der führenden Köpfe der Revolution. Diese folgern aus der biologischen Rolle der Frau deren Ausschluss aus der politischen Öffentlichkeit.

**1792** Mary Wollstonecraft verfasst »A Vindication of the Rights of Woman« (Verteidigung der Rechte der Frau), eine der ersten europäischen Schriften des Feminismus. Besonders geht Wollstonecraft darin auf das Recht der Frauen auf Bildung ein.

**1793** Alle politischen Frauenvereine in Frankreich werden verboten, und Olympe de Gouges wird noch im selben Jahr durch die Guillotine hingerichtet.

**1795** Als erste Frau promoviert Dorothea Erxleben an der Universität Halle im Fach Medizin. Eine königliche Ausnahme ist dafür nötig. Erxleben bleibt für eineinhalb Jahrhunderte die einzige Ärztin, die in Deutschland ihren Beruf offiziell ausüben darf.

**1848** Elizabeth Cady Stanton und Lucretia Mott entwerfen im Staat New York die »Declaration of Sentiment«, ein wegweisendes Dokument der ersten Welle der Frauenbewegung, in dem sie Männer und Frauen in Anlehnung an die Unabhängigkeitserklärung von 1776 für gleichberechtigt erklären. Die Frauenrechtlerinnen, die meist aus der Anti-Sklaverei-Bewegung stammen, fordern unter anderem: das Wahlrecht, das Verfügungsrecht über ihr Eigentum und ihre Einkünfte, das Sorgerecht für die Kinder im Falle einer Scheidung sowie einen verbesserten Zugang zu Bildung und Beruf.

**1851** Am 29. Mai hält die Anti-Sklaverei-Aktivistin Sojourner Truth eine Rede mit dem Titel »Ain't I a woman?« bei der Women's Convention in Akron, Ohio, und setzt damit die Perspektive Schwarzer Frauen auf die Agenda.

**1865** Louise Otto-Peters und Auguste Schmidt gründen den Allgemeinen Deutschen Frauenverein. Der ADF tritt besonders für das Recht auf Bildung und Erwerbsarbeit für bürgerliche Frauen ein. Bis dahin ist es Frauen nach Abschluss der Höheren Töchterschule nur möglich, Lehrerin zu werden. Die Pädagogin und Frauenrechtlerin Helene Lange gründet dazu verschiedene Ausbildungsinstitute und versucht über Petitionen, die wissenschaftliche und schulische Bildung von Frauen voranzutreiben.

**1880er-Jahre** In Deutschland wie in allen industrialisierten Staaten Europas kommt es zu einer engen Zusammenarbeit zwischen Sozialdemokratie, Gewerkschaften und einer wachsenden proletarischen Frauenbewegung, deren bekannteste Repräsentantin die deutsche Sozialistin Clara Zetkin ist. Unter deren Einfluss nehmen die Sozialdemokraten das Frauenwahlrecht in ihr Programm auf.

**1893** Frauen werden zum Abitur zugelassen.

**1894** Zur Vernetzung der vielen unterschiedlichen Frauenvereine wird der Bund Deutscher Frauenvereine (BDF) als Dachverband gegründet, der sich außerdem dem »International Council of Women« (ICW) anschließt. Die Vereine der proletarischen Frauenbewegung bleiben wegen politischer Differenzen ausgeschlossen.

**1896** Frauen werden als Gasthörerinnen an deutschen Universitäten zugelassen.

**1899** Im Deutschen Reich dürfen erstmals offiziell Frauen die Staatsprüfungen in Medizin, Zahnmedizin und Pharmazie absolvieren. Ein Jahr später erlaubt das Großherzogtum Baden uneingeschränkt das Studium für Frauen.

**1903** Emmeline Pankhurst gründet in Manchester die bürgerliche Frauen-Vereinigung »Women's Social and Political Union«. Ihre Tochter Christabel Pankhurst ist eine der führenden Suffragetten im Kampf um das Frauenwahlrecht in Großbritannien. Emmeline Pankhurst gilt mit ihren gewaltfreien Aktionen als Inspiration für Mahatma Gandhi und Martin Luther King; später radikalisiert sich Pankhurst jedoch, da sie befürchtet, mit friedlichen Kundgebungen nicht genug erreichen zu können. Die Suffragetten hatten sich in Großbritannien aus Gegnerinnen des Contagious Diseases Acts entwickelt. Hierbei handelte es sich um Gesetze von 1864 bis 1869, die Zwangsuntersuchungen von Sexarbeiterinnen vorsahen. Die Gesetze wurden 1886 endgültig aufgehoben.

**1905** Die Juristin Anita Augspurg fordert in einem offenen Brief wegen des damals geltenden patriarchalen Eherechts zur Eingehung »freier Ehen« auf. Dies wird als Aufruf zum »Eheboykott« gedeutet und löst einen Sturm der Entrüstung aus. Augspurg, die in Zürich Rechtswissenschaft studiert hat, engagiert sich um die Jahrhundertwende in Berlin gemeinsam mit ihren politischen Mitstreiterinnen Minna Cauer und Marie Raschke für die Rechte der Frau im Bürgerlichen Gesetzbuch.

**1908** Die lang umkämpfte Vereinsfreiheit für Frauen tritt in Kraft. Ab jetzt können Frauen auch einer politischen Partei beitreten.

**1910** Auf dem zweiten Kongress der Sozialistischen Internationale in Kopenhagen fordert Clara Zetkin für die Frauen: »Keine Sonderrechte, sondern Menschenrechte«.

**1911** In Deutschland, Österreich, Dänemark und der Schweiz demonstrieren erstmals Frauen für ihre Rechte. Ihre zentrale Forderung: Einführung des Frauenwahlrechts und Teilhabe an der politischen Macht. Außer in Finnland dürfen zu diesem Zeitpunkt in keinem europäischen Land Frauen wählen.

**1912** Es erscheint die Schrift »Frauenwahlrecht und Klassenkampf« von Rosa Luxemburg. Sie setzt sich insgesamt in mehreren Arbeiten mit der Frage des Wahlrechts für Frauen auseinander, allerdings mehr unter dem Aspekt des Klassenkampfes.

**1914** Der Deutsche Juristinnenverein wird gegründet.

**1918** Mit der Gründung der Weimarer Republik erhalten Frauen das aktive und passive Wahlrecht. An den Wahlen zur verfassunggebenden Nationalversammlung beteiligen sich 78 Prozent der wahlberechtigten Frauen, 9,6 Prozent der Abgeordneten sind weiblich. In den USA und Großbritannien wird Frauen das Wahlrecht als »Belohnung« für ihre Kriegsanstrengungen gewährt, in der Sowjetunion 1917 als Folge der sozialistischen Revolution. Andere Länder wie Frankreich und Italien führen das Frauenwahlrecht erst nach dem Ende des Zweiten Weltkrieges ein, in der Schweiz dürfen Frauen erst seit 1971 wählen.

**1920** Frauen dürfen an deutschen Universitäten habilitieren.

**1922** Frauen werden als Rechtsanwältinnen und Richterinnen zugelassen.

**1925** Fast eineinhalb Millionen Frauen sind erwerbstätig. Beinahe jede dritte verheiratete Frau trägt zum Lebensunterhalt der Familie bei. Die meisten als Arbeiterinnen, in höher qualifizierten und akademischen Berufen finden sich nur wenige Frauen.

**1927** Das Prostitutionsgesetz wird erlassen. Nicht gewerbsmäßig betriebene Prostitution ist nun straffrei.

**1933** Nach der nationalsozialistischen Machtübernahme wird der Vorstand des BDF zum Beitritt zur nationalsozialistischen »Frauenfront« aufgefordert. Dies beinhaltet die bedingungslose Anerkennung der frauenpolitischen Vorhaben der NSDAP, die Unterstellung unter Adolf Hitler sowie die »Entfernung« aller nichtarischen Mitglieder aus den Vorständen und deren Besetzung mit Nationalsozialistinnen. Sollte der BDF darauf nicht eingehen, droht die Zwangsauflösung. Der BDF löst sich daraufhin auf einer Eilsitzung am 15. Mai 1933 selbst auf und beendet die Mitgliedschaft bei allen internationalen Organisationen.

**1946** Zum ersten Mal seit zwölf Jahren wird wieder der Internationale Frauentag am 8. März gefeiert.

**1948** Elisabeth Selbert arbeitet als eine von vier Frauen, die als »Mütter des Grundgesetzes« bekannt werden, neben 61 Männern das Grundgesetz für die Bundesrepublik Deutschland aus. Sie ist maßgeblich dafür verantwortlich, dass Artikel 3 Absatz 2, »Männer und Frauen sind gleichberechtigt«, ins Grundgesetz aufgenommen wird.

**ab 1950** Mädchen und Jungen werden in Deutschland an Schulen zunehmend gemeinsam unterrichtet.
In der DDR ist nun gesetzlich gesichert, dass Schwangere und Mütter mit Kindern unter einem Jahr unter Kündigungsschutz stehen. In Westdeutschland tritt der Mutterschutz 1952 in Kraft.

**1952** Die Amerikanerin Christine Jorgensen erhält als erste Transfrau eine operative Geschlechtsangleichung. Die Operationsmethoden befinden sich zu diesem Zeitpunkt noch im Experimentalstadium.

**1958** Das Gleichberechtigungsgesetz tritt in der BRD in Kraft: Das Letztentscheidungsrecht des Ehemanns in allen Eheangelegenheiten wird ersatzlos gestrichen. Frauen dürfen ihr in die Ehe eingebrachtes Vermögen selbst verwalten. Das Recht des Ehemanns, ein Dienstverhältnis seiner Frau fristlos zu kündigen, wird aufgehoben, er muss aber weiterhin sein Einverständnis zu einer Berufstätigkeit geben.

**1961** Mit dem Familienrechtsänderungsgesetz wird die Rechtsstellung der Ehefrau verbessert, wenn der Ehemann die Scheidung wegen Zerrüttung verlangt. Väter sind nun grundsätzlich bis zur Vollendung des 18. Lebensjahres des Kindes unterhaltspflichtig.

**1965** Der Begriff »Sexismus« taucht zum ersten Mal in den 1960er Jahren im Englischen auf (sexism), mit ihm wird der Prozess der Naturalisierung gesellschaftlicher Prozesse (Biologismus) beschrieben: eine Wirkungsweise, auf die auch der Begriff Rassismus (racism) zielt, an den sich der Begriff »Sexismus« anlehnt. Mit Sexismus werden nicht nur individuelle Vorurteile, sondern auch institutionalisierte Diskriminierungen benannt. 1976 wird der Begriff »Sexismus« in Deutschland durch das Buch von Marielouise Janssen-Jurreit mit dem gleichnamigen Titel bekannt.

**1966** Die erste neue feministische Gruppierung NOW (National Organisation of Woman) wird am 30. Juni in Washington, D. C., gegründet. Zu den 28 Gründerinnen gehört auch Betty Friedan, Autorin des wegweisenden feministischen Klassikers »The Feminine Mystique« (»Der Weiblichkeitswahn«, aus dem Jahr 1964). Ein weiteres Gründungsmitglied wird

Reverend Pauli Murray, die erste afroamerikanische Priesterin der Episkopalkirche.

Das Familiengesetzbuch der DDR tritt in Kraft: Hierin sind z. B. die gemeinsame Erziehung der Kinder als Pflicht beider Ehegatten verankert, die Verantwortung für den eigenen Haushalt sowie gegenseitige Hilfe, um Beruf und Elternschaft zu verbinden.

**1968** Weil die Genossen auf einer Konferenz des Sozialistischen Deutschen Studentenbundes nach einer Rede von Heike Sander nicht über die Diskriminierung der Frauen in den eigenen Reihen diskutieren wollen, wirft eine Genossin eine Tomate auf das ausschließlich männlich besetzte Gremium. Dies ist die erste Ankündigung einer neuen deutschen Frauenbewegung in Westdeutschland. Noch am selben Tag gründen Frauen in den verschiedenen Landesverbänden des SDS »Weiberräte«, die nun auch die alltägliche Situation der Frau hinterfragen. Die Parole lautet: »Das Persönliche ist politisch«.

**1969** Am 28. Juni findet in der Bar Stonewall Inn im New Yorker Greenwich Village der sogenannte Stonewall-Aufstand statt, bei dem sich LGBT gegen die Polizeiwillkür zur Wehr setzen. Die Polizei führt immer wieder gewalttätige Razzien in Kneipen mit LGBT-Publikum durch. Es kommt zu tagelangen Straßenschlachten – heute gilt der Stonewall-Aufstand als Beginn der Lesben- und Schwulenbewegung. 1979 finden die ersten CSD-Demonstrationen in Deutschland statt. Der Christopher Street Day gilt heute weltweit als Fest- und Demonstrationstag von LGBT.

**1971** Mit der »Stern«-Titelschlagzeile »Wir haben abgetrieben!« bekennen 374 prominente und nicht prominente Frauen öffentlich, abgetrieben und damit gegen geltendes Recht in der BRD verstoßen zu haben. Im Zuge dieser von Alice Schwarzer angestoßenen Aktion entsteht eine Bewegung, die sich für die Selbstbestimmung über die weibliche Sexualität und gegen das Abtreibungsverbot einsetzt.

1972 In der DDR wird das Gesetz über die »Unterbrechung der Schwangerschaft« verabschiedet. Es beinhaltet eine Fristenlösung beim Schwangerschaftsabbruch. Dieser ist nun innerhalb der ersten drei Monate erlaubt. Die Kosten werden von der Krankenkasse übernommen. Die Pille wird kostenlos abgegeben.
Alleinerziehende erhalten in der DDR nun finanzielle Unterstützung, wenn sie keinen Krippenplatz bekommen, der Mutterschutz wird auf 18 Wochen verlängert, und Mütter von zwei Kindern bekommen eine 40-Stunden-Woche.

1974 Brigitte Reimanns unvollendeter Roman »Franziska Linkerhand« erscheint nach dem Tod der Autorin. Erzählt wird der authentische Lebensalltag einer jungen Architektin, deren Idealismus mit DDR-typischen Strukturen kollidiert.

1976 Ein Schwangerschaftsabbruch in den ersten drei Monaten einer Schwangerschaft wird in der BRD nicht mehr strafrechtlich verfolgt. Dieses Gesetz gilt noch heute, es muss jedoch vor dem Eingriff eine Beratung stattfinden sowie eine dreitägige Bedenkfrist eingehalten werden.

1976 Im ersten Gesetz zur Reform des Ehe- und Familienrechts in der BRD wird festgehalten, dass auch der Name der Frau als Familienname gewählt werden kann. Entscheidet sich das Paar jedoch nicht aktiv für den Namen der Frau, wird automatisch der Nachname des Mannes zum Ehenamen. Seit 1994 können beide Ehepartner_innen ihren eigenen Namen behalten.

1976 Das erste Frauenhaus wird in Westberlin eröffnet.

1977 Im neuen Eherecht wird die »Hausfrauenehe«, in der die Frau zur Haushaltsführung verpflichtet wurde, abgeschafft.

Auch das Scheidungsrecht wird reformiert, so dass das Schuldprinzip wegfällt – in der DDR ist dies bereits 1955 erfolgt. Auch darf eine Frau nun ohne schriftliche Genehmigung des Ehemannes einen Arbeitsvertrag rechtskräftig unterschreiben.

Maxie Wanders Protokollbuch »Guten Morgen, du Schöne« erscheint. In ihm erzählen neunzehn Frauen im Alter von 16 bis 92 Jahren aus ihrem Leben, über ihre Sehnsüchte und die Verständnislosigkeit der Männer. Es wird sowohl in der DDR als auch in Westdeutschland ein Erfolg.

1980   Das Gesetz über die Gleichbehandlung von Männern und Frauen am Arbeitsplatz tritt in der BRD in Kraft.

Das Buch »Wir sind Frauen wie andere auch!« erscheint und befasst sich in Essays und Reden aus der Sexarbeiter_innen-Perspektive mit ihrem Beruf.

1981   In der DDR gründen sich erste Frauenselbsterfahrungsgruppen. Unter dem Dach der Kirche bilden sich immer mehr Oppositionsgruppen im Rahmen der Friedensbewegung. Es folgen zunehmend Frauen- und Lesbengruppen, die u. a. Gewalt gegen Frauen, Feminismus und Frauengeschichte thematisieren. Bereits 1980 gibt es die erste (halböffentliche) Diskussion zum Thema Feminismus bei einer Tagung der Evangelischen Akademie.

1983   Christa Wolfs Erzählung »Kassandra« erscheint in der DDR und beschreibt die Geschichte einer Außenseiterin in einem patriarchalen Staat, der Frauen zunehmend aus allen Entscheidungsprozessen herausdrängt.

1984   Zum Gedenken an die homosexuellen Opfer des Nationalsozialismus wird ein Gedenkstein im KZ Mauthausen angebracht.

1984   bell hooks veröffentlicht ihr Buch »Feminist Theory: From Margin to Center«.

Der Essay-Band »Sister Outsider« der US-amerikanischen Schriftstellerin und Aktivistin Audre Lorde kommt heraus. Von 1984 bis 1992 lebt Lorde außerdem in Berlin und hilft beim Aufbau der afrodeutschen Bewegung. Sie hat ebenfalls eine Gastprofessur am John-F.-Kennedy-Institut für Nordamerikastudien der FU Berlin inne.

**1985** Es bildet sich eine Gruppe »Feministischer Theologinnen«, und auf Kirchentagen in der DDR gibt es zunehmend Veranstaltungen für Frauen sowie auch speziell für Lesben.

**1986** Der Verein ADEFRA (Abk. für afrodeutsche Frauen) wird gegründet; in ihm organisieren sich Frauen of Color in Deutschland. Wesentliche Ziele des Vereins sind die Stärkung des Selbstbewusstseins und der Selbstbestimmung von mehrfach diskriminierten Frauen, die nicht nur unter Sexismus, sondern auch unter Rassismus und Homophobie leiden.
Das Buch »Farbe bekennen« erscheint. Darin dokumentiert die Dichterin und Aktivistin May Ayim erstmals »deutsche Frauen afrikanischer Herkunft« und ihre generationsübergreifenden Erfahrungen in der Gesellschaft. »Farbe bekennen« ist außerdem der erste Schritt zur Gründung der Initiative Schwarze Deutsche (ISD).

**1988** In der DDR gibt es verstärkt Oppositionsbewegungen von Frauen. Das Frauenforum der evangelischen Kirche wird zum ersten Begegnungsort.

**1989** Die Wissenschaftlerin Kimberlé Crenshaw beschreibt das Problem der Intersektionalität: Der Begriff bezeichnet die Überschneidung verschiedener Diskriminierungsformen; so erlebt z.B. eine gleichzeitig genderqueere Frau of Color eine andere Form der Diskriminierung als eine weiße genderqueere Frau oder eine Cis-Frau of Color.
Im Dezember wird der Unabhängige Frauenverband (UFV)

in der DDR gegründet und veröffentlicht das Manifest »Ohne Frauen ist kein Staat zu machen«. Zu den Gründerinnen gehört die Soziologin Tatjana Böhm. Sie ist im Jahr 1990 auch Mitautorin des Verfassungsentwurfs des Zentralen runden Tischs.

**1990** Judith Butler veröffentlicht »Gender Trouble: Feminism and the Subversion of Identity« (Das Unbehagen der Geschlechter), darin stellt die Philologin und Philosophin die These auf, dass es mehr als zwei Geschlechter gibt und die Einteilung in männlich und weiblich rein normativer Natur sei. Butler gilt damit als eine Vordenkerin der Queer-Theorie.

**frühe 1990er Jahre** In der US-amerikanischen Punk-Szene entsteht mit Riot Grrrl eine feministische subkulturelle Bewegung aus verschiedenen Bands. Eine der bekanntesten Riot Grrrl-Vertreterinnen ist Kathleen Hannah mit ihrer Band Bikini Kill. In ihren Texten kritisieren die Bands unter dem Motto »Revolution Girl Style Now!« Sexismus, sexuelle Belästigung, Vergewaltigung und häusliche Gewalt.

**1992** Das Schwangeren- und Familienhilfegesetz tritt in Kraft. Alle gesetzlich versicherten Frauen unter 21 Jahren haben nun Anspruch auf kostenfreie Bereitstellung von Verhütungsmitteln.
Die ägyptisch-amerikanische Professorin für Women's Studies Leila Ahmed veröffentlicht ihr Buch »Women and Gender in Islam«. In diesem argumentiert sie, dass die Unterdrückung von Frauen im Nahen Osten auf einer patriarchalen Auslegung des Islam beruht, nicht aber auf dem Islam selber.

**1993** Heide Simonis wird erste Ministerpräsidentin eines deutschen Bundeslandes.

**1994** Das zweite Gleichberechtigungsgesetz tritt in Kraft, darin wird das Verbot der Diskriminierung am Arbeitsplatz verschärft; so müssen z.B. Stellenausschreibungen explizit auch Frauen direkt ansprechen. Zudem wird ein Gesetz zum Schutz der Beschäftigten vor sexueller Belästigung am Arbeitsplatz beschlossen.

**1994** Der § 175, der in unterschiedlicher Form seit 1872 sexuelle Handlungen zwischen Personen männlichen Geschlechts unter Strafe stellt, wird aufgehoben. Die DDR hatte bereits seit Ende der fünfziger Jahre auf die Verfolgung erwachsener homosexueller Paare verzichtet und 1988 entsprechende Folgeparagraphen sogar ersatzlos gestrichen.

**1997** Die Vergewaltigung in der Ehe wird als Straftat anerkannt. Anfangs wird sie nur auf Antrag verfolgt, seit 2004 gilt sie als Offizialdelikt.

**1997/1999** Gender-Mainstreaming, also der Grundsatz, unterschiedliche Lebenssituationen und Interessen aller Geschlechter auf allen gesellschaftlichen Ebenen gleichermaßen zu berücksichtigen, wird in den Amsterdamer Verträgen zum festen Ziel der Europäischen Union erklärt.

**2000** Das erste Ladyfest in Olympia, Washington, wird organisiert, um auf die Unterrepräsentation von Frauen und Mädchen innerhalb der Musik- und Kunstszene aufmerksam zu machen und dieser entgegenzutreten. Die innovative Kunstveranstaltung inspiriert viele Nachahmer_innen zu ähnlichen Events: 2003 findet das erste Ladyfest in Deutschland statt.

**2001** Vergewaltigung im Zusammenhang mit kriegerischen Aktionen wird als Kriegsverbrechen eingestuft und somit als Verbrechen gegen die Menschlichkeit geahndet.
Das Bundesgleichstellungsgesetz wird verabschiedet, es soll die Förderung der Gleichstellung zwischen Frauen und Männern sowie eine bessere Vereinbarkeit von Familie und Beruf unterstützen.

Das Lebenspartner_innenschaftsgesetz tritt ebenfalls in Kraft und ermöglicht die eingetragene Lebenspartner_innenschaft gleichgeschlechtlicher Paare. Seit 2005 ist gleichgeschlechtlichen Paaren die Stiefkindadoption erlaubt; zudem gilt die Hinterbliebenenversorgung bei der gesetzlichen Rente.

Die Niederlande führen die gleichgeschlechtliche Ehe ein und gelten damit weltweit als Vorreiter. Seit 2001 sind 17 Staaten nachgezogen.

**2002** Das Prostitutionsgesetz tritt in Kraft und erkennt Sexarbeit als legales Gewerbe an.

**2003** Annie Sprinkle, Aktivistin des »Sex Workers Outreach Project USA«, ruft den Internationalen Tag gegen Gewalt an Sexarbeiter_innen (International Day to End Violence Against Sex Workers) aus, der seither am 17. Dezember begangen wird.

**2004** Jessica Valenti gründet das Blog Feministing.com. Ihr Ziel ist es, feministische Themen und Ziele für jüngere Frauen auch ohne akademischen Hintergrund wieder zugänglich zu machen, da diese laut Valenti im Diskurs kaum eine Stimme haben. 2007 gründen Barbara Streidl, Susanne Klingner und Meredith Haaf das Blog maedchenmannschaft.net, das Feministing als Vorbild nennt.

**2005** Als erste Frau wird Angela Merkel 2005 zur Kanzlerin gewählt.

**2008** Für die Personenstandsänderung sind ursprünglich vier Punkte laut Transsexuellengesetz zu erfüllen: die Vornamensänderung, die Ehelosigkeit (d.h. Scheidungszwang bei verheirateten Transsexuellen), die geschlechtsangleichenden Operationen und Unfruchtbarkeit. 2008 wird der »Zwang zur Ehelosigkeit« aufgehoben. 2011 wird der Zwang zu geschlechtsangleichenden Operationen sowie der zur Unfruchtbarkeit für verfassungswidrig erklärt.

**2009** Der »PorYes-Award«, der Feministische Pornofilmpreis Europas, wird erstmals vergeben. PorYes ist ein feministisches Gütesiegel für pornografische Filme und entstammt einer Initiative der Kommunikationswissenschaftlerin und Aktivistin Laura Méritt.

**2011** Am 3. April 2011 findet in Toronto der erste SlutWalk (Schlampenmarsch) statt. In zahlreichen Städten auf der ganzen Welt gibt es anschließend SlutWalks, die gegen sexualisierte Gewalt und Victim Blaming demonstrieren.
Aktivistinnen wie Manal al-Sharif greifen die bereits in den neunziger Jahren entstandene Kampagne »Women to drive« wieder auf. Obwohl es kein offizielles Gesetz gibt, dürfen Frauen in Saudi-Arabien keine (motorisierten) Fahrzeuge bewegen und sind somit auf männliche Fahrer angewiesen. Die Aktion ruft Frauen dazu auf, sich hinter das Steuer eines Autos zu setzen. Die Aktion wird über Social Media verbreitet, und dokumentiert.
Eine Gruppe von Aktivist_innen aus verschiedenen arabischen Ländern schließt sich unter dem Namen »The Uprising of Women in the Arab World« zusammen und nutzt Social Media in Verbindung mit Offline-Aktionen. Ziel der Kampagne ist es, die revolutionären Ansätze des Arabischen Frühlings im Sinne von Frauenrechten fortzuführen.

**24. Januar 2013** Die Twitter-Aktion #aufschrei entfacht eine neue Sexismus-Debatte in Deutschland.

**6. September 2013** Der Hashtag #schauhin wird in Anlehnung an #aufschrei ins Leben gerufen, um Erfahrungen mit Alltagsrassismus sichtbar zu machen.

**7./8. September 2013** FemoCo, eine »gemeinsame Konferenz zu Feminismen of Color in Deutschland« findet in Berlin statt und knüpft damit an Veranstaltungen aus den 1990er-Jahren an, wie z.B. der »Frauentagung von/für ethnische und afrodeutsche Minderheiten« (1990) oder der »Zweite Bundesweite Kongress von und für Immigrantinnen, schwarze deutsche, jüdische und im Exil lebende Frauen« (1991).

**13. Oktober 2013** Der »Berufsverband erotische und sexuelle Dienstleistungen« wird von Sexarbeiter_innen gegründet mit dem Hauptziel, Sexarbeit zu entkriminalisieren und berufliche Anerkennung durch gleiche Berufsrechte zu erlangen.

**14.–16. März 2014** Unter dem Motto »Her mit dem guten Leben!« findet die erste Aktionskonferenz zur Care Revolution statt und legt erste Grundsteine für eine Care-Bewegung.

**24. Mai 2014** Nachdem bekannt wird, dass der Amokläufer Elliot Rodger, der in Isla Vista, Kalifornien sechs Menschen tötete, als Grund für die Morde die Ablehnung verschiedener Frauen angab, entwickelte sich eine Debatte um Mysogynie und Sexismus in den USA. Unter dem Hashtag #YesAllWomen teilen weit über eine Millionen Frauen ihre Erlebnisse.

**Juni 2014** Familienministerin Manuela Schwesig und Justizminister Heiko Maas legen Gesetzentwurf zur Quote vor.

# 11:

# IM NETZ UND AUF DER STRASSE. NEUE TOOLS GEGEN ALTE PROBLEME

Ein Grund, warum ich Social Media für einen großartigen Weg halte, um ins Thema Feminismus einzusteigen, ist, dass ich meine feministischen Vorbilder (und solche, die es noch werden) dort direkt in Aktion erlebe. Egal, ob sie ein Buch geschrieben haben, bedeutende Vorträge hielten oder Fernsehinterviews vor zigmillionen Zuschauer_innen geben: Auf Social Media sind sie in erster Linie Menschen. Menschen mit feministischen Ansichten.

Feminismus ist heute jedenfalls internationaler denn je. Die Möglichkeit, online Gleichgesinnte suchen und auch schnell finden zu können, ist längst nicht mehr auf den eigenen Ort, die eigene Stadt oder gar das eigene Land beschränkt. Wenn ich allein auf meine Twitter-Timeline schaue, bekomme ich mit, was amerikanische Feminist_innen gerade umtreibt, aber auch die aus Großbritannien, Australien und eben überall auf der Welt. Sie sind Muslimas, Sexarbeiter_innen, Trans-Aktivist_innen, Mütter, leben in gleichgeschlechtlichen Partner_innenschaften, studieren noch, sind Männer of Color, stammen aus einer früheren Feminist_innengeneration, leiten ihre eigene Firma.

Da sehe ich dann Laurie Pennys Tippfehler, nachdem sie ein paar Gin Tonics intus hat, Jessica Valenti postet Bilder, wie sie mit ihrer kleinen Tochter Nudeln macht, Jaclyn Friedman freut sich auf die neue Staffel von »Orange is the new black«, Mikki

Kendall kommentiert die Oscar-Verleihung, und Suey Park erzählt von einem Treffen im Café mit einer Freundin. Wer mir auf Twitter folgt, weiß z. B. auch, dass ich »Doctor Who« und »Adventure Time«-Fan bin und Eulen mindestens genauso liebe wie schlechte Wortwitze und New York.

Ich mag dieses Gesamtbild von engagierten Personen jedenfalls sehr, weil es sie nicht aufs Feminist_innen- bzw. Aktivist_innensein beschränkt und ich meine Vorbilder lachen, lieben und natürlich auch leiden sehen kann. Ich sehe, wie sie Fehler machen, aus ihnen lernen, ihr Wissen weitergeben oder auch einfach nur laut nachdenken. Diese Kombination bringt mich feministischen Themen viel näher, als es eine Vorlesung dazu könnte. Kein Wunder, denn soziale Netzwerke basieren schließlich auf persönlichen Beziehungen, wobei es keine Rolle spielt, ob diese bereits offline existierten oder erst online entstanden sind. Diese Beziehungen bauen sich auf, indem wir miteinander diskutieren, uns aufeinander beziehen, uns gegenseitig unterstützen. Sich schwerpunktmäßig um die Probleme im eigenen Land zu kümmern schließt jedenfalls nicht aus, nebenbei auch andernorts Aktivist_innen zu unterstützen. Im Gegenteil: Ich persönlich bin ja sogar erst durch amerikanische Aktivist_innen wie Sady Doyle und ihre #DearJohn-Kampage[377] darauf aufmerksam geworden, wie Aktivismus in Social Media überhaupt aussehen kann. Damals setzte der Sprecher des Repräsentant_innenhauses, John Boehner, eine Gesetzesänderung auf die Tagesordnung, die vorsah, dass nur Opfer von »gewaltsamen« Vergewaltigungen einen Anspruch auf Gesundheitsversorgung aus steuerlichen Mitteln hätten. Unter #DearJohn und per Tweet direkt an den Account des Politikers wehrten sich Aktivist_innen dagegen und forderten andere direkt zum Mitmachen auf.

Wenn es darum geht, gemeinsam die Ärmel hochzukrempeln,

um eine Sache voranzutreiben, brauchen wir jedenfalls keine Offline-Treffen oder Veranstaltungen, zu denen wir uns anmelden müssen, um in Kontakt zu treten und Diskussionen in Gang zu bringen – in der Regel reicht schon ein @, ein #, ein Blogpost oder eine E-Mail. Für mich ist das selbstverständlich, und trotzdem freue ich mich immer wieder darüber, dass es geht.

Bestes Beispiel dafür: der offene Brief, den Jasna Lisha Strick, Yasmina Banaszczuk, Nicole von Horst, Lucie Höhler, Teresa Bücker, Anna-Katharina Meßmer und ich Anfang März 2013 an Bundespräsident Joachim Gauck verfassten, weil er die Sexismus-Debatte als »Tugendfuror« abtat.[378] Der Brief entstand binnen weniger Stunden allein durch eine Absprache über Twitter und anschließendes Schreiben in einem Etherpad, das kollaboratives Arbeiten in Echtzeit ermöglicht. Und auch die Zusammenarbeit und Redaktion von kleinerdrei.org ist komplett darauf ausgelegt, dass die Teammitglieder aus unterschiedlichen Städten kommen – schließlich habe ich sie fast alle auch online kennengelernt. Mailinglisten, Google Docs und Videochats gehören für uns einfach dazu, bzw. ohne sie könnten wir unsere Arbeit gar nicht so machen, wie wir sie machen – einschließlich der Tiermasken, die wir traditionell am Ende jeder Redaktionssitzung aufsetzen, die wir per Google Hangout abhalten. Nicht an einen Ort gebunden zu sein, bringt jedenfalls eine große Freiheit und viele neue Möglichkeiten mit sich.


## ES GIBT KEIN VIRTUELLES LEBEN IM REALEN

Wenn der Begriff Netzfeminismus fällt, begegnet mir auch heute noch sehr häufig das Vorurteil, Netzfeminist_innen wären ja nur online aktiv bzw. das wäre automatisch »weniger wert«, weil nicht effektiv genug. Online-Aktivismus, das ist doch nur Slacktivism, also Aktivismus für jene, die lediglich zu bequem sind, von ihrer Couch aufzustehen und tatsächlich etwas zu tun, oder? Aktivismus, das müssen in den Augen vieler Menschen immer noch Protestschildermeere sein und Großdemonstrationen auf der Straße, sonst kann doch gar nichts bewegt werden. Da das Internet oft weitgehend als Gegenentwurf zum Real Life, also dem »echten« Leben, verstanden wird, statt als Teil dessen gesehen zu werden, beinhaltet das auch den Vorwurf, Netzfeminist_innen wären irgendwie lebensfern. Es klingt nach: »Ihr seid ja immer nur in diesem Internet und gar nicht da, wo die Probleme wirklich passieren.« Aber ist dem wirklich so? Und warum sollten wir verschiedene Formen politischen Engagements überhaupt gegeneinander ausspielen?

Bisher gibt es keine abschließende Definition zum Begriff Netzfeminismus. Die Bloggerin Antje Schrupp hat ihn mit »Feminismus, der das Internet als Medium nutzt«,[379] trotzdem ganz gut zusammengefasst. Und die Politikwissenschaftlerin und Bloggerin Kathrin Ganz ergänzt: »Keine feste Gruppe, sondern ein heterogenes Feld mit verschiedenen Knotenpunkten [...]. Kein einheitlicher Feminismus, sondern Feminismen mit Bezug auf das Internet als Raum und Thema [...].«[380] Auch hier sind also wieder die verschiedenen Strömungen erkennbar und Überschneidungen sowie Konflikte, wobei das Internet als eigenes Thema dienen kann. Insbesondere bietet es aber Raum für das feministische Engagement, welches auf diese Weise natürlich trotzdem Auswirkungen auf das »Draußen«, die Offline-Welt, haben kann – und sei es nur, weil sich im Anschluss an einen Blogpost ein paar Menschen beim Kaffee drüber unterhalten. Auf Aktivist_innen hat diese Arbeit jedenfalls definitiv auch abseits des Bildschirms einen Einfluss, und wir tragen wiederum Erfahrungen aus unserem Kohlenstoffalltag ins Netz: Insofern ist es kein Wunder, dass uns eine Trennung von online und offline mindestens absurd erscheint.

Ich bin jedenfalls ziemlich sicher: Wären die früheren feministischen Generationen mit der Vielzahl an leicht zugänglichen Werkzeugen aufgewachsen, die wir heutzutage haben, sie hätten diese ebenso genutzt – und manche von ihnen tun es ja auch, wie z. B. die feministische Sprachwissenschaftlerin Luise Pusch mit ihrem Blog.[381] Ich verstehe jedenfalls nicht, wenn z. B. romantisiert wird, dass sich Aktivist_innen früher ins Auto setzten, um für ein einziges Treffen mit anderen Leuten durchs halbe Land zu fahren. Klar, das zeigt vollen Einsatz und verdient ausschließlich Respekt. Aber dafür können sich heute viel mehr Menschen auf einmal einbringen, eben weil es nicht mehr so riesige Hürden wie Anfahrten und damit verbundene Kosten gibt. Und glaubt es oder nicht: Auch passionierte Internet-Menschen treffen sich verdammt gerne offline, sei es um neue Pläne zu schmieden, eine gute Zeit zu haben oder sogar beides.

## VON SOCIAL MEDIA AUF DIE STRASSE

Dass ich mich irgendwann verstärkter dem Aktivismus verschrieb, ist schließlich auch eng mit einem Kunstprojekt verbunden, das 2008 den Weg in mein Leben fand, weil ich auf einem Blog darüber las: »Papergirl«.[382] Die Kunstverteilaktion, die ihren Namen von den amerikanischen »paperboys« hat, die Zeitungen vom Fahrrad aus verteilen, begeisterte mich so sehr, dass ich nicht nur als Teilnehmerin dabei war, sondern auch schnell als Co-Organisatorin. Durch »Papergirl« lernte ich viel über Community und was ehrenamtliches Arbeiten so mit sich bringt, wie viel Kraft es kostet, aber eben auch, welch fantastische Belohnung es ist, wenn man ein solches Projekt mit kleinem Budget und noch kleinerem Team tatsächlich erfolgreich stemmt. Außerdem wurde ich schnell zu der Person, die für alles zuständig war, was mit online zu tun hatte. »Papergirl«

legte den Grundstein für das, was mit dem SlutWalk mein Leben noch mehr durchwirbeln sollte.

Das Jahr 2011 war eine sehr einschneidende Zeit für mein feministisches Engagement, da ich es durch den SlutWalk Berlin zum ersten Mal auf die Straße trug. Ich erfuhr (mal wieder) über Twitter von der Idee und war direkt sehr begeistert. Es war, als hätte ich die ganze Zeit nur darauf gewartet, dass jemand mir diesen letzten Schubser gibt. Als ich dann sah, dass es bereits einen Termin für das erste Orga-Treffen gab, war klar, dass ich dabei sein wollte. Wir organisierten uns zusätzlich über eine Facebook-Gruppe, eine Mailingliste und ein CMS, trafen uns aber auch in regelmäßigen Abständen offline. Viele von uns hatten noch keine Demo-Erfahrung als Organisator_innen, andere dafür umso mehr, und der ständige Austausch war daher desto hilfreicher. Am Ende stellten wir eine Demo mit ca. 3500 Menschen auf die Beine.

War es anstrengend? Ja. Würde ich heute Dinge anders machen? Klar! Aber insgesamt möchte ich diese Erfahrung überhaupt nicht missen. Sie hat mir vieles über mich selbst beigebracht und über Organisationsarbeit allgemein.


## EIN GETROFFENER NERV

Natürlich ist auch nicht jede Facebook-Aktion oder Hashtag-Kampagne kritiklos abzufeiern, aber bei Vernetzungstreffen erlebe ich immer wieder, dass ich auf Organisationen und Vereine stoße, die sich mit denselben oder ähnlichen Themen befassen, die ich auch als Aktivistin bearbeite. Und trotzdem habe ich von diesen Organisationen und Vereinen noch nie etwas gehört: weil sie halt keine Online-Präsenz haben. Und das, obwohl ich bereits eindeutig zu einem Personenkreis gehöre, der sich dafür interessiert. Wie soll deren Botschaft also erst andere Menschen erreichen? Das sehe ich dann jedenfalls als nicht weniger problematisch.

Insofern finde ich es immer schade, wenn mir (insbesondere ältere) Feminist_innen begegnen und sie, ohne sich auch nur einmal damit beschäftigt zu haben, behaupten, dass das mit dem Internet nichts für sie wäre. Natürlich kann und sollte jede_r für sich entscheiden, ob eine Plattform oder ein Tool das richtige für die eigene Arbeit ist, aber das geht meiner Meinung nach auch erst, wenn es überhaupt ausprobiert wurde.

Dabei geht es mir hier nicht um einen Diss und das Aufwiegen von Online gegen Offline. Vielmehr sollte allen endlich bewusst werden, dass Online ohne Offline nicht geht – Offline ohne Online aber genauso wenig. Und: Ein Online-Netzwerk ist nicht weniger menschlich und kraftvoll als eines, das offline entstanden ist. Allein mein feministisches Netzwerk ist gerade durch #aufschrei noch größer und stärker geworden, und ich habe nun noch mehr Freund_innen, die sich ebenfalls feministisch engagieren.

Ohne eine kleine Community am Anfang wäre es für #aufschrei nicht möglich gewesen, sich derart schnell zu verbreiten. Am Anfang bestand diese aus feministisch Aktiven, doch der Hashtag hatte ein derart hohes Identifikationspotential, dass er Filterblasen überwand und sich auch in Timelines anderer Leute rasant verbreitete. Das gemeinsame Teilen persönlicher Geschichten formte uns alle darüber hinaus zu einer ganz neuen Community, die sich gegenseitig Halt gab.

Damit nutzte der Hashtag wiederum einen klassischen Bestandteil des feministischen Aktivismus, das sogenannte Consciousness raising. Hierunter versteht man, in gemeinsamer Runde ein Problem zu benennen, zu erkennen, dass es sich nicht um Einzelerfahrungen handelt, und dieses Ergebnis schließlich einer breiten Öffentlichkeit ins Bewusstsein zu rufen. Mit #aufschrei wurde ein Nerv getroffen. Das rief ein emotionales Echo hervor, das groß genug war, um über den ersten Kreis von Online-Bekanntschaften hinaus weitergetragen zu werden.

Der Hashtag wurde von Betroffenen als Ventil benutzt, um über diskriminierende und gewaltvolle Erlebnisse zu sprechen, die gesellschaftlich und damit im medialen Mainstream unsichtbar gemacht werden. Diese Redemöglichkeit, bot für die meisten den Anlass zum Mitmachen. Der Mut der anderen steckte an. Kübra Gümüşay hat diese Erfahrung anhand von #schauhin passend beschrieben:»Das Teilen der Erlebnisse macht nicht schwächer oder gar erneut zum Opfer. Ganz im Gegenteil, das Teilen nimmt die Last von den Schultern, es macht öffentlich, was oft verborgen blieb.«[383]

Insofern ging es bei #aufschrei nicht um eine kollektive Anklage von Männern, sondern darum, Betroffenen eine Stimme zu geben. Mit Tools wie Blogs und Social Media lässt sich heutzutage eine Gegenöffentlichkeit und Aufmerksamkeit für Themen schaffen, die der Mainstream übersieht oder falsch darstellt. Dafür braucht es keine offizielle Institution, die den Ball ins Rollen bringt. Aber auch der Austausch unter einem Hashtag muss nicht immer einen bestimmten Sinn darüber hinaus verfolgen. Denn wie auch bei #aufschrei sehr schön zu sehen war, ist allein das Schweigen zu brechen bereits ein radikaler Schritt.

Die Stärke eines Hashtags wie #aufschrei liegt dabei in seiner Initialzündungskraft und Offenheit, nicht in der Nachhaltigkeit. Diese muss mit Hilfe anderer Medien wie z.B. Blogs erreicht werden, um die ad hoc angestoßene Diskussion weiterführen zu können. Ein Hashtag kann zwar kraftvoll sein, doch auch er kann nicht ausgleichen, was die Echtzeit-Diskussionskultur an Schwierigkeiten mit sich bringt – im Fall von Twitter beginnt das z.B. bei der Beschränkung der Tweets auf 140 Zeichen, die komplexe Diskussionen schwer bis unmöglich machen. Ein Hashtag ist also auch kein Allheilmittel, sondern vielmehr ein notwendiger Funke.

Die Offenheit eines Hashtags ist dabei gleichzeitig Vor- und Nachteil. Alle können mitmachen, yay! Aber: Alle können mitmachen. Hmpf. So zieht ein Hashtag nicht nur Menschen an, die ihn so benutzen, wie er ursprünglich gemeint war, oder die ihn wenigstens für die eigene Selbstreflexion verwenden. Während #aufschrei für die Erfahrungen mit Alltagssexismus steht, verwenden andere den Hashtag für Witze, sexistische Herabwürdigungen und misogyne Angriffe. Da der Hashtag offen für alle ist, ist es auch nicht möglich, Betroffene zu schützen.

Das durch eine Ad-hoc-Kampagne entstandene Netzwerk bleibt nicht in seiner Gänze erhalten, aber das ist auch in Ordnung und vollkommen normal. Dafür werden bestehende Netzwerke stärker und größer. Das Wichtigste bleibt, dass eine solche Kampagne Diskussionsräume öffnet und eine Gegenöffentlichkeit schafft. Sie ist nicht geplant, und ihr Erfolg lässt sich somit nicht vorhersagen. Trotzdem gibt es natürlich Faktoren, die helfen können, wie z.B. eine große Reichweite der Teilnehmenden oder eben ein mediales Ereignis.

Methoden wie z.B. Proteste, Sitzblockaden oder Petitionen sind also nicht aus der Welt oder gar abgeschafft. Nur heutzutage kann eben jede_r mit einer Internetverbindung mitmachen, wobei unsere Smartphones und Laptops sozusagen die Demo-Schilder von heute sind. Netzfeminismus ist für mich damit eine konsequente Weiterentwicklung und Ergänzung dessen, was feministischer Aktivismus schon immer war – und wohin er sich in Zukunft noch stärker bewegen wird.

# 12:

## UND WAS NUN? ETWAS TUN! HANDLUNGSANWEISUNGEN GEGEN DIE HILFLOSIGKEIT

Ob sexistische Werbespots, homophobe Gesetze, alltagsrassistische Bemerkungen auf der Arbeit oder trans*feindliche Zeitungsartikel: Die Liste der feministischen Baustellen ist länger als lang und wächst täglich weiter. Feminismus umfasst schließlich viele wichtige Kämpfe und kann daher oft auch etwas überwältigend wirken. Doch wo anfangen statt in Verzweiflung schaukelnd in der Ecke zu kauern?

Nun, wichtig ist es, überhaupt aktiv zu werden, anstatt sich in die (scheinbar) bequemeren Arme des Status quo sinken zu lassen. Es gilt Empathie statt Apathie. Denn wer nicht aufbegehrt, hat nicht nur bereits verloren, sondern ist auch Teil des Problems! Auch wenn du das Gefühl hast, keine Welten bewegen zu können, lass dir hiermit gesagt sein: Deine Stimme und dein Handeln sind wichtig!

Anstatt immer gleich das große Ganze in Angriff zu nehmen, tut es nämlich oft auch schon ein kleiner Schritt in diese Richtung. Dein Kommilitone reißt sexistische Sprüche? Sprich ihn darauf an und sag ihm, dass er damit 100 Punkte auf der Mario-Barth-Skala (sprich: maximale Unwitzigkeit) erreicht hat. Ob es nun der Einsatz für ein ausgeglichenes Geschlechterverhältnis im Aufsichtsrat eines einzelnen Betriebs ist, die Online-Petition gegen sexistische Werbekampagnen, ein Konferenz-Line-up, das nicht nur aus weißen Männern besteht, oder das private Ge-

spräch mit einem Freund darüber, wofür der Begriff »queer«
steht: Es gibt viele Wege, um bereits im kleineren Rahmen auf-
zuklären, das große Ganze ein Stück weiter zum Besseren zu
verändern und das Aktivist_innenherz hüpfen zu lassen.

Kurz gesagt: Um etwas zu bewegen, sind die Babyschritte genauso wichtig wie die nächste Großdemonstration.

**Aufgepasst!**

Doch bevor ihr loslegt, muss ich noch ein bisschen Tacheles reden. Denn, machen wir uns nichts vor: Weltverbesserung ist
hart! Erst recht bei Problemen, mit denen wir uns tagtäglich
konfrontiert sehen. Feministische Aktivist_innen müssen nicht
nur Kraft aufwenden, um bestehende diskriminierende Strukturen zu verändern und Alternativen zu bieten. Sie müssen meist
auch rechtfertigen, warum sie das überhaupt tun, und sich mit
den Menschen auseinandersetzen, die feministische Bemühungen in meist hässlicher Weise regelrecht torpedieren.

Nur leider besitzen Aktivist_innen keine unbegrenzten Ressourcen, übernatürliche Kräfte oder ein Superheld_innen-Cape –
obwohl sie Letzteres eigentlich verdient hätten. Dafür haben wir
aber jede Menge Optimismus (Hey, wir glauben schließlich
daran, dass unsere verkorkste Gesellschaft tatsächlich eine
bessere und gerechtere werden kann!). Von Belächeln über Dif-
famierung bis Hass schlägt Feminist_innen allerdings quasi alles entgegen, was die Hoffnung und das Selbstbewusstsein zer-
krümeln lässt wie einen trockenen Keks. Darüber hinaus ist
es sehr ermüdend, immer wieder dieselben Diskussionen und
Kämpfe zu führen und weniger Fortschritt, aber dafür umso
mehr Backlash zu sehen.

Zugegeben, das klingt jetzt eher deprimierend, aber der Ein-
schub hier ist einfach nur dazu gedacht, um euch bei der realis-
tischen Einschätzung eures Engagements zu helfen. Gebt eure

Hoffnung nicht auf! Aber gleichzeitig gilt: Das Feuer, das euch für feministische Belange brennen lässt, solltet ihr sorgsam füttern. Schließlich soll es uns weder verbrennen noch komplett erlöschen.

Damit es nicht zum feministischen Burn-out kommt, können ein paar Grundregeln helfen, um das Schlimmste zu verhindern.

### 1. Lerne, deine Kämpfe deinen eigenen Ressourcen angemessen auszuwählen.

Egal, ob Trolle im Netz oder uneinsichtige Menschen im Freund_innenkreis: Manche Diskussionen sind es schlicht nicht wert, (weiter)geführt zu werden. Weil du gerade keine Kraft dafür hast, weil sie eh aussichtslos sind, weil 140 Zeichen viel zu wenig sind – Gründe gibt es genug und bloß, weil du dich offen Feminist_in nennst, heißt das nicht, dass du ständig »im Dienst« bist, anderen Leuten Rede und Antwort zu stehen. Überlege dir stets, ob du deine kostbare Zeit darauf verwendest (»Ich kann jetzt nicht ins Bett kommen! Jemand im Internet hat was Falsches behauptet!«[384]) oder sie lieber in etwas steckst, dessen Resultat dich definitiv bereichert.

Pro-Tipp: Alle »Ich will doch nur diskutieren«-Leute, die Wörter der Kategorie »Feminazi« benutzen, disqualifizieren sich schon von ganz allein. Es hilft außerdem sehr, sich mit den typischen Ablenkungstaktiken (auch *Derailing* genannt und ausführlich aufbereitet auf Seiten wie z.B. derailingfueranfaenger. wordpress.com) vertraut zu machen, die im Zuge anti-feministischer Kritik wirklich immer wieder auftauchen, wie z.B. der »Klassiker«: »In [hier Land einfügen, das diese Menschen für unterentwickelt halten] geht es den Frauen wirklich schlecht, also habt euch nicht so!«

**2. Pflege dich. Suche dir einen Ausgleich, nimm dir bewusst Auszeiten und viele davon.**

Feministisch zu denken lässt sich natürlich nicht abschalten wie ein Fernseher, vor allem, wenn dieser auch wieder Dinge zum Aufregen zeigt – ich erinnere dabei nur an die Schlagzeile der Satire-Seite »The Onion«, die da lautete: »Frau macht halbstündige Pause vom Feministinnen-Dasein, um eine Fernsehsendung zu gucken«[385]. Sei es ein Hobby, der Fernsehmarathon mit der Lieblingsserie, Treffen mit Herzensmenschen, Spontanurlaub, Yoga oder alles zusammen: Schaffe dir selbst Räume, in denen du dich und dein feministisches Engagement nicht verteidigen musst, in denen du wahrhaftig ausruhen kannst. Ich selbst bin z. B. großer Fan von Karaoke, denn beim gemeinsamen Schmettern von »Total eclipse of the heart« (80er-Jahre-Powerballaden sind meine Spezialität) mit Freund_innen kann ich allen Gefühlen freien Lauf lassen.

Ein_e Aktivist_in, die_der nur mit halber Kraft arbeitet, ist jedenfalls nur halb so gut, was wiederum zu mehr Frust führen kann, da das gewünschte Ergebnis darunter leidet. Sag also auch mal Dinge ab und kümmere dich nur um dein Wohlbefinden. Das ist nicht egoistisch, und die Welt geht auch keineswegs unter. Versprochen!

**3. Bau dir ein Netzwerk aus Gleichgesinnten.**

Gerade durch das Internet ist es mittlerweile sehr einfach geworden, Gleichgesinnte zu finden, sie zu kontaktieren und sich mit ihnen zu vernetzen. Zusammen seid ihr stark, stärker und: mit Sicherheit einen Schritt näher an der feministischen Weltrevolution. Außerdem motiviert es ungemein, wenn du dir des Rückhalts vieler toller Menschen sicher sein kannst.

**4. In diesem Sinne: Such dir Hilfe in deinem Netzwerk und nimm sie an.**

Du musst nichts alleine schaffen, wenn du nicht willst. Es gibt viele wunderbare Menschen um dich herum, die stets willens sind, dich aufzufangen, wenn du keine Kraft mehr hast oder zu viele Fragen. Bitte um diese Hilfe und nimm sie an, lerne, schöpfe neue Energie und mach weiter. Revanchiere dich einfach, denn irgendwann wird jemand genauso deine Unterstützung brauchen.

**5. Es gibt viele große Baustellen, doch Babyschritte tun es auch.**

Feminismus umfasst viele Kämpfe und allein Geschlechtergerechtigkeit ist ein weites Feld. Daher ist es nicht immer leicht zu erkennen, was priorisiert werden muss. Das kann manchmal etwas überwältigend wirken.

Dann hilft es, sich auf bestimmte Themen zu spezialisieren und die eigenen Kräfte darauf zu konzentrieren. Egal, ob selbst dazugehörig_betroffen oder nicht: Manche klären über die Probleme von Trans*Menschen auf, andere halten Vorträge über die Vorteile von Geschlechterquoten oder über die Auswirkungen von Sexismus in den Medien, und wiederum andere setzen sich für die Rechte von Sexarbeiter_innen ein. Die Bereiche sind vielfältig, Expertisen immer wichtig, und es muss auch nicht auf jeder feministischen Hochzeit getanzt werden.

**6. Humor und Kunst sind deine ewigen Verbündeten.**

Manchmal ist es das Beste, Wut und Ärger auf kreative Weise zu kanalisieren und somit in etwas Positives zu verwandeln. Etwas, aus dem sich sogar Kraft schöpfen lässt. Lachen ist ein fantastisches Gegengift! Von Comics bis Songkompositionen (schaut euch z.B. den Song »Mother of Pearl«[386] von Nellie McKay an) stehen schließlich alle Wege offen, um sich auszudrücken und aufzugreifen, was das Blut eigentlich zum Kochen bringt.

Im Netz eignen sich z. B. Meme sehr gut dazu, die Absurdität diskriminierender Umstände zu entlarven. Auf Demonstrationen sind selbstverständlich witzige Plakate unschlagbar (und oft auch eher im Blick der Medien). Ich persönlich bin großer Fan von GIFs, um online Gefühlszustände darzustellen. Ebenfalls sehr zu empfehlen ist ein Bullshit-Bingo, gerne auch in Verbindung mit Trinkspielen, z. B. wenn es um Talkshows geht. Aber Achtung: Für den Alkoholpegel nach, sagen wir mal, einer Sendung »Günther Jauch« über Sexismus (ein ganz zufälliges Beispiel, ich schwöre), übernehme ich keinerlei Verantwortung.

Fazit: Wichtig zu wissen ist, dass alle Aktivist_innen ohne Ausnahme irgendwann auch mit kleineren oder auch größeren Erschöpfungserscheinungen zu kämpfen haben. Wer jedoch damit zu tun hat oder gar auf einen Burn-out zusteuert, muss sich deswegen nicht schlecht fühlen, sondern die Notbremse ziehen. Unbedingt. Das Mantra lautet: Selbstpflege ist nicht egoistisch, Selbstpflege ist nicht egoistisch, Selbstpflege ist nicht egoistisch ... Vielmehr müsst ihr euch das so vorstellen, wie bei den Sicherheitsmaßnahmen im Flugzeug: Nur wenn ihr eure eigenen Atemmaske zuerst anlegt, könnt ihr danach auch noch anderen Menschen helfen.

Und noch ein Hinweis an alle, die ehrenamtliche Aktivist_innen behandeln, als könnten sie deren kostenlose Arbeit ganz einfach auf Knopfdruck abrufen: Lernt sie erst einmal wertzuschätzen.

### Los geht's!

Nachdem ihr nun aufs gröbste vorbereitet seid und in den Aktivismus-Startlöchern steht, möchte ich euch noch eine kleine Auswahl feministischer Initiativen und Projekte präsentieren, die euch hoffentlich zu vielen eigenen und wunderbaren feministischen Ideen inspiriert und vor allem zeigen soll, wie unterschiedlich das Engagement ausfallen kann. Die Liste erhebt natürlich keinen Anspruch auf Vollständigkeit, aber lässt euch im besten Fall noch weiter in die wunderbare Welt von Feminismus und feministischen Themen vordringen sowie neues Wissen und noch mehr Spaß entdecken.

Die nachfolgenden deutschen und englischen Projekte sind alle online, aber oft ebenso offline anzutreffen. Von Street Art[387] über Guerilla-Knitting[388] bis zum Vertauschen der Held_innen-Rollen in Videospielen[389] ist jedenfalls alles möglich. Also haut rein!

Und denkt dran: Selbst wenn ihr gerade keine eigene Kraft habt, könnt ihr immer noch anderen Aktivist_innen sagen, dass ihr deren Arbeit schätzt, diese weiter verbreiten und ggf. dafür spenden. Ihr denkt vielleicht, dass das keinen Unterschied macht, aber das tut es.


## KAMPAGNEN_PROJEKTE

**Speakerinnen-Liste (speakerinnen.org)** – Gebastelt von Frauen für Frauen, die alle die Schnauze voll haben von ebenjenen Veranstaltungen, die so tun, als wären weibliche Expertinnen ein Mythos. In der Datenbank können redefreudige Referentinnen und Moderatorinnen selbst ihr Profil einrichten und darüber kontaktiert werden.

**Wer braucht Feminismus (werbrauchtfeminismus.de)** – Ist eine Bilder-Kampagne, bei der Leute mit ihrem ganz persönlichen Statement für Feminismus fotografiert werden, das sie vorher auf ein großes Schild geschrieben haben. So werden dem Feminismus, im wahrsten Sinne des Wortes viele Gesichter gegeben und die verschiedenen Beweggründe für feministisches Engagement sichtbar. Das ehrenamtliche Team um Gründerin Jasmin Mittag organisiert außerdem eine Wanderausstellung und Infostände, bei denen neue Fotos gemacht werden.

**#schauhin (facebook.com/schauhin.rassismus)** – Auf einem Podium der Friedrich-Ebert-Stiftung schlug die Journalistin Kübra Gümüşay vor, einen eigenen Hashtag festzulegen, der Erfahrungen mit Alltagsrassismus bündelt. Sie fand #aufschrei toll, fühlte sich aber weniger angesprochen, da ihre Diskriminierungserlebnisse in der Regel auch immer mit Rassismus verknüpft sind. Seither sammelt #schauhin Aussagen wie »Du bist aber hübsch für eine Schwarze« oder »Du kannst keine Deutsche sein, weil du ein Kopftuch trägst«. Die unabhängig davon entstandene Social-Media-Initiative **#AuchichbinDeutschland (auchichbindeutschland.tumblr.com)** sammelt ebenfalls alltagsrassistische Bemerkungen und bildet sie mit einer Fotokampagne ab.

**#ichkaufdasnicht (ichkaufdasnicht.tumblr.com) und #Notbuyingit (therepresentationproject.org/take-action/not-buying-it)** – #ichkaufdasnicht ist orientiert am amerikanischem Vorbild #Notbuyingit, eine Kampagne, die auf sexistische Werbung aufmerksam macht und 2011 zum Dokumentarfilm »Miss Representation« entstand. Der Film zeigt, wie Mainstream-Medien ein verzerrtes, sexistisches Frauenbild wiedergeben. #ichkaufdasnicht wurde von mir als Social-Media-Kampagne ins Leben gerufen, um sexistische, rassistische, homo-, transphobe oder in anderer Form diskriminierende Werbeanzeigen, Produkte und Medien sichtbar zu machen und zu zeigen, dass wir als Konsument_innen diese Produkte mit keinem Cent unterstützen sollten und die dahintersteckenden Botschaften nicht dulden.

**Hollaback (ihollaback.org)** – Ist eine weltweite Bewegung, die in New York City begann, und sexueller Belästigung im öffentlichen Raum den Kampf angesagt hat. Auf der Webseite der lokalen Projekte können jeweils Geschichten solcher Belästigungen geteilt werden. Es gibt außerdem Google Maps, auf denen die Orte markiert sind, an denen die Belästigungen stattfanden, eine App, Workshops und viele Tipps für Menschen, die sich als Verbündete gegen Belästigungen einsetzen wollen. In Deutschland gibt es das Projekt bisher für die Städte Berlin, Chemnitz und Dresden.

**female:pressure (femalepressure.net)** – Ein internationales Netzwerk weiblicher Künstlerinnen aus dem Bereich Elektronische Musik: von Musikerinnen über DJs bis zu Visual Artists. Die von Susanne Kirchmayr initiierte Datenbank zeigt, dass Frauen hier definitiv keine Ausnahmeerscheinung sind.

**Project Unbreakable (project-unbreakable.org)** – Gründerin ist die Fotografin Grace Brown. Sie möchte das Bewusstsein rund um sexuelle Gewalt schärfen und den Heilungsprozess für Betroffene mit Hilfe von Kunst fördern. Das Projekt zeigt Fotos von Menschen, denen sexuelle Gewalt widerfahren ist – mal anonym, mal ganz offen. Auf Postern zeigen sie Sätze, die sie von den Täter_innen zu hören bekamen. Mit der Aktion senden Betroffene die Botschaft »Du hast mich nicht zerstört.« Das Projekt reist an amerikanische Universitäten, um seine Arbeit vorzustellen und neue Fotos zu machen. Auf tumblr können auch direkt Fotos eingereicht werden.

**Goldener Medienpimmel (goldenermedienpimmel.de)** – Die Bloggerin Nele Tabler untersucht hier das oft schiefe Geschlechterverhältnis (siehe Name) der öffentlich-rechtlichen Sender in allen möglichen Sendungen, vor allem aber Talkshows. Hintergrund: Die Öffentlich-Rechtlichen haben einen Bildungsauftrag in Kunst, Kultur und politischer Bildung, kommen diesem aber nicht nach, wenn die notwendige Vielfalt an Stimmen fehlt und vor allem Männer zu sehen und zu hören sind.

**#Redefiningrealness (redefiningrealness.tumblr.com)** – Ein Geschichtenprojekt, das von der Autorin Janet Mock anlässlich der Veröffentlichung ihres Buchs »Redefining realness – My path to womanhood, identity, love & so much more« gestartet wurde. In diesem beschreibt sie ihren Weg als Transfrau und möchte andere Menschen dazu ermutigen, ihre eigene Geschichte abseits von Hetero und Cis als vermeintlichen »Normalzuständen« zu erzählen.

**50 Prozent (50prozent.noblogs.org)** – Wie hoch ist der Frauenanteil bei der Konferenz XY? Gibt es tatsächlich keine Frauen auf dem Podium Z? Das Blog »50 Prozent« der Aktivistin Anne Roth zählt den Frauenanteil verschiedener Veranstaltungen und kommt oft zu einem ernüchternden Ergebnis.

## HUMOR

Wie gesagt, Humor ist ein unschlagbarer Freund, um sichtbar zu machen, wie unsere Welt von willkürlichen Stereotypen bestimmt wird. Im Netz dienen oft Meme dazu:

**#SafetyTipsForLadies** – Ein wunderbares Beispiel dafür, wie selbst das deprimierende Thema der Rape Culture mit Hilfe von Humor in eine super Aktion umgewandelt werden kann, ist der Hashtag #SafetyTipsForLadies, (übersetzt: #SicherheitstippsfürDamen), der im Jahr 2013 entstand.[390] »Trinkt nicht zu viel oder am besten gar keinen Alkohol! Tragt keine kurzen Röcke oder Oberteile, die euer Dekolleté zeigen! Geht abends nicht allein durch dunkle Gassen!« Als die Australierin Hilary Bowman-Smart mal wieder über einen Artikel mit solchen »Tipps« stolperte, der die Verantwortung für sexuelle Übergriffe auf die Betroffenen schob, war die Sammlung der absurden #SicherheitstippsfürDamen geboren. Die Aktion zeigt außerdem, dass es durchaus möglich ist, Witze über sexuelle Übergriffe zu machen, ohne die bereits betroffenen Menschen noch mal zu verletzen.

@hilaryjfb: Wickeln Sie sich in Luftpolsterfolie ein, Vergewaltiger werden auf diese Weise abgelenkt und vergessen, dass sie Sie vergewaltigen wollten. #SicherheitstippsfürDamen[391]

@jen_kalea: Ob sichtbar oder kokett versteckt: Haut reizt Vergewaltiger nur. Lassen Sie Ihre Haut daheim. #SicherheitstippsfürDamen[392]

@allthepie: Bewusstlosigkeit zieht Vergewaltiger an. Haben Sie schon mal dran gedacht, einfach ununterbrochen wach zu bleiben? Kontaktieren Sie Red Bull für Sponsoring. #SicherheitstippsfürDamen[393]

@spkheller: Da die meisten Vergewaltigungen von jemandem begangen werden, den Sie kennen, hören Sie einfach auf alle zu kennen, die Sie kennen. #SicherheitstippsfürDamen[394]

**#ReizendeSchlagzeilen** – Orientiert am amerikanischen Vorbild #Edgyheadlines[395], das von der Autorin Kate Harding initiiert wurde, macht dieser Hashtag Geschlechterstereotype in den Medien durch den allseits beliebten Gender Swap sichtbar. Eine deutsche Version des Hashtags entstand ebenfalls:[396]

@smsteinitz: Sterben wir aus? Immer mehr Männer stellen Karriere vor Familie, bekommen weniger Kinder. #reizendeSchlagzeilen[397]

@DieIngenieurin: Wie schafft er das nur? Sexy zwischen Kind und Karriere. #reizendeSchlagzeilen[398]

@IvaWoman: Forderungen nach Männerquote von 30 % überzogen – Wirtschaftswachstum in Gefahr #reizendeSchlagzeilen[399]

@TochterEgalias: Kind bleibt für viele Männer ein Knick in der Karriere #reizendeSchlagzeilen[400]

@Wachkatze:#reizendeSchlagzeilen Mit diesen Lederhosen geht Mann sexy aufs Oktoberfest! Damit ihr Penis auch richtig zur Geltung kommt![401]

**Shit some white Germans say to black Germans**[402] – Dieses Video von Sidney Frenz ist nur ein Beispiel von vielen, wie Stereotype auf lustige Weise auseinandergenommen werden können, wenn z. b. auf die Frage »Sprechen Sie eigentlich Afrikanisch?« die Antwort »Sprechen Sie denn Europäisch?« kommt.

## TECH
**Trans\*H4CK (transhack.org)** – Eine Hackathon-Reihe, gegründet von Kortney Ziegler. Sie soll Trans\*Menschen in der technischen Community nicht nur sichtbar machen, sondern auch einen Offline-Ort bieten, um neue Tools und technische Lösungen für Probleme zu finden, die die Trans\*Community betreffen.
**Circle of 6 (circleof6app.com)** – Eine mobile App, die unangenehme oder gar gefährliche Situationen entschärfen soll und somit zur Gewaltvermeidung beitragen will. Ein Kreis aus sechs vertrauten Menschen kann über drei Grundbefehle (»Hol mich ab«, »Ruf mich an« und »Ich brauche Rat«) mit einmal Tippen aufs Handy kontaktiert werden. Neben zwei festen Notfallrufnummern kann außerdem eine eigene abgespeichert werden.
**+49 1575 2897962 Abwimmel-SMS (telefeministinnen.tumblr.com)** – Manchmal ist es sicherer, eine falsche Telefonnummer anzugeben, als unerwünschten Flirtversuchen eine direkte Abfuhr zu erteilen. Diese Telefonnummer antwortet auf uner-

wünschte SMS mit Sprüchen von bell hooks, Virginia Woolf, Rosa Luxemburg, Audre Lorde & Co.

**Wheelmap (wheelmap.org)** – Ist eine Online-Karte zum Suchen, Finden und Markieren rollstuhlgerechter Orte und gibt es mittlerweile auch als App. Hinter allem steckt der tolle Verein SOZIALHELDEN e. V.

**Black Girls Code (blackgirlscode.com)** – Gründerin Kimberly Bryant will Black Girls Code zur Pfadfinderinnen-Organisation im Technologiebereich machen. Bis zum Jahr 2040 möchte sie einer Million Mädchen of Color in Workshops das Programmieren beibringen und ihnen in der Wachstumsindustrie der Computertechnologie nicht nur Jobs sichern, sondern diese auch offener und diverser machen.

**Weitere weltweite Coding-Initiativen: Railsgirls (railsgirls. com** – für Frauen), **Coder Dojo (coderdojo.com** – für Kinder und Jugendliche) und **Open Tech School (opentechschool.org** – alle Altersgruppen und Geschlechter) – schaut also einfach mal, ob es in eurer Stadt bereits eine Gruppe gibt oder ihr nicht vielleicht sogar selbst eine aufbaut!

## COMICS

**Oh joy, sex toy (ohjoysextoy.com)** – Die queere Comic-Zeichnerin Erika Moen hält nicht nur ihr Leben in Illustrationen fest, sondern rezensiert auf diese Weise auch Sexspielzeug und berichtet, was ihr am meisten Spaß macht und wofür sich Geld ausgeben eher weniger lohnt.

**Ach, so ist das (achsoistdas.com)** – Unter dem Motto »Ach, so ist das?!« sammelt die Comic-Zeichnerin Martina Schradi Geschichten aus dem Leben von LGBTQI. Rund um Coming-out und Alltagsprobleme entstehen so tolle kleine Comic-Reportagen. Die Comics gibt es auch als Buch, und das Projekt kann auch für Vorträge, Workshops und Lesungen angefragt werden. Material speziell für die Schule entwickelt das Team ebenfalls.

## VIDEO

**Feminist Frequency – (feministfrequency.com)** Die Medienkritikerin Anita Sarkeesian schaut sich Popkultur durch eine feministische Brille an und hat dabei derzeit den Schwerpunkt Videospiele. Sie bringt uns nebenbei feministische Begriffe und Theorie bei und zeigt, was es heißt, kritischer Fan von etwas zu sein. Ihr Motto: Auch wenn es viel Problematisches in der Popkultur gibt, ist es absolut möglich, darüber zu reflektieren, es trotz Kritik zu mögen und ebenso Verbesserungen zu verlangen. **SEX+ (youtube.com/user/lacigreen)** – Jeder Aufklärungsunterricht sollte so toll sein wie das, was Videobloggerin Laci Green meist von ihrem Wohnzimmer aus macht! Auf lockere Art nimmt sie alles auseinander, was es an Mythen über Sex, Körper, sexuelle Orientierung, Gender & Co. gibt: von Schamlippen und vorgetäuschtem Orgasmus über sexuelle Objektifizierung bis hin zur Frage, wie Sex bei Menschen mit Behinderung aussehen kann. Gerade für solche Fragen lädt sie sich immer wieder Freund_innen und Bekannte ein, die direkt aus dem Nähkästchen plaudern und Fragen beantworten, die vorher durch die Zuschauer_innen per Kommentar gestellt wurden.

## PODCASTS

**Fucking while feminist (jaclynfriedman.com/archives/category/podcast)** – In halbwegs regelmäßigen Abständen trifft die Autorin und Aktivistin Jaclyn Friedman Gäste für ein Gespräch über aktuelle feministische Diskussionen. Diese sind natürlich vor allem auf die USA konzentriert, aber trotzdem immer wieder sehr hörenswert.

**NRRRDZ (iheartdigitallife.de/category/nrrrdz)** – Ist ein queer-feministisches Podcastprojekt der Bloggerinnen Maj und Kathrin Ganz, die sich über Netzkultur, Technik, Gadgets, Netzpolitik und ihre Erfahrungen im Internet austauschen.

## FEMINISTISCHE BLOGS UND WEBSEITEN

In den letzten Kapiteln habe ich bereits auf viele Blogs verwiesen, die ihr euch natürlich unbedingt näher angucken solltet. Hier kommen noch ein paar weitere Empfehlungen, von denen aus ihr auch immer wieder zu anderen Blogs und Webseiten gelangt, wenn es dort eine Blogroll gibt. Zur Vernetzung bloggender Mädchen und Frauen gibt es außerdem die Facebook-Gruppe »Girls on Web Society« (facebook.com/groups/girlsonweb).

**Drop the thought (hanhaiwen.wordpress.com)** – Helga Hansen schreibt über Feminismus, Politik, Technik, Popkultur und sammelt immer wieder interessante Studien zu diesen Themen.

**Shehahistan (shehadistan.com)** – Privates Blog von Nadia Shehadeh, die u. a. auch für maedchenmannschaft.net schreibt. Besonders empfehlenswert sind ihre Rants.

**Gemischtwahnlädchen (gemischtwahnlaedchen.de)** – Privates Blog von Natalie Springhart, die von Fankultur bis Familienleben alles thematisiert, was sie so bewegt.

**Ein Fremdwörterbuch (ein-fremdwoerterbuch.com)** – Kübra Gümüşay ist nicht nur Geburtshelferin des Hashtags #schauhin, sondern bloggt auch schon lange zu den Themen Internet, Politik, Gesellschaft, Rassismus, Feminismus und Islam.

**Der k_eine Unterschied (derkeineunterschied.de)** – Ein queer-feministisches Gruppenblog, das gesellschaftspolitische Themen und die jeweiligen Blickwinkel auf Liebe, Freund_innenschaft, Körper, Sprache, Literatur, Medien und vieles mehr beleuchtet.

**Femgeeks (femgeeks.de)** – Ein Gemeinschaftsblog zu feministischen Geekthemen und geekigem Feminismus. Die Themen reichen von (Video)Spielen über Gadgets, Comics, Serien und Hacking bis zu Literatur, Netzpolitik und Popkultur.

**Fuckermothers (fuckermothers.wordpress.com)** – Ein Blog mit mehreren Autor_innen, die allesamt einen feministischen Blick auf Mutterschaft und Elternsein werfen.

**Autostraddle (Autostraddle.com)** – Dieses Online-Magazin richtet sich an lesbische, bisexuelle und »anderweitig orientierte« Frauen und ihre Freund_innen. Bei den Themen geht es um LGBT, feministische Neuigkeiten, Politik, Kultur, Kunst, DIY, Unterhaltung und noch viel mehr.

**Colorlines (colorlines.com)** – Amerikanisches Online-Magazin, das Migrationshintergründe, Rassismus, Politik und andere Gesellschaftsthemen bespricht.

**menschenhandel heute (menschenhandelheute.net)** – Online-Magazin zum Thema Menschenhandel und verwandten Themen (Sexarbeit, Migration, Care-Arbeit, Rassismus etc.).

**Rookie Mag (rookiemag.com)** – Amerikanisches Online-Magazin für Teenagerinnen, gegründet von der Mode-Bloggerin Tavi Gevinson. Die Artikel drehen sich rund um Popkultur, Fashion, Erwachsenwerden, Feminismus und widmen sich jeden Monat einem neuen Oberthema.


## WEITERE HASHTAG-KAMPAGNEN ZUM EINSTIEG

**#solidarityisforwhitewomen** – Mainstream-Feminismus vergisst leider immer noch zu oft, dass es außer weißen Frauen auch noch andere gibt. Das wird unter diesem Hashtag von Frauen of Color kritisiert.[403]

**#notyourasiansidekick** – Hier geht es ebenfalls um Kritik am Mainstream-Feminismus, aber auch um Stereotype, mit denen Amerikaner_innen asiatischer Herkunft oft zu tun haben.[404]

**#Isjairre** – Das Stigma bei psychischen Störungen ist immer noch enorm groß für die Betroffenen, dieser Hashtag bricht das Tabu.[405]

**#NudelnmitKetchup** – Als Metapher für das Essen, was sich viele zum Monatsende nur noch leisten können, wurden hier Erfahrungen mit klassistischen Diskriminierungen gesammelt.[406]

**#notyourrescueproject** – Hier äußern sich Sexarbeiter_innen und widerlegen das Klischee von der Unmündigkeit.[407]

**#lifeofamuslimfeminist** – Islam und Feminismus gehen nicht zusammen? Was für ein Quatsch! Allein dieser Hashtag beweist das genaue Gegenteil.[408]

Achtung: Bedenkt beim Nachschauen von Hashtags immer, dass sie nicht nur im ursprünglichen Sinne verwendet werden können, da es sich um eine Kommunikationsform handelt, die für alle offen ist. Außerdem gibt es bei Hashtags meistens eine Hochphase, in der sie benutzt werden, danach ebbt die Diskussion darunter auch wieder ab.

## AUF PAPIER

**Missy Magazine (missy-magazine.de)** – Ein Magazin das Popkultur, Politik und Style mit einer feministischen Haltung verbindet. Es wurde 2008 von den Journalistinnen Sonja Eismann, Stefanie Lohaus und Chris Köver gegründet. Das Heft erscheint vierteljährlich und die Artikel sind meist auch online zu finden.

**an.schläge (anschlaege.at)** – Dieses Heft aus Österreich wurde bereits 1983 gegründet und ist das einzige feministische Monatsmagazin. Die an.schläge thematisieren das aktuelle politische, gesellschaftliche und kulturelle Geschehen aus feministischer Perspektive und setzen auch Themen auf die Agenda, die anderswo kaum vorkommen.

**Gazelle (gazelle-magazin.de)** – 2006 von der Journalistin Sineb El Masrar gegründet, erscheint dieses unabhängige Frauenmagazin halbjährlich. Informationen und Unterhaltung kommen hier genauso zusammen wie Mode und Reportagen zu diversen interkulturellen Themen.

## AUF DER STRASSE

Wie schon gesagt, ohne diese Form der Öffentlichkeit geht es auch weiterhin nicht, und Demonstrationen werden immer wieder veranstaltet: Ob sie sich nun SlutWalk nennen oder dafür mittlerweile einen anderen Namen gefunden haben, am Frauen(kampf)tag stattfinden,[409] mit Pinkstinks gegen sexistische Werbung[410] demonstrieren oder als Gegendemo zu den #idpet-Unterstützer_innen entstehen. Manche finden nur einmal statt, andere jedes Jahr, haltet also Augen und Ohren offen und schaut, wie ihr vielleicht diese Veranstaltungen unterstützen könnt.

Es gibt auf jeden Fall auch heute noch viele Themen und Probleme, für die es sich auf die Straße zu gehen lohnt! Ich selbst habe immer mindestens ein Stück Pappe, Pinsel und Farben auf Vorrat, um schnell ein Plakat basteln zu können. Das ist sozusagen mein Erste-Hilfe-Koffer für Demonstrationen.

## WEITERE RESSOURCEN

**Leidmedien (leidmedien.de)** – Eine Internetseite für alle, die über Menschen mit Behinderungen schreiben wollen, ohne Klischeebildern wie »leidenden Opfern« und »Held_innen« zu verfallen.

**Mediendienst Integration (mediendienst-integration.de)** – Aktuelle Informationen rund um die Themen Migration, Integration und Asyl in Deutschland.

**Trans\* in den Medien (transinterqueer.org/unsere-publikationen)** – Ein Leitfaden für alle, die sich beim Thema Transgender noch nicht auskennen, aber ohne Stereotype darüber berichten möchten.

**FAQ von »der braune mob e. V.« (derbraunemob.info/faq)** – Eine Medienorganisation, gegründet von Schwarzen Medienschaffenden, Künstler_innen, Aktivist_innen und Jurist_innen. Hier wird z. B. erklärt, warum das N-Wort ein No-Go ist oder »Farbige« keine Alternative zum Begriff Menschen of Color darstellt.

**Leitfaden für Medien: Schreiben über Menschenhandel, Sexarbeit, Migration (menschenhandelheute.net/leitfaden-fur-medien-schreiben-uber-menschenhandel-sexarbeit-migration)** – Bei diesen Themen gibt es auch diverse Fallen, z. B. dass Menschenhandel fälschlicherweise immer noch mit Sexarbeit gleichgesetzt wird. Die Liste hilft dabei, solche Fehler zu umgehen und auf richtige Fakten zu achten.

**Schöner schreiben über Lesben und Schwule (blsj.de/projekte/schoener-schreiben)** – Was ist der Unterschied zwischen Outing und Coming-out, und warum sollte es nicht heißen, dass Person XY sich zu ihrer Homoxsexualität »bekennt«? Diese und viele andere Fragen beantwortet der Leitfaden vom Bund Lesbischer und Schwuler JournalistInnen.

**Blog der Initiative Schwarze Menschen in Deutschland e. V.**

**(isdonline.de/category/aktuelles)** – Die ISD ist ein gemeinnütziger Verein, der es sich zur Aufgabe gemacht hat, die Interessen Schwarzer Menschen in Deutschland zu vertreten. Auf dem Blog werden vor allem aktuelle Stellungnahmen der ISD sowie Veranstaltungshinweise gepostet.

# 13:

# MITMACHEN FÜR MÄNNER. WAS ES HEISST, EIN GUTER VERBÜNDETER ZU SEIN

Wer verstanden hat, dass Feminismus nicht für einen Kampf »Frau vs. Mann« (oder andersherum) steht und der »K(r)ampf der Geschlechter« in erster Linie ein medial inszenierter ist, hat bereits einen der wichtigsten feministischen Gedankenschritte vollzogen.

Wenn es darum geht, das Ziel Geschlechtergerechtigkeit zu erreichen, braucht es auf jeden Fall alle Unterstützung, und dazu zähle ich natürlich auch die sogenannten Verbündeten, für die alternativ auch oft der englische Begriff »allies« verwendet wird.

Laut einer Definition von der Seite Geekfeminism sind »Verbündete [...] Leute, die eine Gruppe von Menschen unterstützen, die von Diskriminierungen, Vorurteilen etc. betroffen ist. Verbündete sind dabei selbst keine Mitglieder dieser Gruppe. Speziell feministische Verbündete sind Einzelpersonen, die keine Frauen sind und Frauenrechte unterstützen sowie Feminismus und dessen Anliegen fördern.«[411]

Auf dem Weg zum feministischen Verbündeten bzw. Feministen – je nachdem, welche Selbstbezeichnung gewählt wird – gilt es ein paar Punkte zu beachten, um Frust zu vermeiden, gewisse Dynamiken besser einordnen und hoffentlich schnell(er) am selben Strang ziehen zu können.

Ich habe versucht, diese Punkte in einer mehr oder weniger kurzen Liste unterzubringen.[412]

***Erkenne Sexismus als Problem an, das andere Leute
systematisch benachteiligt.***

Das klingt jetzt nach einem »Is' doch eh klar!«-Punkt, aber es
handelt sich hier um einen grundlegenden Schritt. Denn uns allen
wird generell ständig vermittelt, dass alle Menschen mit den
gleichen Chancen aufwachsen und schlimme Erfahrungen dementsprechend
selbstverschuldet sind. Sexismus (und andere
Diskriminierungsformen wie z. B. Rassismus oder Homophobie)
gibt es in dieser Logik höchstens noch als aussterbende Erscheinung
in hochprozentigen Stammtischgesprächen.

Wer das System hinter diesen Problemen aber in den toten
Winkel verbannt, nimmt Betroffenen die Sprache und uns allen
die Möglichkeit, etwas an diesem Zustand zu ändern.

Um ein Problem lösen zu können, muss es immer als solches
benennbar sein. Es gibt viele Wege, sich solidarisch zu zeigen
und klarzumachen, dass Feminismus mitnichten »Frauengedöns«
ist.

***Hör zu. Und zwar richtig.***

Dieser Punkt kommt ebenfalls als selbstverständlich daher, dabei
ist es wahrscheinlich der wichtigste von allen. Sich mit dem
auseinanderzusetzen, was Frauen zu sagen haben, hat gesellschaftlich
immer noch nicht denselben Stellenwert, den es hat,
wenn Männer reden.

Ts, Frauen! Die haben ja immer was zu meckern, nech? Dabei
ist tatsächliches Zuhören geradezu revolutionär, und allein das
Internet bietet so viele Möglichkeiten, um sich selbst in kürzester
Zeit über den eigenen Tellerrand zu schubsen. Einer meiner
Lieblingsblogposts von Sarah Milstein, Unternehmerin und Autorin
von »Das Twitter-Buch«, greift das sehr schön auf und
stellt sogar die Frage: ob Twitter weiße Menschen weniger rassistisch
werden lassen kann.[413] Denn rassistisch diskriminierten

Gesellschaftsgruppen muss natürlich genauso zugehört werden. Milstein schlägt daher in ihrem Artikel vor, dass weiße Menschen einfach mal bewusst anfangen sollten, Menschen of color auf Twitter zu folgen, um so ganz einfach Einblick in die Themen und Erfahrungen zu erhalten, die sie so beschäftigen. Das verschafft eine neue Perspektive abseits von Klischees, und im besten Fall sorgt es für mehr Einfühlungsvermögen.

Nur ein Beispiel: Als ich mal mit einem Freund über Feminismus sprach, kamen wir auch auf das Thema Street Harassment zu sprechen. Er wollte wissen, ob das denn wirklich alles so schlimm wäre, und als ich ihm entgegenhielt, dass es für mich das Furchtbarste ist, wenn ich das Haus verlasse und feststelle, dass ich meine Kopfhörer vergessen habe, schaute er mich nur fragend an. Für mich sind Kopfhörer das beste Mittel, um entspannter von A nach B zu kommen, ohne blöde Anmachen und Kommentare hören zu müssen und damit ein Stück Lebensqualität zurückzugewinnen. (Das + ich kann laut Arcade Fire hören = unschlagbar!) Vor unserem Gespräch waren es für ihn einfach nur Kopfhörer, um unterwegs Musik hören zu können.

Aber Achtung: Du hast keinen Anspruch darauf, dass Feminist_innen dir die Welt erklären. Sie sind keine wandelnden Bibliotheken, die du jederzeit anzapfen kannst. Außerdem ist dafür die Suchmaschine deiner Wahl da. Bloß, weil sich z.B. Feminist_in X auf Twitter über Thema Y auslässt (ohne zu sagen »Hey, wie seht ihr das?«), muss sie_er dir danach noch lange nicht exklusiv Rede und Antwort stehen. Kurz gesagt: Sich selbst schlaumachen ist besser, als das ausschließlich von Feminist_innen als Lehrauftrag einzufordern – zumal die meisten von ihnen schon ganz viele tolle Artikel z.B. ins Netz geschrieben haben.

Zuhören bedeutet übrigens auch, nicht sofort in blinde Abwehrhaltungen zu verfallen, weil dir etwas unangenehm erscheint. Ungerechtigkeiten auszusprechen und einzusehen ist halt niemals wirklich bequem.

**Setz dich mit deiner eigenen Schuld auseinander.**
Ja, Schuld klingt nicht schön und irgendwie schlimm. Aber verbündete Männer müssen – ebenso wie sie Sexismus als bestehendes Problem anerkennen – verstehen, dass sie davon profitieren, dass wir in einer sexistischen Gesellschaft leben. Männer sind keine schlechten Menschen, aber wir haben eine Kultur um sie herum geschaffen, in denen die Bedürfnisse von Frauen weniger berücksichtigt werden, gar keine Rolle spielen und ja, die Frauen auch schon mal richtig hasst.

Aber, aber, aber ... Du hast doch gar nichts gemacht! Du hast dir das ja nicht ausgesucht! Und du bist auch immer nett zu allen Frauen um dich herum!

Das mag ja sein, aber Sexismus verschafft auch dir Vorteile. Jedes Mal, wenn dir eher zugehört wird als einer Frau. Jedes Mal, wenn dir »als Mann« mehr zugetraut wird. Jedes Mal, wenn du deswegen belohnt wirst. Unbewusst oder bewusst hast du diese Vorteile bereits genutzt, denn das ist die Welt, in der du aufgewachsen bist und die es dir nicht anders beigebracht hat.

Jupp. Das fühlt sich als Erkenntnis nicht dufte an, und vielleicht hast du jetzt den Reflex »Aber nicht alle Männer sind so!!!« zu rufen. Trotzdem: Lass es. Feminist_innen wissen das nämlich schon längst. Wenn ich nicht daran glauben würde, dass solch ein Wandel möglich wäre, würde ich diese Zeilen nicht schreiben.

Aber auch hier gilt: Wenn dich dieser Umstand wirklich sauer macht (und das sollte er), lass deine Wut nicht an denjenigen aus, die auf Ungerechtigkeiten hinweisen. Anzumerken, dass Männer Nutzen aus einer sexistischen Gesellschaft ziehen, ist auch kein »umgekehrter Sexismus«. Zumal das Gesamtproblem von solchen Vorwürfen weder verschwindet, noch dein blödes Schuldgefühl wegmacht.

Nimm stattdessen deine Verantwortung wahr und tu aktiv etwas dagegen.

In diesem Sinne …

### *Ändere dein Verhalten.*

Du wirst nicht dafür verurteilt, dass du ein Mann bist, dennoch heißt das nicht, dass du dein Verhalten nicht ändern solltest. Zugegeben, das ist superschwer – schließlich musst du damit erst mal einen Haufen Ansichten infrage stellen oder ganz über Bord werfen, die dir schon dein Leben lang eingeprägt wurden. Aber es ist eben auch nicht unmöglich.

Wer Sexismus (oder auch Homophobie, Rassismus & Co.) nur im Stillen verurteilt, wird die Welt nicht verändern, geschweige denn verbessern. Solange du schweigst, nutzt du nicht nur weiter die Vorteile aus, sondern hältst ein ungerechtes System am Laufen.

Wenn du aber diese Gesellschaft mit verändern willst und Diskriminierung dir stinkt, musst du dein Schweigen brechen und den Arsch hochkriegen. Da hilft nichts. Durch diese emotionale Arbeit musst du dich wurschteln, am besten natürlich mit Gleichgesinnten.

Stell dich außerdem am besten auch schon mal drauf ein, dass du nicht immer alles mit Bravour absolvieren wirst. (Spoiler: Denn das ist völlig normal und okay.)

### *Du wirst verkacken, und du wirst daraus lernen.*

Wir sind alle nicht fehlerfrei und werden deshalb auch alle immer mal wieder kleinen oder großen Mist verzapfen. Der erste Schritt ist also einzusehen, dass das passieren wird. Nicht einmal, nicht zweimal, sondern voraussichtlich sogar ziemlich oft.

Das gilt übrigens für Feminist_innen genauso wie für deren Verbündete. Wir sind halt alle nur Menschen!

Außerdem befinden wir uns in unseren feministischen Lernprozessen meistens auch an unterschiedlichen Punkten. Da wissen alte Hasen dann eben schon länger Bescheid, und Newbies müssen sich erst noch einfuchsen. Und trotzdem wird es die alten Hasen genauso erwischen.

Wenn du also Scheiße gebaut und diese erkannt hast (entweder selbst oder weil jemand dich darauf hinweist), gib dir etwas Zeit, um dich damit abzufinden. Shit happens. Du hast es vermutlich nicht mal so gemeint. Trotzdem solltest du nicht instinktiv wieder in bloße Verteidigungsstellung gehen. Das ändert nämlich auch nichts daran, dass du was verbockt hast.

Mal sind es witzelnde Worte, mal der direkte Holzhammer: Es gibt quasi 50 shades of Kritik. Und ja, es kann sich ganz schön beschissen anfühlen, wenn du eigentlich nur etwas Gutes tun wolltest und plötzlich die erboste Kommentarflut über dich hereinbricht. Damit umzugehen ist auch nicht leicht. Denn wenn jemand verletzt wurde, kann diese Person auch schon mal fiesere Worte fallen lassen, als es sonst der Fall wäre – marginalisierte Gruppen heißen schließlich so, weil sie ständig mit Diskriminierungen konfrontiert sind und das zehrt auf Dauer an den Nerven. Solltest du also einen Fehler begangen haben, nimm die Reaktionen nicht allzu persönlich.

Entschuldige dich stattdessen. Achte aber darauf, dass du keine falsche Entschuldigung fabrizierst: Zwischen »Tut mir leid, dass ich Mist gebaut habe« und »Sorry, dass dich das jetzt so anpisst« liegt ein großer Unterschied.

Last, but not least: Auch wenn sie verletzend und destruktiv sein können, so haben Fehler doch zumindest den Effekt, dass sich eben in der Regel auch eine wertvolle Erfahrung daraus mitnehmen lässt. Problematisch wird es, wenn ganz offensichtlich aus bisherigen Fehlern nicht gelernt wird.

**Such dir Gleichgesinnte.**

Es ist immer sinnvoll, sich mit Gleichgesinnten zusammenzutun, um sich gegenseitig zu unterstützen, auszutauschen und natürlich auch, um gemeinsam Sachen zu stemmen. Nur in diesem Zusammenhalt können sich alle am besten weiterentwickeln.

(Denk dran, dass diese Community aber nicht dazu da ist, dich jedes Mal für deinen Einsatz zu loben.)

**Setz deine Privilegien ein, um das bestehende System zu verändern.**

Als Mann genießt du gesellschaftlich die größten Vorteile. Diese werden oft auch als Privilegien bezeichnet, und um zu verstehen, was es damit auf sich hat, muss ich ein kleines bisschen ausholen.

Auf dem tumblr »I am not a feminist« findet sich eine sehr schöne Erläuterung zum Thema Privilegien, die ich an dieser Stelle mal frei übersetze und zusammenfasse, weil ich sie so treffend finde:[414] Ein weißer heterosexueller Mann zu sein bedeutet nicht, dass du niemals Schwierigkeiten hattest oder haben wirst oder dass du niemals in eine Notlage geraten kannst. Wir müssen sicher nicht drüber reden, dass es auch weißen heterosexuellen Männern beschissen ergehen kann.

Aber: Jetzt kommt das Aber!

Auch wenn du als weißer, heterosexueller Mann mit Schwierigkeiten zu kämpfen hast, so sind deine Hautfarbe, dein Geschlecht oder deine sexuelle Orientierung nicht der Auslöser dafür. (Nein, freier Eintritt für Frauen in der Disko zählt nicht als Diskriminierung.) Insofern bist du privilegiert.

Die Bezeichnung »privilegiert« kommt bei den Betreffenden

leider meistens als Botschaft an, dass diejenigen ein fluffiges sorgenfreies Leben führen, mit viel Geld, Zuckerwatte, und im Hintergrund reiten Einhörner durchs Bild. Das Wort »Privilegien« bedeutet aber weder, dass du automatisch viel Kohle hast, noch trifft es immer auf alle Lebensaspekte zu. Ich bin z. B. weiß, cisgender und hetero, also in diesen Bereichen privilegiert. Dass ich eine Frau bin, ist aber wiederum ein Nachteil in unserer derzeitigen Gesellschaft, und dementsprechend erlebe ich Benachteiligungen aufgrund meines Geschlechts.

Eine kleine Auswahl aus der Checkliste der Vorteile, die Männer aufgrund ihres Geschlechts erfahren, verdeutlicht das:[415]

- Wenn du dich gegen Kinder entscheidest, wird nicht gleich deine gesamte Männlichkeit infrage gestellt.
- Wenn du Kinder und Karriere haben solltest, wird niemand von dir sagen, dass du egoistisch bist, weil du nicht zu Hause bleibst.
- Wenn du nach einer Führungsperson verlangst, ist die Chance sehr hoch, dass du einen Geschlechtsgenossen antreffen wirst. Je ranghöher im Unternehmen, desto wahrscheinlicher ist es, dass das passiert.
- Du kannst den Fernseher einschalten oder die Zeitung kaufen und wirst direkt ohne Probleme sehr viele verschiedene Vertreter deines Geschlechts entdecken können.
- Du kannst öffentlich vor einem großen Publikum sprechen, ohne dass dein gesamtes Geschlecht dafür zur Verantwortung gezogen wird.
- Wenn du mit vielen Frauen schläfst, wirst du nicht als Flittchen/Schlampe/Nutte bezeichnet.
- Deine Fähigkeit, wichtige Entscheidungen zu treffen, und dein sonstiges Können werden nie aufgrund deiner Hormone infrage gestellt.

- Wenn du für einen Job eingestellt wirst, wird diese Entscheidung niemals darauf beruhen, ob du vielleicht bald eine Familie gründen möchtest.

Der Schriftsteller John Scalzi hat Privilegien mal mit den Einstellungen bei Video Games verglichen. Weiß, männlich und heterosexuell zu sein erlaubt dir dabei das »Spiel des Lebens« unter den einfachsten Bedingungen zu meistern:

> Auch beim niedrigsten Schwierigkeitsgrad kannst du verlieren. Der niedrigste Schwierigkeitsgrad bietet aber auch immer noch die beste Ausgangsbasis, um zu gewinnen. Wer dagegen als »Weiblich Homosexuell Minderheit« spielt? Hardcore.[416]

Privilegiert zu sein heißt auch: Du kannst dich jederzeit aus einer Diskussion über Diskriminierung zurückziehen, und es wird keinen Unterschied für dich machen.

Betroffen sein heißt: Wenn ich jetzt an dieser Stelle nicht meinen Standpunkt deutlich machen kann, werde ich in Zukunft immer wieder am Arsch sein.

Fazit: Privilegien sind tricky, aber nicht außen vor zu lassen, wenn wir über Geschlechtergerechtigkeit reden und diese vor allem erreichen wollen. Aber verzweifle nicht! Denn es gibt eine gute Nachricht: Du kannst deine Vorteile nämlich auch so verwenden, dass sie wiederum weniger Privilegierten nutzen! Ein klassisches Beispiel ist mittlerweile, dass Männer, die oft auf Podien und Konferenzen eingeladen werden, diese Einladungen nicht annehmen, solange es kein ausgeglichenes Geschlechterverhältnis oder generell vielfältiges Line-up gibt. Das bringt einerseits Bewegung in die Orga dieser Veranstaltungen, und andererseits spricht in diesem Fall ein Mann das aus, worüber sich meist sonst Frauen zu Recht aufregen.

Im Fall von sexueller Belästigung wird auch immer wieder auf die sogenannte Bystander Intervention[417] verwiesen, d. h. wie Zeug_innen sich einbringen können, um der Person zu helfen, die gerade belästigt wird. Das kann z. B. mal direkt über ein ans Opfer gerichtetes »Alles okay bei dir?« passieren oder indirekt über Polizist_innen, die auf die Situation aufmerksam gemacht werden, bis hin zu einer ablenkenden Frage nach der Uhrzeit.

Fakt ist auch: Männer hören auf andere Männer. Während Frauen sich den Mund fusselig reden können, kommt die Botschaft manchmal eher an, wenn ein Mann sie ausspricht. Das ist in sich natürlich wieder sexistisch, und Verbündete sollten immer darauf achten, dass sie dabei nicht die Lorbeeren für die Arbeit anderer Menschen einheimsen. Insgesamt können verbündete Männer auf diese Weise aber auch Arbeit abnehmen.

Ich persönlich freue mich immer wieder, wenn ich sehe, dass kritische Kommentare, Blogposts etc. nicht nur von den betroffenen Gruppen kommen, sondern auch von Mitstreiter_innen. Ein äußerst wichtiger Teil der #aufschrei-Debatte war für mich auch, zu erkennen, welche und wie viele Verbündete es da draußen noch so gibt, ohne dass wir sie erst dazu aufrufen mussten, sich einzubringen.

### Leg los!

Ob am Arbeitsplatz, in deinem Freund_innenkreis oder im Kommentarfeld auf Facebook: Es liegt nun an dir, dich einzubringen und dich offen gegen Diskriminierungen auszusprechen, dich auf die Seite der Betroffenen zu stellen und ihnen deine Privilegien als Rückendeckung zu geben. Ein Dagegenhalten bei Diskriminierungen ist nicht nur möglich, sondern auch nötig, um nachhaltig ein Umfeld zu schaffen, in dem ein solches Verhalten als inakzeptabel gesehen wird, weil es ganz einfach falsch ist.

Ich will nichts beschönigen: Das ist ein Haufen Arbeit. Frei nach der Trans-Aktivistin Janet Mock: Ein Verbündeter zu sein ist kein schicker Orden zum Anstecken. Es ist etwas, das du tust, und nichts, was du einfach so wirst.[418]

Diese Arbeit wird sogar deine engsten Beziehungen betreffen – und es wird auch immer mal wieder weh tun, sich auf diese Weise mit Diskriminierungen auseinanderzusetzen. Gerade unter Männern ist es immer noch schwer, sich offen gegen Sexismus auszusprechen und damit gleichzeitig ein neues Bild von Männlichkeit zu fordern. (Ich glaube trotzdem, dass ihr schon viel mehr seid, als ihr vermutet.)

Es handelt sich dabei nicht nur um eine bewusste Wahl, sondern vor allem um eine Verantwortung: Wir brauchen mehr Männer, die den Mut haben, gemeinsam mit uns dafür einzustehen, dass diese Gesellschaft, diese Welt eine gerechtere für alle Geschlechter wird.

**Wir brauchen dich.**

# 14:

## BESSER HEUTE ALS NIE.
## EINE EINLADUNG

Als am 23. Mai 2014 bekannt wurde, dass ein junger Mann namens Elliot Rodger in Isla Vista, Kalifornien, sechs Menschen getötet und 13 weitere in einem Amoklauf verletzt hatte, bekam ich dies wieder mal zuerst über Twitter mit. Es kursierte bereits ein Blogpost,[419] der die Tat mit der Männerrechtsbewegung und Pick-up-Artist-Szene in Verbindung brachte. Rodger hatte zuvor ein Video auf YouTube veröffentlicht, das ihn dabei zeigte, wie er die Morde ankündigte:

> Morgen ist der Tag, an dem ich meine Rache an der Menschheit verüben werde. Gegen euch alle. Seit ich in der Pubertät bin, bin ich gezwungen, in Einsamkeit, Ablehnung und unerfüllter Begierde zu leben. Mädchen haben mit anderen Männern geschlafen oder sie geliebt, aber ich ging leer aus. Ich bin 22 Jahre alt und noch immer Jungfrau. (…) Ihr Mädchen habt euch nie für mich interessiert. Ich weiß nicht, warum. Ich werde euch alle dafür bestrafen. Ich bin der perfekte Mann, und ihr schmeißt euch trotzdem an diese ganzen anderen dämlichen Typen ran. (…) Am Tag meiner Rache werde ich ins Gebäude der heißesten Studentinnenverbindungen meiner Uni gehen, und ich werde jede einzelne blonde, verwöhnte Schlampe abschlachten, die ich dort sehe.[420]

Meine amerikanische Timeline explodierte förmlich und diskutierte intensiv, welche Risiken sich darin verbergen, wenn wir

Sexismus und Misogynie als »Männer sind halt so« abtun. Still las ich alles mit, und mir war schlecht von dem, was Stück für Stück über Rodger zutage gefördert wurde. Rodger hatte sogar ein ganzes Manifest geschrieben, empfand sich offenbar als Verlierer, weil er keinen Sex hatte. Sex, den Frauen ihm aber angeblich »schuldeten«. Schließlich brach mir ein Tweet der Twitter-Nutzerin @pushinghoops das Herz:

Retweete das hier, wenn du jemals aus Angst, dass eine Abfuhr ihn bloß wütend machen würde, den Umgang mit einem Typen aufrechterhalten hast.[421]

Am 24. Mai 2014 entstand der Hashtag #YesAllWomen, um genau diese Erfahrungen zu markieren und sichtbar zu machen – er erinnerte damit nicht nur befreundete Feminist_innen und mich sehr an #aufschrei. Der Hashtag bezog sich in seinem Namen auf das Mem #notallmen, das sich darüber lustig macht, dass immer wieder reflexhaft »Nicht alle Männer sind so!« gerufen wird, sobald Sexismus und sexualisierte Gewalt thematisiert werden.

Okay. #NichtalleMänner sind so, natürlich nicht. Aber #Jaalle-Frauen haben die Konsequenzen zu ertragen, dass noch viel zu viele Männer einen Anspruch auf weibliche Aufmerksamkeit und Sex verinnerlicht haben, bei dem es für sie keine Rolle spielt, was Frauen überhaupt wollen. Von diesem Problem lenkt das beschwichtigende »Nicht alle Männer sind so!« leider allzu häufig ab.

Und die Argumentationsstrategie wiederholt sich. Wie oft habe ich gehört, dass ein unter #aufschrei geschilderter Übergriff nicht so schlimm sei, schließlich handele es sich ja um keine Vergewaltigung. Gut, nicht jede sexuelle Nötigung ist gleich eine Vergewaltigung (wobei auch die unter dem Hashtag geschildert wurden): Aber warum kann ein Übergriff erst ernst genommen werden, wenn es sich um das Äußerste handelt? Und wieso müssen sich selbst dann Betroffene immer dieselben Entschuldigungen und Ablenkungstaktiken anhören? Was an #YesAllWomen sehr spannend zu beobachten war, ist die Berichterstattung in den U.S.-Medien. Die Kommentator_innen stellten in der Regel weder Twitter als Medium infrage, noch dass es Sexismus und sogar Misogynie gibt und dies gesellschaftliche Probleme sind. Es war eine Sexismus-Debatte, wie wir sie hoffentlich auch einmal in Deutschland führen werden. Ohne Scheuklappen und ohne die großen Beschwichtigungsformeln. Eine Debatte, die endlich die wahren Probleme angeht und sich nicht in Fahrstuhl-Gleichnissen ergeht.

Good girls are happy and satisfied, I won't stop asking until I die.

*(Robyn in Who's that girl)*

Als im März 2014 der Bericht der Agentur der Europäischen Union für Grundrechte erschien und die Ergebnisse der weltweit größten Erhebung über Gewalt gegen Frauen[422] veröffentlicht wurden, war ich sauer. Nicht nur wegen der Zahlen, die die Befragung von 42 000 Frauen zwischen 18 und 74 Jahren in den 28 EU-Mitgliedstaaten offenlegte: Demnach hat jede dritte Befragte seit ihrem 15. Lebensjahr schon einmal körperliche und/oder sexuelle Gewalt erfahren, jede 20. gab an, schon einmal vergewaltigt worden zu sein, und mindestens 83 Millionen Frauen in der EU sind seit ihrem 15. Geburtstag schon einmal sexuell belästigt worden. Ich war sauer, weil diese schockierenden Zahlen an diesem Tag einfach so hingenommen wurden. Vielleicht noch ein »Ui, das ist aber schlimm«-Kommentar, und weiter ging es im Programm. Wir zucken kaum noch mit der Wimper, wenn uns solche Zahlen präsentiert werden. Dabei braucht es Empathie um die derzeitigen Zustände zu ändern – und den Glauben, dass Veränderung möglich ist. Dass sie möglich ist, zeigen uns allein die vielen Errungenschaften der letzten Jahrhunderte. Aber dafür bedarf es eben auch der entsprechenden Kämpfe, die mal kleiner und mal größer ausfallen.

Feminismus bietet wiederum das Werkzeug, um Empathie zu entwickeln. Sich nicht nur für die eigene Perspektive zu interessieren, sondern auch andere zu verstehen und immer wieder zu hinterfragen, was uns die derzeitige Gesellschaft als »normal« verkaufen will.

**Das F in Feminismus steht fürs Fragen.** Er ist sozusagen die rote Pille aus dem Film »Matrix«,[423] und lässt uns nicht nur tatsächliche Zusammenhänge erkennen, sondern auch bestehende Macht- und Geschlechterverhältnisse infrage stellen. Das, was angeblich von Natur aus so sein müsse und doch nur künstlich erzeugt ist. An Normen zu rütteln, sie zu zerschlagen und etwas gänzlich Neues aufzubauen, beginnt beim Fragen.

Lasst uns also Fragen stellen! Zum Beispiel, warum Wut, Stärke, sexueller Notstand und vielleicht Fußballjubel die einzig legitimen Emotionen sind, die als männlich gelten? Wieso es deshalb so sein muss, dass Männern im wahrsten Sinne des Wortes ebenjene für ihre Gefühle fehlen und sie oft unerkannt an Depressionen leiden?[424] Wie wir den Teufelskreis aufheben können, in dem Jungen Gewalt vorgelebt bekommen und diese als Männer oft wiederum selbst als einzigen Ausdruck ihres Innersten weitergeben?

Wieso Empathie von Männern nicht erwartet wird, dafür aber, dass alle anderen ihnen gegenüber nonstop Verständnis und Mitgefühl zeigen? Warum jede Veränderung des Männlichkeitsbilds sofort als Krise bezeichnet werden muss, während doch das tatsächliche Problem Patriarchat heißt? Wieso unbedacht neue Schubladen wie die der »Schmerzensmänner« aufgemacht werden und Unsicherheit, also Veränderungspotential, nahezu ausschließlich als etwas Negatives dargestellt wird? Warum uns so viele Geschichten von männlichen Helden umgeben, die nur lange genug eine weibliche Figur (selbstverständlich keine Heldin) anbaggern müssen, um sie schließlich als Belohnung für ihre Hartnäckigkeit zu bekommen? Und wie diese falsche Romantik uns die echte versaut, weil sie das Bild der sich »zierenden Maid« aufrechterhält und Männern das auch noch als Flirten vermittelt? Warum »schwul« immer noch ein Schimpfwort ist oder es so viele Menschen als Beleidigung auffassen, wenn sie nicht als hetero erfasst werden? Warum wunderschöne Menschen ihre Körper hassen müssen, weil es einen Maßstab gibt, der sowieso nur für einen Promillebereich der Bevölkerung ernsthaft erreichbar ist? Warum immer so getan wird, als bliebe nach dem Weglassen sexistischer, rassistischer, homophober etc. Witze nichts mehr zum Lachen übrig? Warum wir nicht vielmehr einen kreativen Humor schätzen, der die bestehenden Machtverhältnisse entblößt? Warum Gender Studies als Nichtwissenschaft von Menschen zerrissen werden darf, die sich noch kein bisschen damit auseinandergesetzt haben? Ob sie auch einfach so über Atomphysik schreiben würden, ohne einmal zu recherchieren? Warum Brüste für jedes Quatschprodukt als Werbemaßnahme hingenommen werden sollen, während stillende Mütter in der Öffentlichkeit mindestens mit Augenrollen rechnen müssen? Warum unsere gesellschaftliche Norm »männlich, weiß, heterosexuell« lautet, wenn eine moderne Gesellschaft eigentlich alle ihre Mitglieder repräsentieren sollte? Warum es Teil der Lebenserfahrung von Mädchen und Frauen sein muss, dass ihre Körper nicht ihnen gehören, sondern sie immer auch zum Anschauen/Anfassen/Bevormunden durch Männer existieren?

»Ist der Ausschnitt zu tief? Könnte ich wegen des Rocks oder

Kopftuchs komische Sprüche kassieren? Klang meine Stimme jetzt zu schrill? Habe ich auch ja die Beine übereinandergeschlagen?« Mädchen und Frauen wachsen mit der nagenden Stimme im Hinterkopf auf, die immer wieder prüft, ob sie auch ja alles richtig machen. (Spoiler: Was natürlich dank Doppelmoral kein erreichbarer Zustand ist.)

Die Journalistin Madeline Ashby sieht hier sogar eine Parallele zwischen dem patriarchalen Blick und der entstehenden Überwachungsgesellschaft:

Anscheinend brauchte es für einige Männer erst die Überzahl von Überwachungskameras, um das intensive Starren zu spüren, dem Frauen quasi schon immer ausgesetzt gewesen sind. […] Es brauchte Facebook. Es brauchte Geo-Location. […] Dieser Eindruck, dass jemand über deine Schulter sieht, alles verfolgt, was du machst und sagst und denkst und wählst? Dieses Gefühl, beobachtet zu werden? Das ist nicht etwa eine neue Facette des Lebens im 21. Jahrhundert. So fühlt sich das Leben als Mädchen an.[425]

**Das F in Feminismus steht für Fortschritt.** Menschen stehen nicht auf Veränderung. Dazu muss ich nicht mal irgendwelche großen Studien zitieren, die das wissenschaftlich belegen, sondern eigentlich nur aufs nächste Design-Update der Facebook-Chronik warten. »Alles Scheiße! Wie konntet ihr nur? Ich will mein altes Design zurück, sonst lösche ich meinen Account!«

Zwei Wochen ist alles schlimm und danach schon wieder gut. Bis zum nächsten Mal.

Das Denken in zwei Geschlechtern, die wie Feuer und Wasser sein sollen und deren anerzogenes Verhalten immer wieder mit Neurosexismus (wenn durch selektive Gehirnforschung angeblich biologische Unterschiede bewiesen werden sollen) zementiert wird, hält uns schon viel zu lange beim alten Design, obwohl wir dringend ein Update brauchen. Ja, eigentlich brauchen wir einen Relaunch. Fortschritt sieht jedenfalls anders aus und blickt nicht immer wieder in die Urzeit zurück. Wir sind schließlich nicht von den Bäumen heruntergekommen, um uns in den Momenten, wo wir Verantwortung übernehmen müssen, wieder darauf zurückzuziehen.

Feminist_innen möchten einen Wandel der ganzen Gesellschaft erreichen – und das am liebsten sofort. Doch leider ist diese Gesellschaft auf den ersten Blick ungefähr so flexibel wie drei Tage altes Karamell. Zu viele Menschen scheinen mehr Vorstellungskraft dafür zu haben, andere Planeten zu entdecken, als dafür unsere eigene Gesellschaft zu gestalten. Mir persönlich hilft dabei immer das Bild der Gesellschaft als träger Couch-Potato, die halt auch erst mal nachhaltig davon überzeugt werden muss, dass es ihr guttun würde, sich außerhalb ihrer vermeintlichen Komfortzone zu bewegen. Und festzustellen, dass die Welt damit keineswegs untergeht. Als Feministin stupse ich sie mal sanft an, pikse sie mal mit einem Stock und schubse sie manchmal halt auch ganz vom Sofa.

Nun ist das natürlich ein sehr verkürztes Bild, denn am Ende geht es um mehr als darum, nur mal Bewegung in den Laden zu bringen. Es gilt, grundlegende Benachteiligung und Diskriminierung abzuschaffen und das zu erreichen, was eigentlich längst in unserem Grundgesetz verankert ist.

Was jetzt manchen trotzdem radikal erscheint, kann schon bald zur Normalität gehören. Hartnäckiger Optimismus zahlt sich aus, und für Freiheit(en) lohnt es sich schließlich immer zu kämpfen. Wenn ich mich feministisch engagiere, denke ich dabei jedenfalls nicht nur an mich und meine Generation, sondern auch an die, die noch kommen und die unter besseren Voraussetzungen leben sollen.

Es geht nicht darum, alle Menschen zu »vereinheitlichen«, alle zu einem großen »Klumpen Mensch« zu machen, wie es Kritiker_innen gerne mal darstellen. Es geht darum, eine Welt zu schaffen, in der alle so akzeptiert und respektiert werden, wie sie sind, und in der diese Unterschiede nicht als Grund dafür angesehen werden, dass ihnen Respekt und Chancen verwehrt werden können. Alle Menschen, unabhängig von Geschlecht, Herkunft, sexueller Orientierung_Identität, Alter, Behinderungen, Religion sollen die gleichen Rechte und Chancen haben. Alle. Das heißt, sich von den tief in unserer Gesellschaft verwurzelten Diskriminierungen zu lösen und auch Privilegien aufzugeben, die damit verbunden sind.

Dabei sind nicht alle unsere Kämpfe identisch, aber das Ziel, sie zu beenden und nie mehr führen zu müssen, ist es. Deswegen liegt mir auch ein solidarischer und intersektionaler Feminismus am Herzen, der mit Frauen of Color nicht nur flirtet, sondern es ernst mit ihnen meint, wie es die Aktivistin Sharon Dodua Otoo ausdrückt.[426] Ein Feminismus, der LGBTQI ganz selbstverständlich einschließt und Sexarbeiter_innen in ihren Rechten bestärkt, statt sie zu bevormunden. Der die Arbeiter_innenklasse genauso einbezieht wie die Vorstandsfrau.

Im Spiel des Patriarchats sind Frauen nicht
das gegnerische Team.
Sie sind der Ball.
*(Anita Sarkeesian)*[427]


Wenn sich so viele Menschen (gerade Männer) Gleichberechtigung nicht vorstellen können, ohne zu denken, dass die bisherigen Machtstrukturen einfach nur umgekehrt werden – also dass Frauen alle Hebel in der Hand haben –, ist das sehr bezeichnend. Entweder sind sie dabei nur unfassbar unkreativ, oder es zeigt, dass sie sich eigentlich der Ungerechtigkeiten sehr bewusst sind, die momentan vorherrschen, und dass sie Angst haben, ihre privilegierte Position zu riskieren. Gerechte Machtverteilung sieht schließlich nicht so aus, dass immer nur eine Gruppe alles haben kann. Wer so denkt, hat das mit der Gerechtigkeit nicht verstanden – und Feminismus ebenso wenig.

Es geht darum, wer den diskriminierenden Status quo, in dem wir leben, aufrechterhalten will und wer sich eine bessere Gesellschaft als diese wünscht – wer sich aktiv gegen den Status quo auflehnt, der so viele Menschen jeden Tag erniedrigt.

Feminist_innen sind die optimistischsten Menschen, die ich kenne. Denn wir glauben daran, dass gesellschaftlicher Wandel möglich ist – weil er notwendig ist. Wir sehen Jungen und Männer als die intelligenten, gefühlvollen Wesen, die sie sind, und glauben daran, dass diese erkennen können, dass Gleichberechtigung der gesamten Gesellschaft nützt. Ganz im Gegensatz zum Patriarchat glauben wir daran, dass Männer keine ausschließlich von ihrem Sexualtrieb gesteuerten Wesen sind und das notwendige Mitgefühl besitzen, um alle Menschen mit Respekt zu behandeln. Schließlich gibt es auch schon verdammt viele, die genau das jeden Tag leben und wissen, dass eine Männlichkeit, die sich über die Herabwürdigung von Frauen definiert, nichts wert ist.

Unser Lehrplan für die Zukunft besteht aus einer »Willst du auch?«-Kultur und darin, Empathie von allen einzufordern. Gesellschaftlicher Wandel ist möglich – und er braucht euch. Also habt keine Angst, den Sprung zu wagen und eure Stimme einzubringen. Lasst euch inspirieren und werdet aktiv, ob mit großen oder kleinen Schritten. Diese Welt gehört euch. Geht raus und fangt an mit dem kurzen Satz: »Ich bin Feminist_in!«

Wir wollen nicht zurück, wir wollen nur noch vorwärts. Und

wir wollen vor allem keine Schubladen mehr, sondern freie Entfaltung für alle. Wir haben längst angefangen. Machen wir weiter!

**Das F in Feminismus steht für Freiheit.**

# DANK

Mein besonderer Dank gilt Deanna Zandt und Jan Lehnardt: Ohne euch würde so vieles nur als Idee in meinem Kopf stecken bleiben. Danke für alles.

Ein großes <3 geht außerdem an:

Meine Familie, Juliane Leopold, Philipp Jahner, Lucie Höhler, Karolina Kühn, Nicole von Horst, Jasna Strick, Kathy Meßmer, Maike Hank, Janet Mock, Anna-Mareike Krause, Lena Reinhard, Daniel Warwel, Yasmina Banaszczuk, Jaclyn Friedman, Kelly Robinson, Jessica Valenti, Martin Pittenauer, Hakan Tanriverdi, Melissa Gira-Grant, Anne Koch, Sookee, Kübra Gümüşay, Various & Gould, Buffy Summers, Leslie Knope, Katharina Hoepner, Tec LadyMafia, Bonnie Tyler – und alle mutigen, kreativen und schlauen Menschen, die mein Internet so wunderbar machen.

Vielen Dank auch an Daniel Graf und Martina Seith-Karow für die unermüdliche Unterstützung beim Schreiben.

# GLOSSAR

**Backlash** – Zu deutsch etwa »Rückschlag«: bezeichnet die Abwehrhaltung gegen Fortschritte in der gesellschaftlichen Liberalisierung und die Rückkehr konservativer Wertvorstellungen. Entsprechende Bemühungen, diese umzusetzen, sind oft mit öffentlichen Protesten oder Einflussnahmen verbunden.

**Care-Arbeit** – Das englische Wort Care steht für Achtsamkeit, Fürsorge, Obhut, Pflege und Umsicht. Unter Care-Arbeit wird sowohl bezahlte als auch unbezahlte Betreuungs-, Pflege-, Sorge- und Beziehungsarbeit zusammengefasst.

**Cisgender** – Bezeichnet Menschen, deren Geschlechtsidentität mit ihrem zugewiesenem Geburtsgeschlecht übereinstimmt.

**Coming-out** – Prozess, sich der eigenen sexuellen Orientierung oder_und Geschlechtsidentität bewusstzuwerden und dies selbstbestimmt dem persönlichen Umfeld mitzuteilen. (Beim Outing passiert dies durch andere und daher nicht selbstbestimmt.)

**Consent Culture** – Eine Kultur, in der das gegenseitige Einverständnis der Beteiligten bei (sexuellen) Handlungen im Mittelpunkt steht und durch Empathie und Kommunikation entsteht.

**Gender** – Erweitert das deutsche Wort »Geschlecht« durch die englischen Begriffe »gender« (das soziale Geschlecht) und »sex« (das biologische Geschlecht), an denen geschlechterrollentypisches Verhalten untersucht wird.

**Gender Gap** – Sprachliches Stilmittel um, durch die Lücke nicht nur männliche oder weibliche Personen einzubeziehen, sondern auch geschlechtliche Identitäten zwischen und jenseits von männlich oder weiblich.

**Gender Pay Gap** – Bezeichnet die Lohnlücke zwischen dem Gehalt von Männern und Frauen.

**Gender Pension Gap** – Steht für den Unterschied beim Alterssicherungseinkommen (Rente) von Männern und Frauen.

**Gender Studies** – Die Geschlechterforschung: beschäftigt sich mit dem Verhältnis von Geschlecht und Kultur, Gesellschaft sowie Wissenschaften. Gender Studies sind insbesondere in den Kultur-, Sozial- und Geisteswissenschaften angesiedelt.

**Genderqueer** – Ist ein Sammelbegriff für alle Geschlechtsidentitäten abseits von Mann und Frau bzw. außerhalb der heteronormativen Zweigeschlechtlichkeit.

**Hate Speech** – Sprachliche Äußerungen, die bestimmte Personen oder Personengruppen ausgrenzen sollen oder auch zu Gewalt gegen diese Menschen anstiften.

**Heteronormativität** – Setzt die Zweigeschlechtlichkeit von männlich und weiblich als Norm voraus sowie dass alle Menschen heterosexuell sind.

**Intersektionalität** – Beschreibt die Überschneidung verschiedener Diskriminierungsformen, z. B. aufgrund von Hautfarbe, Geschlecht oder sozialer Herkunft, und erkennt diese als eigenständige Diskriminierungserfahrung an.

**Klassismus** – Diskriminierung aufgrund von sozialer Herkunft oder Position.

**LGBTQI** – Steht für: Lesbian – lesbisch, Gay – schwul, Bisexual – bisexuell, Transgender – trans*, Queer – queer, Intersexual – intersexuell

**Männerrechtsbewegung (Maskulismus/Maskulinismus)** – Ansammlung von Vereinen, Gruppen und Einzelpersonen, deren Akteur_innen sich unter den Begriffen Antifeministen, Maskulisten, Väter- und Männerrechtler zusammentun (bewusst in der maskulinen Form, auch wenn Frauen beteiligt sind). Sie gehören damit zu einer Strömung, die – im Gegensatz zur Männerbewegung – antifeministische Positionen vertritt und sich gegen Geschlechtergerechtigkeit wendet bzw. diese einzig und allein für Männer einfordert.

**Menschen of Color (People of Color)** – Selbstbestimmte Bezeichnung von Menschen und für Menschen, die nicht weiß sind (Einzelbegriffe: Frau of Color/Woman of Color, Mann of Color/ Man of Color).

**Misogynie** – Ist die starke Abneigung gegen Frauen bzw. Frauenhass, der sich in frauenfeindlichen Äußerungen und Taten ausdrückt.

**Queer** – Ein Sammelbegriff für Menschen, die durch Geschlechterrollen, Geschlechtsidentitäten und/oder Lebensweisen den gesellschaftlichen Zwang zur Heteronormativität hinterfragen.

**Rape Culture** – Auf Deutsch »Vergewaltigungskultur«: beschreibt eine Kultur, in der sowohl Männer als auch Frauen sexualisierte Gewalt einfach als gegeben hinnehmen, obwohl diese größtenteils verhindert werden könnte.

**Transgender** – Oberbegriff für Menschen, deren zugewiesene soziale Geschlechterrolle, bzw. deren zugewiesene soziale Geschlechtsmerkmale (Gender) nicht mit dem Geburtsgeschlecht übereinstimmen. Als transsexuell oder transidentisch bezeichnen sich Personen, die gegebenenfalls mittels Hormonen und geschlechtsangleichenden Operationen ihre körperlichen Geschlechtsmerkmale in Übereinstimmung mit ihrer Geschlechtsidentität bringen.

**Victim Blaming** – Die Täter_innen-Opfer-Umkehr verschiebt die Schuld für Übergriffe auf die Betroffenen, statt sie bei den Personen zu sehen, die sie tatsächlich begangen haben.

# ANMERKUNGEN

1 bell hooks: Feminism is for everybody. Passionate Politics, 2002.
2 zeit.de/gesellschaft/zeitgeschehen/2014–01/sexismus-bruederle-himmelreich-debatte-komplimente-interview
3 Janet Mock: Redefining Realness: My Path into Womanhood, Identity Love & So Much More.
4 genfem.com/post/833447463/guyland
5 proprofessur.uni-frankfurt.de/fileadmin/user_upload/PPP_Hoeppel.pdf
6 100percentmen.tumblr.com
7 spiegel.de/wirtschaft/unternehmen/deutschland-hat-weniger-chefinnen-alsalle-anderen-wirtschaftsnationen-a-957688.html
8 Vortrag beim Personal Democracy Forum 2013 in New York, youtu.be/Jkg0a5Unklc
9 kirwaninstitute.osu.edu/docs/SOTS-Implicit_Bias.pdf
10 kleinerdrei.org/2013/01/wenn-keiner-was-sieht-wird-keiner-boese-warum-die-quote-kommen-muss/
11 focus.de/politik/deutschland/quote-verletzt-wuerde-der-frau-rebellion-der-promi-frauen-gegen-die-quote-_aid_896907.html
12 spiegel.de/politik/ausland/in-norwegen-funktioniert-die-frauenquote-in-aufsichtsraeten-a-831693.html
13 bundesregierung.de/Content/DE/_Anlagen/2013/2013–12–17-koalitions vertrag.pdf;jsessionid=760C780151D01F219D0BCBD3472E4EDB.s1t1?__blob=publicationFile&v=2
14 faz.net/aktuell/wirtschaft/wirtschaftspolitik/nicht-nur-unternehmen-betroffen-gewerkschaften-kaempfen-mit-der-frauenquote-12862051.html
15 spd.de/aktuelles/117786/20140325_schwesig_maas_frauenquote.html
16 diw.de/de/diw_01.c.414362.de/themen_nachrichten/managerinnen_barometer_2013_frauenanteil_in_spitzenpositionen_deutscher_unternehmen_steigt_leicht.html
17 spiegel.de/politik/deutschland/familienministerin-schroeder-erntet-kritik-fuer-flexi-quoten-offensive-a-851388.html
18 spd.de/aktuelles/75448/20120830_flexi_quote_kommentar.html

19  slate.com/articles/double_x/doublex/2014/05/jill_abramson_was_
    everything_to_young_women_at_the_new_york_times.html
20  huffingtonpost.com/2014/05/16/jill-abramson-salary-pay-discrimination-
    evidence_n_5335469.html
21  Ein_e Kolleg_in dazu: »The unbelievable thing is that there actually is no
    ›cause‹ for this – no single thing, nothing.« – nymag.com/daily/intelligencer/
    2014/05/sulzberger-swings-the-axe-why-he-fired-abramson.html
22  nymag.com/thecut/2014/05/jill-abramson-will-never-know-why-she-got-
    fired.html
23  conferenceboard.ca/press/newsrelease/13-12-19/young_women_face_
    barriers_to_workplace_advancement.aspx
24  girls-day.de/Aktuelles/Girls_Day/Forschungsreihe_Girls_Day_-_Teil_3
25  zdrw.nomos.de/fileadmin/zdrw/doc/2014/Auf-
    satz_ZDRW_14_01_Towfigh_u.a.pdf
26  de.wikipedia.org/wiki/Bedrohung_durch_Stereotype
27  users.nber.org/~sewp/events/2005.01.14/Bios+Links/Krieger-rec5-Steele_
    Threat-in-the-Air.pdf
28  spiegel.de/fotostrecke/sexismus-in-bayerischer-juristenausbildung-
    beispiele-aus-klausuren-fotostrecke-113226.html
29  derstandard.at/1381372024967/Mehr-Bewerbungen-Akademiker-mit-
    Migrationshintergrund-im-Nachteil
30  aktuelles.uni-konstanz.de/presseinformationen/2010/30/
31  Disclosure: Mein Partner ist im Orga-Team der Konferenz und ich habe sie
    pro bono zu möglichen Maßnahmen beraten.
32  2012.jsconf.eu/2012/09/17/beating-the-odds-how-we-got-25-percent-women-
    speakers.html
33  spiegel.de/karriere/berufsstart/maennliche-formulierung-einer-
    stellenanzeige-schreckt-bewerberinnen-ab-a-962423.html
34  asr.sagepub.com/content/74/2/208.abstract
35  Diese bezieht sich auf Präparate, die längst nicht mehr auf dem Markt sind,
    siehe auch: profamilia.de/fileadmin/publikationen/Fachpublikationen/
    Fakten_Hintergruende_Pille_danach.pdf.pdf
36  welt.de/politik/deutschland/article124656803/Die-Freiheit-zum-Suizid-darf-
    nicht-verklaert-werden.html
37  »Die Debatte um die Pille danach wird leider mit viel Schaum vor dem Mund
    geführt.« zeit.de/politik/deutschland/2014-02/pille-danach-rezeptpflicht-
    debatte-bundestag
38  noz.de/deutschland-welt/medien/artikel/4163/shitstorm-bricht-uber-
    bundestagsabgeordneten-jens-spahn-herein
39  twitter.com/jensspahn/status/422627124185669633

318

40 twitter.com/FrDingens/statuses/334635529800916992
41 twitter.com/Autofocus/statuses/334655669389099008
42 twitter.com/phraselnd/statuses/334650537372946432
43 twitter.com/habichthorn/statuses/334647863747436544
44 twitter.com/king_of_chaos/statuses/334647830306234368
45 twitter.com/ms_pieper/statuses/334645794290409475
46 profamilia.de/pro-familia/kampagne-pille-danach/
   hintergrundinformationen/uebersicht-produkte.html
47 Diese enthält den Wirkstoff Mifepriston: de.wikipedia.org/wiki/Mifepriston
48 Beispiel: focus.de/politik/deutschland/freigabe-des-abtreibungsmittels-
   pille-danach-kam-2013-ueber-460000-zum-einsatz_id_3611869.html
49 Das gilt übrigens für Präparate auf Levonorgestrelbasis und für die mit
   Ulipristalacetat, auch wenn Letztere bis zu fünf Tage später eingenommen
   werden können.
50 profamilia.de/erwachsene/verhuetung/pille-danach/ich-brauche-hilfe.
   html
51 spiegel.de/gesundheit/sex/bfarm-ausschuss-spricht-sich-fuer-
   rezeptfreiheit-der-pille-danach-aus-a-943458.html
52 who.int/mediacentre/factsheets/fs244/en
53 Das ist auch ein wichtiger Unterschied zur »ellaOne«, die von der Union stets
   als besseres Präparat gepriesen wird, weil sie bis zu 120 Stunden nach dem
   Geschlechtsverkehr eingenommen werden kann. Sie wurde jedoch erst im
   Oktober 2009 in Deutschland eingeführt (die PiDaNa ist seit 1966 auf dem
   Markt), und bei ihr muss eine bestehende Schwangerschaft immer ausgeschlossen werden, da es keine ausreichenden Daten dazu gibt, ob ein Fötus
   durch den Wirkstoff Ulipristalacetat Schaden nimmt. Der Wirkstoff ist außerdem an Unter-18-Jährigen kaum geprüft.
54 zeit.de/wissen/gesundheit/2012–09/leserartikel-pille-danach
55 taz.de/Bundesregierung-zur-Pille-danach/!135341/ Dazu als Vergleichsrah-
   men: Allein im Jahr 2013 wurde die »Pille danach« 400 000 Mal abgegeben,
   sueddeutsche.de/politik/antraege-der-opposition-im-bundestag-streit-
   ueber-pille-danach-entzweit-koalition-1.1887285
56 Zum Orgasmus, yeah!
57 Beispiel Hermann Gröhe: »Es geht weder darum, vermeintlichen Sittenverfall
   zu bekämpfen, noch darum, die Selbstbestimmung von Frauen einzuschrän-
   ken.« welt.de/politik/deutschland/article124656803/Die-Freiheit-zum-Suizid-
   dar f-nicht-verklaert-werden.html
58 bundestag.de/dokumente/textarchiv/2014/49419146_kw07_de_
   rezeptfreie_pille_danach/index.html
59 aerzteblatt.de/nachrichten/49707

60  deutschlandfunk.de/pille-danach-montgomery-an-rezeptflicht-festhalten.
    694.de.html?dram:article_id=277147
61  aerzteblatt.de/nachrichten/49707
62  kleinerdrei.org/2013/05/das-ist-nicht-mein-problem-die-irrsinnige-
    rezeptpflicht-fur-die-pille-danach
63  profamilia.de/pro-familia/kampagne-pille-danach/pro-familia-aktionen/
    online-umfrage-pille-danach.html
64  Wer sich diesen absehbaren Stress für den Ernstfall ersparen will, besorgt
    sich die »Pille danach« im Ausland – ein Vorgehen, das ich nur empfehlen
    kann, solange unser Beratungssystem sich nicht ändert.
65  tagesschau.de/inland/pille-danach112.html
66  Dass besonders junge Mädchen, aber auch Frauen allgemein sich der »Pille
    danach« als vereinfachter Verhütungsmethode bedienen, ist durch Studien
    widerlegt: profamilia.de/fileadmin/dateien/fachpersonal/04–03-
    gebaermutterhalskrebs.pdf – Zumal, wenn den Herren wirklich etwas an
    jungen Mädchen und Frauen liegen würde, sie diesbezüglich eher über den
    Sexualkundeunterricht an Schulen diskutieren müssten und nicht den Zu-
    gang zu Notfallverhütung erschweren sollten.
67  Wie z.B. in diesem Kommentar-Thread zu Nicole von Horsts Artikel: kleiner
    drei.org/2013/05/das-ist-nicht-mein-problem-die-irrsinnige-rezeptpflicht-fur-
    die-pille-danach
68  ksta.de/politik/erzbistum-koeln-kliniken-weisen-vergewaltigte-ab,
    15187246,21481786.html
69  cellitinnenhaeuser.de/krankenhaeuser
70  tagesschau.de/inland/bischofskonferenz156.html
71  religion.orf.at/stories/2573290
72  regensburg-digital.de/regensburger-uniklinik-keine-pille-danach-fur-
    vergewaltigungsopfer/18012013/
73  profamilia.de/erwachsene/verhuetung/pille-danach/ich-brauche-hilfe.
    html
74  bundestag.de/presse/hib/2014_01/2014_029/01.html
75  taz.de/!118518/
76  bmfsfj.de/BMFSFJ/gleichstellung,did=98262.html
77  familienplanung.de/beratung/schwangerschaftsabbruch/rechtslage-und-
    indikationen/#c5916
78  mdr.de/damals/schwangerschaftsabbruch106.html
79  germanhistorydocs.ghi-dc.org/images/stern1971_web1.jpg
80  Gisela Notz: Alle Jahre wieder. Die Märsche der Abtreibungsgegner, 2012.
81  Gisela Notz: Alle Jahre wieder. Die Märsche der Abtreibungsgegner, 2012.
82  gesetze-im-internet.de/beratungsg/__5.html

83  idea.de/detail/thema-des-tages/artikel/rekordbeteiligung-beim-9-marsch-fuer-das-leben-in-berlin-898.html

84  de.wikipedia.org/wiki/Marsch_f%C3%BCr_das_Leben

85  de.radiovaticana.va/news/
2014/05/04/%E2%80%9Emarsch_f%C3%BCr_das_le-
ben%E2%80%9C_in_rom_-_papst_gr%C3%BC%C3%9Ft_die_teilnehmer_/
ted-796341

86  de.wikipedia.org/wiki/Pro-Life

87  welt.de/fernsehen/article113353788/Katholiken-TV-Chef-wird-bei-Jauch-ausgelacht.html

88  alranz.org/documents/AbortionandmentalhealthAmericanPsychologist Dec2009.pdf

89  apa.org/pi/women/programs/abortion/index.aspx

90  ncbi.nlm.nih.gov/pubmed/15081205

91  familienplanung.de/index.php?id=1079

92  1-von-uns.de

93  europa.eu/rapid/press-release_IP-14–608_de.htm

94  marsch-fuer-das-leben.de

95  taz.de/Berliner-Familienplanungszentrum/!101849

96  n-tv.de/politik/Abtreibungsprotest-erlaubt-article946976.html

97  sexuelle-selbstbestimmung.de

98  de.wikipedia.org/wiki/Pro-Choice

99  nytimes.com/2013/06/25/us/texas-house-restricts-abortions-in-a-move-that-could-force-clinics-to-shut.html?_r=0

100  thinglink.com/scene/351060380736290816#tlsite

101  dw.de/spanien-proteste-gegen-abtreibungsgesetz/av-17588325

102  taz.de/!132160

103  un.org/esa/population/publications/abortion/doc/italy.doc

104  apps.who.int/iris/bitstream/10665/75174/1/WHO_RHR_12.02_eng.pdf?ua=1

105  xn-verhtungsmuseum-2vb.at/print_thema.php?id=157

106  abtreibung.at/wp-content/uploads/2009/04/Pages-from-abbruch_in_eu-4.pdf

107  euro.who.int/__data/assets/pdf_file/0004/69763/en59.pdf

108  choiceproject.wustl.edu

109  sciencedaily.com/releases/2012/10/121004200908.htm

110  feministing.com/2014/03/10/no-duh-study-free-birth-control-doesnt-lead-to-promiscuity

111  profamilia.de/erwachsene/ungewollt-schwanger/schwangerschafts abbruch/kosten.html

112  bmz.de/de/was_wir_machen/themen/gesundheit/reproduktive_ gesundheit/hintergrund/index.html

113  blogs.faz.net/10vor8/2014/06/02/siebenfache-hexerei-und-das-maerchen-von-der-gesundheit-1636

114  ichkaufdasnicht.tumblr.com/post/80963852114/zwei-schnuller-die-ich-heute-beim-einkaufen

115  ichkaufdasnicht.tumblr.com/post/51001505032/buebchen-marke-der-firma-nestle-da-geht-der

116  mymuesli.com/muesli/index.php?vw=info&ec=detail&mnid=31&mnpt=1|2&id=200

117  Schnerring, Almut und Verlan, Sascha: Die Rosa-Hellblau-Falle, 2014.

118  antjeschrupp.com/2012/08/23/beim-pinken-uberraschungsei-geht-es-nicht-um-madchen-sondern-um-jungen

119  diestandard.at/1356427440815/Pinkifizierung-ist-ein-Abbild-von-Angst

120  pinkstinks.de

121  de.wikipedia.org/wiki/Rosa_(Farbe)#Geschlechterzuordnung

122  derstandard.at/1304553349208/Kleinkinder-Maedchen-rosa-Buben-blau

123  derwesten.de/wirtschaft/viel-kritik-an-otto-versand-fuer-in-mathe-bin-ich-deko-shirt-id7695417.html

124  mom.brigitte.de/schlau-werden/gender-marketing-1197863

125  ichkaufdasnicht.tumblr.com/post/59380340265/chio-chips-bringt-maedels-und-maennerchips-auf-den

126  ichkaufdasnicht.tumblr.com/post/54001334650/http-www-kotzendes-einhorn-de-blog-2013–06-wtf-ed

127  sprachlog.de/2014/03/04/samstags-verharmlost-man-gewalt-gegen-frauen

128  tagesspiegel.de/medien/frauenfussball-em-zdf-blamiert-sich-mit-klischeeclip/8479836.html

129  feministfrequency.com/2010/09/retro-sexism-uber-ironic-advertising

130  en.wikipedia.org/wiki/Hipster_sexism

131  thesocietypages.org/socimages/2012/07/06/sexual-objectification-part-2-the-harm

132  youtu.be/kMS4VJKekW8

133  kiggs-studie.de/deutsch/ergebnisse/kiggs-basiserhebung/ergebnis broschuere.html

134  komm-mach-mint.de

135  science-girl-thing.eu/de

136  youtu.be/g032MPrSjFA

137  de.wikipedia.org/wiki/Mentos#Mentos_und_Cola

138  pss.sagepub.com/content/early/2013/01/22/0956797612452574.abstract

139  link.springer.com/article/10.1007/s11199–007–9319–9

140  wmc.3cdn.net/0d817481d880a7de0a_60m6b9yah.pdf

141  forbes.com/power-women

142  welt.de/jahresrueckblick-2008/april/article1899926/Wieviel-Dekollete-darf-eine-Kanzlerin-zeigen.html

143  theatlantic.com/health/archive/2012/07/study-proof-that-we-sexually-objectify-women/260339

144  pss.sagepub.com/content/23/5/469.extract

145  essence.com/2014/02/27/lupita-nyongo-delivers-moving-black-women-hollywood-acceptance-speech

146  imdb.com/title/tt0088939

147  thehawkeyeinitiative.com

148  gingerhaze.tumblr.com

149  en.wikipedia.org/wiki/Hawkeye_(comics)

150  gingerhaze.tumblr.com/post/37003301441/how-to-fix-every-strong-female-character-pose-in

151  thehawkeyeinitiative.com/origins

152  telegraph.co.uk/women/10385501/Bosses-admit-they-would-discriminate-against-women-not-wearing-makeup.html

153  new.livestream.com/TheNewSchool/Slave

154  sz-magazin.sueddeutsche.de/texte/anzeigen/41477/Unguter-Hoffnung

155  twitter.com/MarisaKlasen/status/431099972394573826

156  twitter.com/Mama_Schulze/status/430743122365382656

157  twitter.com/LilithMuc/statuses/430324784988053506

158  twitter.com/Natollie/statuses/430408794581917696

159  twitter.com/StellasRoad/statuses/430778500182986752

160  twitter.com/NataBobk/statuses/430615223863869440

161  umstandslos.com/2014/02/04/das-einzig-gute

162  bunte.de/stars/reese-witherspoon-sie-steht-zu-ihrem-after-baby-body-12844.html#sthash.XCWmdoNH.dpuf

163  bunte.de/galerien/sarah-connor-ihr-perfekter-after-baby-body.html

164  drmutti.wordpress.com/2014/02/06/ich-habe-heute-keinen-dummen-spruch-fur-dich

165  ankegroener.de/?p=8210

166  en.wikipedia.org/wiki/Fat_acceptance_movement

167  en.wikipedia.org/wiki/Health_at_Every_Size

168  deern.ankegroener.de

169  nme.com/news/nme/38725

170  bunte.de/beth-ditto

171  lesmads.de/2009/02/coverwatch_love_magazine_mit_beth_ditto.html

172  huffingtonpost.com/2014/01/13/hm-plus-size_n_4590030.html

173  vorspeisenplatte.de/speisen/2012/07/echte-korper-und-die-macht-von-medienbildern-ein-beispiel.htm

174  de.wikipedia.org/wiki/M%C3%A4dchen_(Zeitschrift)#Zielgruppe_und_
klassische_Rubriken

175  subconciousevolution.tumblr.com/post/11323722988/if-your-product-
was-any-good-you-wouldnt-need

176  journelle.de/1774/mehr-auf-den-leib-geschneidet-und-weniger-
geschneiderter-leib

177  bmfsfj.de/BMFSFJ/gleichstellung,did=73018.html

178  finallyfeminism101.wordpress.com/2009/10/19/rape-culture-101

179  finallyfeminism101.wordpress.com/2010/04/04/what-is-slut-shaming

180  ichhabnichtangezeigt.files.wordpress.com/2012/07/auswertung_
ausf-web.pdf

181  prospect.org/article/what-we-talk-about-when-we-talk-about-rape-0

182  slutwalktoronto.com/about/why

183  bmfsfj.de/BMFSFJ/gleichstellung,did=88294.html

184  scholarship.law.duke.edu/cgi/viewcontent.cgi?article=1109&context=
djglp

185  fr-online.de/wissenschaft/vergewaltigungsmythen-boeses-passiert-nicht-
nur-boesen-menschen-,1472788,3113354.html

186  frauenrechte.de/online/images/downloads/hgewalt/Sexuelle-Gewalt-in-
Deutschland.pdf

187  spiegel.de/spiegel/print/d-13528219.html

188  bmfsfj.de/RedaktionBMFSFJ/Abteilung4/Pdf-Anlagen/kurzfassung-
gewalt-frauen,property=pdf,bereich=bmfsfj,sprache=de,rwb=true.pdf

189  jetzt.sueddeutsche.de/texte/anzeigen/585398/Bei-Akademikern-ist-es-
besonders-schlimm

190  dejure.org/gesetze/StGB/177.html

191  spiegel.de/panorama/justiz/vorwurf-der-vergewaltigung-landgericht-
essensspricht-angeklagten-frei-a-855639.html

192  hertener-allgemeine.de/lokales/marl/Maedchen-hat-sich-nicht-genug-
gewehrt;art996,833782

193  polizei-beratung.de/themen-und-tipps/raub/handtaschenraub/tipps.html

194  djb.de/Kom/K3/pm14-11

195  taz.de/Vergewaltigungen-und-Strafrecht/!140083

196  missy-magazine.de/2011/09/23/der-derzeitige-zustand-ist-nicht-hinnehm
bar-interview-zum-umgang-des-strafrechts-mit-sexualisierter-gewalt

197  frauen-gegen-gewalt.de/streitsache-sexualdelikte.html?file=tl_files/
downloads/studien/Dokumentation_bff_Kongress_Streitsache_
Sexualdelikte.pdf

198  gas.sagepub.com/content/early/2014/02/28/0891243214526468.full?
keytype=ref&siteid=spgas&ijkey=1zjS.dsfVDs32

199  jezebel.com/5866602/can-you-tell-the-difference-between-a-mens-magazineand-a-rapist
200  tagesschau.de/multimedia/video/sendungsbeitrag95820.html
201  tagesschau.de/ausland/indien1214.html
202  klirrr.de/?p=105
203  thesocietypages.org/socimages/2013/09/17/from-the-mouths-of-rapists-thelyrics-of-robin-thickes-blurred-lines-and-real-life-rape/
204  newstatesman.com/laurie-penny/2013/03/steubenville-rape-cultures-abu-ghraib-moment
205  youtu.be/xCe8–1dbXZc?t=6m1 s
206  kleinerdrei.org/2013/03/torture-raider
207  theesa.com/facts/pdfs/ESA_EF_2013.pdf
208  youtu.be/4ZPSrwedvsg
209  sciencedirect.com/science/article/pii/S0022103108001005
210  twitter.com/ceejoyner/status/339765081485238272
211  ebony.com/news-views/5-ways-we-can-teach-men-not-to-rape-456#axzz 2O14SLPTt
212  ebony.com/news-views/5-ways-we-can-teach-men-not-to-rape-456#axzz 2O14SLPTt
213  Mithu M. Sanyal: in »Ich bin kein Sexist, aber ...«, 2013.
214  gwi-boell.de/de/2011/02/22/care-arbeit-und-care-%C3 %B6konomie-konzeptezu-besserem-arbeiten-und-leben
215  abcdesgutenlebens.wordpress.com/category/care
216  theguardian.com/commentisfree/2014/may/29/men-science-household-chores
217  oecd.org/berlin/presse/dergroeunterschiedfraueneindeutschland verdieneneinfunftelwenigeralsmanner.htm
218  gleicherlohn.de
219  theguardian.com/world/2007/aug/21/gender.pay
220  equalpayday.de/statistik
221  antidiskriminierungsstelle.de/SharedDocs/Glossar_Entgeltgleichheit/DE/ 18_Migration_Pay_Gap.html?nn=4193492
222  zew.de/de/publikationen/5033
223  hsozkult.geschichte.hu-berlin.de/rezensionen/2014_2–169
224  bmfsfj.de/RedaktionBMFSFJ/Broschuerenstelle/Pdf-Anlagen/Frauen-im-Minijob,property=pdf,bereich=bmfsfj,sprache=de,rwb=true.pdf
225  bmfsfj.de/RedaktionBMFSFJ/Broschuerenstelle/Pdf-Anlagen/gender-pension-gap,property=pdf,bereich=bmfsfj,sprache=de,rwb=true.pdf
226  bundestag.de/dokumente/textarchiv/2011/35812525_kw39_sp_ altersarmut/206330

227 fr-online.de/arbeit-soziales/altersarmut-vielen-frauen-droht-
altersarmut,1473632,25934830.html

228 bmfsfj.de/RedaktionBMFSFJ/Abteilung2/Pdf-Anlagen/alleinerziehende-
umfrage-2008,property=pdf,bereich=bmfsfj,sprache=de,rwb=true.pdf

229 bmfsfj.de/RedaktionBMFSFJ/Abteilung2/Pdf-Anlagen/alleinerziehende-
umfrage-2008,property=pdf,bereich=bmfsfj,sprache=de,rwb=true.pdf

230 bmfsfj.de/BMFSFJ/Kinder-und-Jugend/kinderbetreuung.html

231 bmfsfj.de/RedaktionBMFSFJ/Abteilung2/Pdf-Anlagen/alleinerziehende-
umfrage-2008,property=pdf,bereich=bmfsfj,sprache=de,rwb=true.pdf

232 zeit.de/wirtschaft/2014–06/familie-kinder-konsum-kosten

233 statistik.arbeitsagentur.de/Statischer-Content/Statistische-Analysen/
Analytikreports/Zentrale-Analytikreports/Jaehrliche-Analytikreports/
Generische-Publikationen/Analyse-Arbeitsmarkt-Alleinerziehende/
Analyse-Arbeitsmarkt-Alleinerziehende-2012.pdf

234 destatis.de/DE/PresseService/Presse/Pressemitteilungen/
2013/10/PD13_361_634.html

235 blaetter.de/archiv/jahrgaenge/2014/april/die-care-revolution-was-ist-uns-
fuersorge-wert

236 spiegel.de/politik/deutschland/betreuungsgeld-setzt-laut-studie-
falscheanreize-a-974611.html

237 bildungsbericht.de/daten2012/bb_2012.pdf

238 bmbf.de/pub/wsldsl_2009.pdf

239 kleinerdrei.org/2013/03/du-kannst-alles-werden-was-du-willst-du-musst-
es-nur-wollen

240 tagesschau.de/schwesig124.html

241 Barbara Vorsamer, »Die 80-%-Frauen« in: Missy Magazine 02/14.

242 spiegel.de/politik/deutschland/regierung-lehnt-schwesigs-plan-fuer-
familienzeit-ab-a-942910.html

243 tagesschau.de/inland/deutschlandtrend1794.html

244 hebammenfuerdeutschland.de/protest

245 hebammenfuerdeutschland.de/hebammenverguetung

246 spiegel.de/karriere/berufsleben/haftpflichtversicherung-fuer-hebammen-
geburtshilfe-bis-2015-gesichert-a-962856.html

247 tagesschau.de/inland/vaeterstudie102.html

248 bmfsfj.de/RedaktionBMFSFJ/Abteilung2/Pdf-Anlagen/dossier-muetter-
werbstaetigkeit,property=pdf,bereich=bmfsfj,sprache=de,rwb=true.pdf

249 zeit.de/2014/23/zweimonatsvaeter-elternzeit/komplettansicht

250 taz.de/1/archiv/?dig=2003/12/12/a0250

251 tagesschau.de/inland/vaeterstudie102.html

252 zeit.de/karriere/beruf/2013_03/karriere-elternzeit-umfrage

253  vaeter-ggmbh.de/pressemitteilung-verantwortungsbewusste-vaeter/
254  bmfsfj.de/BMFSFJ/familie,did=207628.html
255  zeit.de/gesellschaft/familie/2014_05/arbeitszeit-vaeter-teilzeit/
     komplettansicht
256  br.de/radio/bayern2/sendungen/zuendfunk/generator-care-work-100.html
257  zeit.de/karriere/2013_09/interview-kleinschmidt
258  ash-berlin.eu/fileadmin/user_upload/pdfs/Infothek/Presse-_und_%C3%96
     ffentlichkeitsarbeit/Pressemitteilungen/STEGE_Abschlussbericht.pdf
259  lohnspiegel.de/main/zusatzinformationen/pflegeberufe
260  feministisches-institut.de/carerevolution
261  zeit.de/2014/03/homosexualitaet-profifussball-thomas-hitzlsperger/
     komplettansicht
262  twitter.com/ojahnn/status/362637242138771457
263  spektrallinie.de/2014/01/08/solange-wir-uns-outen-muessen-sind-wir-nicht-
     frei
264  faz.net/aktuell/politik/harte-bretter/harte-bretter-die-rocky-horror-
     hitzlsperger-show-12744517.html
265  welt.de/debatte/kommentare/article124792188/Ich-bin-wohl-
     homophob-Und-das-ist-auch-gut-so.html
266  youtu.be/Ncv15dCVc7M
267  Inspiriert durch: queersunited.blogspot.de/2008/10/heterosexual-
     privilege-checklist.html
268  coming-out-day.de/informationen/fakten.html
269  kleinerdrei.org/2013/03/es-gibt-kein-virtuelles-leben-im-realen
270  kultusportal-bw.de/site/pbs-bw/get/documents/KULTUS.Dachmandant/
     KULTUS/kultusportal-bw/Bildungsplanreform/Arbeitspapier_
     Leitprinzipien.pdf
271  openpetition.de/petition/online/zukunft-verantwortung-lernen-kein-
     bildungsplan-2015-unter-der-ideologie-des-regenbogens
272  theeuropean.de/birgit-kelle/8250-sexualunterricht-dildos-leder-und-
     vaginalkugeln
273  twitter.com/Dande_Lisbeth
274  kleinerdrei.org/2014/01/hatespeech-ist-keine-freie-meinungsaeusserung-
     gedanken-zur-idpet
275  karnele.de/wenn-maischberger-ueber-idpet-talkt-lecken-unsichtbare-lesben
276  missy-magazine.de/2014/01/10/homophobie-ist-keine-meinung
277  zeit.de/wissen/2014_02/homophobie-ursachen-folgen-akzeptanz/
     komplettansicht
278  zensus2011.de/SharedDocs/Aktuelles/Pressemitteilung_des_
     Statistischen_Bundesamtes.html?nn=3065474

279  welt.de/politik/deutschland/article128847225/Zwangsouting-durch-Kirchensteuer-Meldedaten.html

280  queer.de/detail.php?article_id=18827

281  zeit.de/politik/deutschland/2013–03/homo-ehe-csu-dobrindt

282  spiegel.de/politik/deutschland/angela-merkel-will-adoptionsrecht-fuer-homo-ehepaare-erst-nach-urteil-a-921734.html

283  de.statista.com/statistik/daten/studie/76211/umfrage/scheidungsquote-von-1960-bis-2008

284  maedchenmannschaft.net/homo-ehe-ja-heteronormativitaet-hinterfragen-nee

285  welt.de/print/wams/wissen/article106185562/Transmensch.html

286  faz.net/aktuell/politik/online-kriminalitaet-und-die-nsa-wir-brauchen-eine-starke-cyber-polizei-12673664.html

287  sueddeutsche.de/digital/greenwald-buch-ueber-snowden-fuerchtet-euch-doch-1.1962409

288  transinterqueer.org/download/Publikationen/Trans*%20in%20den%20Medien.pdf

289  janetmock.com/2014/05/01/alicia-menendez-invasive-interview-demonstration

290  Julia Serano: Whipping Girl: A Transsexual Woman on Sexism and the Scapegoating of Femininity, 2007

291  Janet Mock: Redefining Realness. My Path to Womanhood, Identity, Love & So Much More, 2014.

292  gesetze-im-internet.de/gg/art_3.html

293  gesetze-im-internet.de/gg/art_6.html

294  bpb.de/gesellschaft/gender/homosexualitaet/38838/geschichte-des-csd

295  thedailybeast.com/articles/2014/02/15/ellen-page-comes-out-as-gay-in-a-beautiful-speech-at-a-human-rights-campaign-foundation-conference.html

296  kleinerdrei.org/2013/01/normal-ist-das-nicht

297  stopstreetharassment.org/2012/07/belgiumdoc

298  everydaysexism.com

299  theguardian.com/lifeandstyle/the-womans-blog-with-jane-martinson/2013/jan/15/shouting-back-woman-fighting-street-harassment

300  Am 24. Januar 2013 veröffentlichte die Journalistin Laura Himmelreich im Stern den Artikel »Der Herrenwitz«, in dem sie Rainer Brüderle vorwarf, ihr am Abend des Dreikönigstreffens der FDP am 6. Januar 2012 mit dem Kommentar »Sie können ein Dirndl auch ausfüllen« deutlich zu nahe getreten zu sein. Weitere Journalistinnen berichteten von ähnlichen Erfahrungen mit dem FDP-Politiker. Der Vorfall löste eine Diskussion über Sexismus in Deutschland aus. Himmelreichs Artikel ist unter stern.de/politik/deutsch-

land/stern-portraet-ueber-rainer-bruederle-der-herrenwitz-1964668.html
einsehbar. Brüderle äußerte sich zu den Vorfällen nicht.

301 »Kurz« ist hier ein Euphemismus für »am Ende doch wieder in irgendeiner Unterhaltung hängenbleiben«.

302 twitter.com/vonhorst/status/294582499244376065

303 prataomdet.se

304 sv.wikipedia.org/wiki/Prataomdet

305 twitter.com/Faserpiratin/status/294582988111499264

306 Ein Mem (Englisch: Meme) bezeichnet »einen einzelnen Bewusstseinsinhalt (z. B. einen Gedanken), der durch Kommunikation weitergegeben und damit vervielfältigt werden kann.« Zitat nach: de.wikipedia.org/wiki/Mem. Der Begriff wurde durch Richard Dawkins geprägt. Im Internet kann ein Mem die Form eines Bilds, Links, Videos, Fotos, einer Webseite oder die eines Hashtags annehmen. Manchmal kann es sich dabei nur um ein Wort oder einen Satz handeln. Meme verbreiten sich von Person zu Person über soziale Netzwerke, Blogs oder E-Mail und Nachrichtenseiten. Meme können sich dabei auf bereits existierende Erscheinungen der Netzkultur beziehen.

307 Inspiriert von der britischen Hashtag-Kampagne #ididnotreport, wurden unter dem Hashtag #ichhabenichtangezeigt und auf der Seite ichhabnicht-angezeigt.wordpress.com vom 1. Mai 2012 bis 15. Juni 2012 Geschichten gesammelt, in denen Menschen berichteten, warum sie Vergewaltigungen und andere Erfahrungen mit sexualisierter Gewalt nicht angezeigt haben. Es kamen 1105 anonyme Beiträge zusammen. Eine Auswertung der Aktion gibt es als PDF unter ichhabnichtangezeigt.files.wordpress.com/2012/07/ auswertung_ausf-web.pdf

308 twitter.com/marthadear/status/294586884540223488

309 twitter.com/marthadear/status/294590359214891008

310 Unter aufschrei.konvergenzfehler.de/timeline lässt sich der gesamte Verlauf als Timeline nachlesen.

311 twitter.com/KhaosKobold/status/294606542207086592

312 twitter.com/totalreflexion/status/294590182085259265

313 twitter.com/Wendelherz/status/294602903631564800

314 twitter.com/DieIngenieurin/status/294600400483545090

315 twitter.com/digiom/status/294600592649760768

316 twitter.com/FlauschHanu/status/294597014686138368

317 twitter.com/akinofftz/status/294591797022310400

318 twitter.com/KatrinaR47/status/294593264001118210

319 twitter.com/dasYuuji/status/294597752367759360

320 twitter.com/KatiKuersch/status/294603186088599552

321 twitter.com/hanhaiwen/status/294594608665604096

322 twitter.com/ellebil/status/294598015023448064
323 twitter.com/colourfulzebra/status/294601551685750785
324 twitter.com/vonhorst/status/294597920047656961
325 twitter.com/frequenzen/status/294600190835445760
326 twitter.com/modern_dragon/status/294604619454218240
327 twitter.com/helenlewis/status/233594800908169217
328 goldenermedienpimmel.de/guenther-jauch-2013-uebersicht
329 annewizorek.de/post/41628431250/mist-bin-doch-bei-the-dome-gelandet-occupyjauch
330 ndr.de/fernsehen/sendungen/panorama_3/sexismus129.html
331 aufschrei.konvergenzfehler.de
332 Anna-Katharina Meßmer:»Insbesondere der Teildiskurs über den Geschlechterkampf räumt dem Tugendfuror alter, weißer, heterosexueller und zumeist etablierter Publizisten Raum ein. Dabei widmen sich die empörungsgetriebenen Kommentare und Artikel überwiegend dem vermeintlichen Ende des (bisher) unkomplizierten Geschlechterverhältnisses.«, bpb.de/apuz/178660/aufschrei
333 Wibke Bruhns fällt durch ein besonders erschreckendes Männerbild auf, als sie nichtsexistische Männer mit kastrierten Stieren, also Ochsen, vergleicht.
334 blaetter.de/archiv/jahrgaenge/2013/maerz/von-heidenroeslein-bis-herrenwitz
335 de.wikipedia.org/wiki/Figuren_aus_Asterix_Majestix
336 maedchenmannschaft.net/in-deutschland-herrscht-faktische-straflosigkeitsexualisierter-gewaltdelikte
337 uni-bielefeld.de/psychologie/ae/AE05/Diehl_Rees_Bohner_Kommentar-zur-Sexismus-Debatte_lang_2013_02_07.pdf
338 Für einen kurzen Zeitraum gab es sogar einen eigenen Hashtag # queeraufschrei, der Diskriminierungserfahrungen queerer Menschen sammelt. Ansonsten wird #aufschrei auch durch andere Hashtags wie #Rassismus, #Cissexismus oder #Homophobie ergänzt.
339 nytimes.com/2013/01/29/world/europe/29iht-germany29.html?_r=1&
340 twitter.com/EverydaySexism/status/294842010966298627
341 Vgl. dazu auch Yasmina Banaszczuk:»Schnauze voll. Rant zu Anti-Feministen und den Medien als Enablern.« frau-dingens.de/?p=2169
342 jezebel.com/dont-ignore-the-trolls-feed-them-until-they-explode-977453815/all
343 Google+ Hangout mit Jaclyn Friedman, Soraya Chemaly und Regina Yau, plus.google.com/events/ce445r3dutudn0k3n27limtmd7k#events/ce445r3dutudn0k3n27limtmd7k
344 sueddeutsche.de/panorama/eu-studie-jede-dritte-frau-ist-opfer-von-gewalt-1.1904508

345 Vgl. dazu auch The problem with ›Don't Feed the Trolls‹: Steph Guthrie, TEDxToronto, youtube.com/watch?v=_KHEkR5yb9A&feature=youtu.be

346 Vgl. dazu auch Online Harassment, What Drives it and How it Lowers Visions: Kate Miltner, Media Evolution Conference, youtube.com/watch?v=Qqs4EHtcPOM&feature=youtu.be

347 Facebook-Nutzer_innen können sich hierdurch mit ihrem Profil auch bei externen Webseiten anmelden, wo sonst eine Registrierung notwendig wäre, um z. B. Kommentare posten zu dürfen.

348 Siehe z. B. auch im Fall der Sportlerin Ariane Friedrich, die einen Stalker öffentlich outete, zeit.de/2013/05/Ariane-Friedrich-Facebook-Stalking-Shitstorm.

349 grimme-institut.de/html/fileadmin/user_upload/pdf/GOA/2013/files/2106–2013_Pressemitteilung_Grimme_Online_Award.pdf

350 sueddeutsche.de/leben/ein-jahr-aufschrei-noch-viel-zu-tun-1.1868630_5

351 zeit.de/gesellschaft/schule/2014–01/sexismus-lehrerin/komplettansicht

352 Durchgeführt vom Meinungsforschungsinstitut YouGov im Auftrag von ZEIT ONLINE: zeit.de/politik/deutschland/2014_01/sexismus-umfrage

353 taz.de/Debatte-Sexismus/!131248/

354 en.wikipedia.org/wiki/Riot_grrrl

355 buffyguide.com/episodes/neverkill/neverkillquotes.shtml

356 dasnuf.de

357 zwilobit2.de

358 Blog ist leider nicht mehr online.

359 maedchenmannschaft.net

360 web.archive.org/web/20130524005217/http://jessicavalenti.com/2010/10/07/my-new-normal/

361 de.wikipedia.org/wiki/HELLP-Syndrom

362 jessicavalenti.com/post/17153740870/living-in-the-shaky-place

363 theguardian.com/lifeandstyle/2011/aug/18/baby-pregnancy-prematur-birth

364 youtu.be/NNpUxKSmeE4

365 feministfrequency.com

366 lacigreen.tumblr.com

367 franchesca.net

368 feministe.us/blog/archives/2010/07/26/my-sluthood-myself

369 womensenews.org/story/commentary/070228/drinking-and-rape-lets-wise-about-it#.U3ILsa1_v6M

370 washingtoncitypaper.com/blogs/sexist/2010/03/26/fucking-while-feminist-with-jaclyn-friedman

371 youtu.be/pjcFYf68NMU

372 spreeblick.com/2010/09/03/girls-just-want-to-have-fun

373 spreeblick.com/2010/12/15/uber-die-verharmlosung-von-sexuellen-straftaten

374 spreeblick.com/2010/11/09/feminismus-ist-kein-ponyhof

375 spreeblick.com/2011/03/08/100-jahre-frauentag-%E2%80%93-ein-wunschzettel

376 finallyfeminism101.wordpress.com/the-faqs/faq-roundup

377 tigerbeatdown.com/2011/01/29/dearjohn-for-when-boehner-decides-your-rape-just-wasnt-enough

378 alltagssexismus.de/gauck

379 antjeschrupp.com/2012/11/02/netzfeminismus-was-soll-das-denn-sein

380 iheartdigitallife.de/kurze-erlauterung-regarding-netzfeminismus

381 fembio.org/biographie.php/frau/blog

382 papergirl-berlin.de

383 ein-fremdwoerterbuch.com/2013/09/schauhin

384 xkcd.com/386

385 theonion.com/articles/woman-takes-short-halfhour-break-frombeing-femini,35026

386 ted.com/talks/nellie_mckay_sings_feminists_and_if_i_had_you

387 stoptellingwomentosmile.com

388 en.wikipedia.org/wiki/Craftivism

389 boingboing.net/2013/03/11/dad-genderswaps-donkey-kong-fo.html

390 hilaroar.tumblr.com/post/45957899437/safetytipsforladies-orwhy-victim-blaming-is

391 twitter.com/hilaryjfb/statuses/314167689855762432

392 twitter.com/jen_kalea/statuses/316224155353767939

393 twitter.com/allthepie/status/314188746369150979

394 twitter.com/spkheller/statuses/316208743765397504

395 mediabistro.com/alltwitter/edgyheadlines-flips-gender_b38698

396 Die meisten Tweets sind in diesem Storify zusammengefasst: storify.com/anked/reizendeschlagzeilen-stereotypen-in-medien

397 twitter.com/smsteinitz/statuses/318395986890330112

398 twitter.com/DieIngenieurin/statuses/318427783451799552

399 twitter.com/IvaWoman/statuses/318404697381814272

400 twitter.com/TochterEgalias/statuses/318303852019449856

401 twitter.com/Wachkatze/statuses/318401163571642368

402 youtu.be/63h0vwUT-vY

403 theguardian.com/commentisfree/2013/aug/14/solidarityisforwhite women-hashtag-feminism

ANMERKUNGEN

404 buzzfeed.com/tanyachen/notyourasiansidekick-unites-thousands-to-discuss-asian-ameri

405 teariffic.de/2013/10/24/isjairre/

406 robinsurbanlifestories.wordpress.com/2013/09/27/nudelnmitketchup-uber-dieses-hashtag-und-uber-mich/

407 nerve.com/entertainment/web/sex-workers-declare-theyre-notyourrescueproject-with-new-twitter-campaign

408 buzzfeed.com/tasneemnashrulla/32-powerful-and-brutally-honest-tweets-from-lifeofamuslimfem

409 frauenkampftag2014.de

410 pinkstinks.de/aktionen/demonstration

411 geekfeminism.wikia.com/wiki/Allies

412 Inspiriert von Mychael Denzil Smith: feministing.com/2014/05/16/a-how-to-guide-for-male-feminists-with-the-caveat-that-i-dont-know-what-im-talking-about

413 dogsandshoes.com/2013/02/can-twitter-make-white-people-less-racist.html

414 iamnotafeministtbh.tumblr.com/post/82881714791/shevathegun-plebcomics-dont-worry-kiddo

415 Inspiriert von: amptoons.com/blog/the-male-privilege-checklist

416 whatever.scalzi.com/2012/05/15/straight-white-male-the-lowest-difficulty-setting-there-is

417 boston.ihollaback.org/2013/09/26/bystander-intervention-an-overview

418 twitter.com/ashleytrewartha/status/45656040648015872: »Being an ally is not a button you can wear. It's something you do, not something you become.«

419 dailykos.com/story/2014/05/24/1301671/-Elliot-Roger-Gunman-in-California-Mass-Shooting-was-influenced-by-the-Men-s-Rights-Movement

420 Übersetzung gemäß: kleinerdrei.org/2014/05/yesallwomen

421 twitter.com/pushinghoops/status/470249070150582273

422 fra.europa.eu/de/press-release/2014/gewalt-gegen-frauen-siepassiert-taglich-und-allen-kontexten

423 annewizorek.de/post/29546153269/most-people-cant-see-the-patriarchy-theyre-too

424 spiegel.de/gesundheit/diagnose/maennergesundheitsbericht-aerzte-ignorieren-psychisches-leid-der-maenner-a-896116.html

425 madelineashby.com/?p=1198

426 anschlaege.at/feminismus/2013/08/feminismus-und-ich-eine-geschichte-unerwiderter-liebe/

427 youtu.be/X6p5AZp7r_Q